司法部国家法治与法学理论研究一般项目成果（项目编号：17SFB2049）

西部生态扶贫法律制度研究

刘宏钊　著

知识产权出版社

全国百佳图书出版单位

—北京—

图书在版编目（CIP）数据

西部生态扶贫法律制度研究/刘宏钊著. —北京：知识产权出版社，2024.12
ISBN 978 - 7 - 5130 - 8628 - 8

Ⅰ.①西… Ⅱ.①刘… Ⅲ.①生态型—扶贫—法律—研究—中国 Ⅳ.①D922.44

中国国家版本馆 CIP 数据核字（2023）第 003881 号

内容提要

本书聚焦生态扶贫的理论维度、实践维度和法治维度，深入探讨了我国生态扶贫的核心理念与理论体系，详细解析了生态扶贫法治化的正当性基础及法律需求；在考察和总结我国西部地区生态扶贫的实践模式、显著成效、典型经验及脱贫后的返贫风险基础上，全面检视了生态扶贫法律制度可能存在的缺陷与不足；提出了我国西部地区生态扶贫法律制度构建及优化的进路，以更好地推动脱贫致富与生态文明建设的"双赢"，进而为生态扶贫转向生态振兴、迈向生态富民的绿色发展道路提供有力的法律支撑。

责任编辑：王玉茂　章鹿野		责任校对：王　岩	
封面设计：杨杨工作室·张　冀		责任印制：孙婷婷	

西部生态扶贫法律制度研究

刘宏钊　著

出版发行：知识产权出版社 有限责任公司		网　　址：http：//www.ipph.cn	
社　　址：北京市海淀区气象路 50 号院		邮　　编：100081	
责编电话：010 - 82000860 转 8541		责编邮箱：wangyumao@ cnipr.com	
发行电话：010 - 82000860 转 8101/8102		发行传真：010 - 82000893/82005070/82000270	
印　　刷：北京九州迅驰传媒文化有限公司		经　　销：新华书店、各大网上书店及相关专业书店	
开　　本：720mm×1000mm　1/16		印　　张：19.5	
版　　次：2024 年 12 月第 1 版		印　　次：2024 年 12 月第 1 次印刷	
字　　数：306 千字		定　　价：120.00 元	

ISBN 978 - 7 - 5130 - 8628 - 8

前　言

党的十八大以来，以习近平同志为核心的党中央把脱贫攻坚摆在治国理政的突出位置，确立了精准扶贫、精准脱贫的基本方略，形成了具有中国特色的脱贫攻坚制度体系。本书主要源于 2017 年司法部国家法治与法学理论研究一般项目"西部生态扶贫法律制度研究"（项目编号：17SFB2049）的研究成果，由于该课题已经于 2022 年结项，因此部分内容存在一定时效性。

2021 年 1 月，《中共中央 国务院关于全面推进乡村振兴 加快农业农村现代化的意见》发布，接续推进脱贫地区乡村振兴，提出"实现巩固拓展脱贫攻坚成果同乡村振兴有效衔接"的重大举措。2022 年 10 月，党的二十大报告提出，"我们经过接续奋斗，实现了小康这个中华民族的千年梦想，我国发展站在了更高历史起点上。我们坚持精准扶贫、尽锐出战，打赢了人类历史上规模最大的脱贫攻坚战"。2023 年 1 月，《中共中央 国务院关于做好 2023 年全面推进乡村振兴重点工作的意见》发布，提出要坚决守住不发生规模性返贫底线、增强脱贫地区和脱贫群众内生发展动力、稳定完善帮扶政策。2024 年 7 月，党的二十届三中全会提出要"巩固拓展脱贫攻坚成果"。

本书为了弥补时效性这一缺憾，且及时回应"实现巩固脱贫攻坚成果同乡村振兴有效衔接"的重大举措和"巩固拓展脱贫攻坚成果"，在深入分析我国西部地区生态扶贫法律制度的形成逻辑和实践意义的基础上，进一步探讨了生态扶贫的返贫风险防范及其制度选择，以及我国西部地区生态扶贫转向生态振兴，迈向生态富民的逻辑理路及其法治需求的前瞻性问题。

为了摆脱曾经面临的贫困与生态保护的突出矛盾，发挥生态扶贫在打赢脱贫攻坚战中的重要作用，守住发展和生态两条底线，筑牢我国生态安全屏障，我国西部地区不断创新生态扶贫模式，瞄定"山水林田湖草沙"等各具特色的生态资源优势，践行"绿水青山就是金山银山"的理念，走出了一条具有中国特色的生态脱贫和绿色发展之路。这一举措不仅书写了我国脱贫攻坚与生态文明建设"双赢"的壮丽篇章，而且为全球减贫与可持续发展提供了"中国智慧"和"中国方案"。

生态扶贫是实现精准脱贫与生态保护有机结合的脱贫攻坚新模式，也是破解"生态型贫困"问题的一项制度安排。围绕生态扶贫采取的一系列策略和方法，体现出制度的动力性、规范性和秩序性。申言之，无论是生态富集区，还是生态脆弱区，究其根源，贫困困局都是人类利益与生态利益冲突、发展权与环境权相掣肘的结果。在有效平衡利益冲突、解决发展与保护的矛盾中，法律制度不能缺位。理论和事实反复证明，生态扶贫成功的关键靠制度；在生态反贫困中"重建制度，特别是法律制度"蕴含着双重的意义：一是可以为生态反贫困事业提供法治保障，二是通过"以制度打破制度"方式可以为生态扶贫过程中真正意义上的反"制度贫困"提供坚实的"制度堡垒"和"武器"。在这一研究旨趣之下，本书首先运用多学科的理论和研究方法，坚持问题导向，遵循法学研究理路，以生态扶贫相关概念厘定为逻辑起点，论证生态扶贫实施的理论根基和法治化的正当性与可行性。其次，立足于我国西部地区生态扶贫开发的历史维度、实践维度和法治维度，总结生态扶贫的实践模式与典型经验，检视生态扶贫法律制度建设的成效与现实困境。最后，探讨我国西部地区生态扶贫法律制度构建及优化，并为进入新发展阶段的西部地区，如何在"生态扶贫"转向"生态振兴"、迈向"生态富民"的新征程中，持续对生态环境关切的制度衔接与法治需求展开分析，揭示以环境善治推进我国西部地区实现共同富裕与生态文明建设"双赢"目标的制度因应。

本书共分为六章。

第一章为导论。该章节系统研究了脱贫攻坚的时代背景，并对国内外关于生态扶贫既有文献进行梳理与评述。本书研究的核心观点为，在立法理念上，将"生态保护优先、绿色发展"作为本书研究的法理基础，证成了"先脱贫，再解决生态环境问题"，抑或"先保护生态环境，再解决贫困问题"都是假命题。在绿色发展理论指引下，我国曾经的贫困地区在扶贫开发的实践中要根据自身的"生态位"与"发展位"实现生态扶贫的功能与价值，这意味着生态扶贫的实施不仅需要短期的政策性工具，而且需要环境资源与法律制度的稳定结合来保障环境正义、发展正义的实现，进而彰显社会主义的法治原则和力量。在制度设计上，生态扶贫法律制度建设的本质是促进生态环境保护与贫困治理协调发展，其功能是通过一系列制度安排，赋予贫困者更多的权利与机会，切断贫困与生态环境问题之间的恶性循环，从而实现贫困治理与生态环境保护之间的良性互动，并通过矫正失衡的利益分配制度，实现环境利益的公平分享以及增进包括贫困者自身利益在内的社会整体利益。

第二章为生态扶贫的理论阐释及制度基础。该章节沿着基本概念—合法性—正当性进路完成生态扶贫的理论证成，首先，厘定生态贫困、生态反贫困、绿色减贫与生态扶贫之间的概念关系，界定生态扶贫的内涵。其次，阐释生态扶贫实施的三大理论来源："两山论"、可持续发展理论和精准扶贫理论。最后，解析生态扶贫的法律关系和生态扶贫法治化的正当性、重要性、可行性和必要性，完成生态扶贫法治化的法理证成。在脱贫攻坚制度体系中，由于生态扶贫论题中开放性和知识复杂性的问题，目前没有统一的定义，因此第二章基于生态扶贫理论及国内外生态反贫困的实践，结合中国实际，尝试在前人界定的概念基础上进行了逻辑推演和描述，认为生态扶贫的概念源于我国扶贫开发与生态建设的实践，其实质是一种将生态环境保护与扶贫相结合的脱贫攻坚新模式。结合环境保护法中的"原生环境问题"和"次生环境问题"的分类方法，可以把"生态型贫困"问题分为两类：原生性生态贫困和次生性生态贫困。在本质上，生态反贫困、绿色减贫与生态扶贫的内容具有一致性，其实施方法、路径及措施也具有相通性。最大不同点是我国于2018年发布《生态扶贫工作方案》后，生态扶贫在国家政策层面被确立为脱贫攻坚的一种新模式，同时在政策文本上有了正式内涵界定。

第三章为西部生态扶贫的实践模式及典型经验。党的十八大以来，我国西部地区以绿色发展助推精准脱贫，在生态补偿、生态资源开发、生态工程建设、生态产业等方面取得了重大成效；在"绿水青山就是金山银山"的理念指引下，不断创新生态扶贫机制，探索出脱贫攻坚与生态文明建设"双赢"的新路，集成了我国生态扶贫的模式及经验。我国西部地区因地制宜地创造出颇具特色的生态扶贫模式，积累了生态扶贫成功的典型案例，值得总结和推广。例如，福建省福州市与甘肃省定西市东西部地区扶贫协作水土流失综合治理（生态林）扶贫模式、四川省绵阳市平武县"1＋5"生态扶贫典型经验等被列为"全球减贫"优秀案例。第三章立足于我国西部地区的贵州省、云南省、四川省、重庆市、陕西省、甘肃省、青海省和五个自治区的生态环境与贫困耦合的现实状况，总结其生态扶贫的模式、成效及经验；通过比较分析，总结我国西部地区在生态扶贫实践中的个性与共性问题，以探究制约或影响生态扶贫效果的制度性症结。

第四章为生态扶贫的法律制度形成及检视。该章节在有关资料与实证分析的基础上，首先，梳理生态扶贫的政策演进及其法治发展进程，发现我国在脱贫攻坚战取得胜利之后，进入了巩固脱贫攻坚成果，建立解决相对贫困长效机制的"后扶贫时代"。尽管在生态扶贫领域取得了举世瞩目的减贫成绩，但进入"后扶贫时代"，局部地区仍然面临生态扶贫政策的滞后与系统性不足、减贫成果巩固拓展困难和生态脆弱地区贫困群体能力提升欠缺等挑战，以及可能导致生态型返贫风险。防范这一风险和挑战的关键在于，精准识别生态扶贫的返贫风险类型及其制度成因，健全防止返贫动态监测、预警和帮扶机制，优化保障型、激励型和培育型的生态贫困治理制度工具的组合和选择。其次，梳理和检视我国西部地区生态扶贫法律制度，归纳其主要缺陷与不足，例如生态扶贫的立法供给不足、权力运行的实施体制不健全、多元主体参与生态扶贫的机制欠缺、环境保护与扶贫的制度衔接不畅、贫困主体的生态意识和法治素养不高。

第五章为西部生态扶贫的法律制度构建及优化。生态扶贫成功的关键靠制度。生态扶贫法律制度的本质是促进生态环境保护与贫困治理的协调发展，其功能是通过一系列制度安排，切断贫困与生态环境问题之间的恶性循环，从而实现贫困治理与生态保护之间的良性互动，并赋予贫困者更多的权利和机会。该章节从我国西部地区生态扶贫法律制度的理念重塑、主要内容和实现机制三个方面总结和归纳了其法律制度优化的做法和经验，彰显法治在生态扶贫中的重要作用，并指引和保障我国西部地区脱贫致富与绿色发展的"双赢"。其中，在实现机制方面，主要包括多元主体参与生态扶贫的保障机制、自然资源资产收益扶持机制、环保与扶贫的制度衔接与整合机制、贫困主体的法治素养提升机制和生态扶贫的资金保障机制。

第六章为西部生态扶贫转向的逻辑理路。在全国脱贫攻坚战中，我国西部地区书写了中国减贫奇迹的精彩篇章，创造了中国生态扶贫的"西部模式""西部经验"，为实现百姓富、生态美的西部大开发新格局夯实了基础。脱贫不是终点，而是新生活、新奋斗的起点。如今站在新的历史起点上，我国西部地区面临着巩固拓展脱贫攻坚成果同乡村振兴有效衔接，进而推动乡村振兴，最终实现共同富裕的重大任务。乡村振兴战略的总要求是产业兴旺、生态宜居、乡风文明、治理有效、生活富裕。乡村振兴战略的"五大振兴"包括产业振兴、人才振兴、文化振兴、生态振兴、组织振兴，其中的生态振兴是乡村振兴战略和生态文明建设战略的重要结合点。进言之，如何完成生态扶贫转向生态振兴、迈向生态富民，进而实现共同富裕目标，是我国西部地区在新发展阶段必须持续解决的重大议题。该章节首先分析了共同富裕目标导向下生态扶贫转向生态振兴、生态扶贫的逻辑理路，然后从生态扶贫与生态振兴的制度衔接、生态振兴迈向生态富民的制度因应两大方面，析出生态富民的法治需求。在共同富裕的目标导向下，我国西部地区在生态扶贫转向生态振兴、迈向生态富民的新征程中，都不能以牺牲生态环境为代价，而是要进一步强化生态环境保护的法治力度，巩固和拓展生态脱贫的成果，实现生态环境法律制度与乡村振兴法律制度的有效衔接，坚持生态优先、绿色发展的基本原则，践行"绿水青山就是金山银山"的理念，将生态资源优势转变为绿色发展动能，稳步推进乡村振兴发展与生态文明建设，进而实现以生态环境善治保障生态富民的体制机制顺畅运行。

目　录

第一章　导　论 / 1

第一节　研究的缘起与意义 / 1

一、研究的缘起 / 1

二、研究的意义 / 3

第二节　既有研究的梳理与评述 / 4

一、国外研究的梳理与评述 / 4

二、国内研究的梳理与评述 / 12

第二章　生态扶贫的理论阐释及制度基础 / 17

第一节　生态扶贫及其相关概念的厘定 / 17

一、生态贫困 / 17

二、生态反贫困 / 20

三、绿色减贫 / 22

四、生态扶贫 / 23

第二节　生态扶贫实施的理论基础 / 27

一、"两山论" / 27

二、可持续发展理论 / 29

三、精准扶贫理论 / 32

第三节　生态扶贫的法律关系及法治需求 / 34

一、生态扶贫的法律关系解析 / 34

二、生态扶贫法治化的必要性与重要性分析 / 37

三、生态扶贫法治化的正当性与可行性分析 / 39

第三章　西部生态扶贫的实践模式及典型经验 / 46

第一节　贵州省生态扶贫的实践模式及典型经验 / 46

一、贵州省生态环境与贫困的概况 / 46

二、贵州省生态扶贫的思路和途径 / 47

三、贵州省生态扶贫的模式、成效及经验 / 51

第二节　云南省生态扶贫的实践模式及典型经验 / 68

一、云南省生态环境与贫困的概况 / 68

二、云南省生态扶贫的思路和途径 / 69

三、云南省生态扶贫的模式、成效及经验 / 71

第三节　四川省生态扶贫的实践模式及典型经验 / 84

一、四川省生态环境与贫困的概况 / 84

二、四川省生态扶贫的思路和途径 / 84

三、四川省生态扶贫的模式、成效及经验 / 86

第四节　重庆市生态扶贫的实践模式及典型经验 / 95

一、重庆市生态环境与贫困的概况 / 95

二、重庆市生态扶贫的思路和途径 / 96

三、重庆市生态扶贫的模式、成效及经验 / 97

第五节　陕西省生态扶贫的实践模式及典型经验 / 106

一、陕西省生态环境与贫困的概况 / 106

二、陕西省生态扶贫的思路和途径 / 107

三、陕西省生态扶贫的模式、成效及经验 / 108

第六节　甘肃省生态扶贫的实践模式及典型经验 / 117

一、甘肃省生态环境与贫困的概况 / 117

二、甘肃省生态扶贫的思路和途径 / 118

三、甘肃省生态扶贫的模式、成效及经验 / 120

第七节　青海省生态扶贫的实践模式及典型经验 / 132

一、青海省生态环境与贫困的概况 / 132

二、青海省生态扶贫的思路和途径 / 132

三、青海省生态扶贫的模式、成效及经验 / 133

第八节　五个自治区的生态扶贫实践模式及典型经验 / 148

一、生态扶贫的实践及成效 / 148

二、生态扶贫的典型经验 / 150

第四章　生态扶贫的法律制度形成及检视 / 159

第一节　生态扶贫的政策演进及其制度逻辑 / 159

一、生态扶贫的准备阶段（1994—2000 年）/ 160

二、生态扶贫的发展与实施阶段（2001—2020 年）/ 161

三、生态扶贫成果的巩固拓展阶段（2021 年至今）/ 164

第二节　生态扶贫的返贫风险及其制度防范 / 165

一、"后扶贫时代"下生态扶贫的返贫风险类型及挑战 / 165

二、生态扶贫的返贫风险防控制度选择 / 171

第三节　西部生态扶贫法律制度的现状检视 / 178

一、法律、行政法规中关于生态扶贫的规定 / 178

二、中央政策性文件及国务院部门规章中关于生态扶贫的规定 / 180

三、西部地区有关生态扶贫的规定 / 182

第四节　西部生态扶贫法律制度的缺陷及不足 / 189

一、生态扶贫的立法供给不足 / 190

二、生态扶贫的法治实施体系不够健全 / 195

三、多元主体参与生态扶贫的机制欠缺 / 198

四、环境保护与扶贫的制度衔接不畅 / 202

五、贫困主体的生态意识和法治素养不高 / 204

第五章　西部生态扶贫的法律制度构建及优化 / 207

第一节　西部生态扶贫法律制度的理念重塑 / 207

一、坚持以人民为中心的发展思想 / 207

二、坚持习近平法治思想、习近平生态文明思想 / 208

三、坚持问题导向、系统观念 / 209

四、贯彻新发展理念,以绿色发展为关键 / 210

五、坚持生态保护优先、公平合理利用的原则 / 213

第二节 西部生态扶贫法律制度的主要内容 / 214

一、生态扶贫的法治规范体系 / 214

二、生态扶贫的法治实施体系 / 216

三、生态补偿制度体系 / 217

四、一体化的生态反贫困制度体系 / 222

五、生态扶贫考核与监督制度体系 / 224

第三节 西部生态扶贫法律制度的实现机制 / 240

一、多元主体参与生态扶贫的保障机制 / 240

二、自然资源资产收益扶持机制 / 244

三、环保与扶贫的制度衔接与整合机制 / 249

四、贫困主体的法治素养提升机制 / 251

五、生态扶贫的资金保障机制 / 253

第六章 西部生态扶贫转向的逻辑理路 / 255

第一节 生态扶贫转向生态振兴、生态富民的逻辑理路 / 256

一、生态扶贫的价值转向:共同富裕 / 256

二、生态扶贫转向生态振兴、生态富民的逻辑 / 257

第二节 生态扶贫与生态振兴的制度衔接 / 259

一、生态振兴的内涵解读 / 259

二、生态扶贫转向生态振兴的现实基础 / 260

三、生态扶贫转向生态振兴的政策取向 / 261

四、生态扶贫与生态振兴有效衔接的法治保障 / 263

第三节 生态振兴与生态富民的制度因应 / 266

一、生态富民的内涵解读 / 266

二、生态振兴与生态富民的关系 / 268

三、生态振兴迈向生态富民的挑战 / 268

四、生态振兴迈向生态富民的实现基础 / 269

五、陕西省商洛市生态富民的实践探索及启示 / 271

六、生态富民的法律制度保障体系构想 / 275

参考文献 / 277

附　录　生态扶贫工作方案 / 283

后　记 / 294

第一章
导　论

第一节　研究的缘起与意义

一、研究的缘起

消除贫困和保护环境是世界可持续发展领域的两大核心议题。对中国而言，消除贫困、改善民生、实现共同富裕是社会主义的本质要求；保护环境、改善民生也是建设美丽中国、实现可持续发展的内在需求。西部地区❶曾经是我国贫困面积最大、贫困程度最深的地区，虽然在相关政策推动下，其经济社会发展水平得到了一定的改善，但与东部、中部地区的收入差距仍然存在。2013 年的研究发现，我国西部地区贫困人口占全国贫困人口总数的比重在1998—2010 年上升明显。❷ 随着贫困人口规模的减少，生态环境在诸多致贫因素中越来越突出。由于我国贫困人口主要分布在生态环境恶劣、自然资源匮乏、地理位置偏远的地区，因此我国的扶贫开发与生态建设存在一定重叠。从

---

❶　根据国家统计局 2011 年刊发的《东西中部和东北地区划分办法》，将我国经济区域划分为东部、中部、西部和东北四大地区。东部地区包括北京、天津、河北、上海、江苏、浙江、福建、山东、广东和海南；中部地区包括山西、安徽、江西、河南、湖北和湖南；西部地区包括内蒙古、广西、重庆、四川、贵州、云南、西藏、陕西、甘肃、青海、宁夏和新疆；东北包括辽宁、吉林和黑龙江。

❷　刘慧，叶尔肯·吾扎提. 中国西部地区生态扶贫策略研究 [J]. 中国人口·资源与环境，2013，23（10）：52 –58.

总体上看，我国西部地区曾经的贫困状况与自身脆弱的生态环境密切相关，国家曾经确定的 14 个集中连片特困区和扶贫攻坚主战场中有 9 个片区处于西部地区，这 9 个片区与国家在西部地区划定的 5 个重点生态区几乎重合。❶ 在这 5 个重点生态区内禁止或严格限制经济开发，以保障生态功能的最大限度发挥。因此，加强生态环境建设与扶贫开发的有机结合，是实现我国曾经确定的贫困地区生态环境改善与贫困人口脱贫致富"双赢"目标的必由之路。

在此背景下，本书旨在以我国西部地区生态扶贫过程中的问题为导向，针对其生态扶贫及其法治现状的矛盾与冲突，梳理和整合经济学、生态学、管理学、政治学和法学等学科的生态扶贫相关理论，在重新进行理论阐释与实地调研的基础上，构建和完善西部地区生态扶贫法律制度体系，以消解生态环境保护与贫困的双重困境，从而为筑牢我国生态安全屏障等目标的实现提供法治保障，进而为西部地区生态建设和环境保护贡献法治力量。同时，以西部地区生态扶贫法律制度为核心开展研究主要基于以下三点考虑：其一，就时效性而言，该主题紧跟习近平新时代中国特色社会主义思想的理论研究前沿，密切结合中国脱贫攻坚战的实践与成功案例，进行更深层次的经验总结和理论剖析，是故，具有紧迫性和现实意义。其二，就重要性而言，扶贫是一项系统工程，应做长期规划，适时应对其曲折性与复杂性，生态扶贫涉及环境和民生，事关国计民生，与普通人日常生活和幸福感紧密相连，是故，国计民生工程如何得到保障，法律不该袖手旁观。其三，就创新性而言，国内学者从经济学、生态学、管理学等角度对生态扶贫研究较多，而从法学角度研究较少。一方面，有关生态扶贫的宏观政策较多，而地方立法较少；另一方面，生态扶贫的地方立法经验、理论和技术不足，著者通过整合已有地方生态扶贫立法实践，提出未来生态扶贫地方立法保障体系之设想，弥补有关理论之空白。"保护环境就是

---

❶ 《中国农村扶贫开发纲要（2011—2020 年）》第十条指出："六盘山区、秦巴山区、武陵山区、乌蒙山区、滇桂黔石漠化区、滇西边境山区、大兴安岭南麓山区、燕山－太行山区、吕梁山区、大别山区、罗霄山区等区域的连片特困地区和已明确实施特殊政策的西藏、四省藏区、新疆南疆三地州是扶贫攻坚主战场。"《西部地区重点生态区综合治理规划纲要（2012—2020 年）》第三章第一节指出："根据国家生态地理区划以及西部地区生态地理特征，将西部重点生态区划分为西北草原荒漠化防治区、黄土高原水土保持区、青藏高原江河水源涵养区、西南石漠化防治区、重要森林生态功能区。"

发展生产力"，即使在 2020 年全面脱贫目标实现之后，著者总结的生态扶贫法律制度建设的模式、经验和启示等成果，为我国西部地区巩固脱贫攻坚成果与乡村振兴战略的有效衔接，实现乡村振兴战略同样具有借鉴价值和现实意义。

二、研究的意义

（一）学术价值层面

本书从回顾性研究的角度出发，立足于我国西部地区生态环境与扶贫开发曾面临的困境，以探求针对生态扶贫、生态脱贫过程中法治需求的特殊性与规律性为核心内容，从而揭示构建和完善生态扶贫法律制度的必要性和可行性。在理论上，一方面，深化对区域生态扶贫法律制度建设的本质及其规律的理性认识与整体把握；另一方面，丰富和拓展环境资源法学在该领域的研究内容，同时，通过抛砖引玉，引起学界对同类问题的深入探讨，并为后续研究提供素材和一定的借鉴。

（二）应用价值层面

本书以解决我国西部地区生态扶贫、生态脱贫过程中的法律实际问题为主旨，在实践中，一方面，为区域生态扶贫法律制度建设由概念分析转为实践路向，由经验性研究转为实证性考察提供思路，进而实现生态扶贫立法理念与实践的统一，提升地方的立法水平；另一方面，为各级党政机关制定生态扶贫政策提供参考，从而实现决策的科学化。

（三）社会影响层面

其一，本书具有一定的前瞻性和时代性。在著者开始西部生态扶贫法律制度研究之初，2018 年 1 月 15 日，贵州省人民政府正式印发《贵州省生态扶贫实施方案（2017—2020 年）》，以落实省内各地生态扶贫工作；同年 1 月 18 日，国家发展和改革委员会等六部门共同印发《生态扶贫工作方案》（见本书附录），该方案要求在扶贫开发与生态保护并重的指导思想之下，充分发挥生态保护在精准扶贫、精准脱贫中的作用，切实做好生态扶贫工作。

其二，本书一方面在生态文明的视野下，对我国曾经确定的贫困地区的生态扶贫和绿色发展问题进行了综合研究，并运用整体性治理论对生态型贫困治理问题进行了系统的理论创新；另一方面从历史维度、现实维度和法治维度，对我国西部地区的生态扶贫进行重点研究，归纳总结了中国生态扶贫的"西部经验"，有利于讲好中国故事。

其三，本书能够为巩固脱贫攻坚成果和乡村振兴的有效衔接，以及为生态环境保护和乡村生态振兴的法治建设提供制度经验。

第二节　既有研究的梳理与评述

在人类历史发展的长河中，贫困是一个老问题，环境恶化是一个新问题。自 1987 年世界环境与发展委员会发布了《我们共同的未来》（*Our Common Future*）报告，第一次将环境问题与世界贫困问题联系在一起，此后国际环境法律文件纷纷在发展的议题下将环境保护与贫困两个主题紧密联系起来。

一、国外研究的梳理与评述

在国际上，对于贫困工作的研究经历了经济学视角的基本需要、社会学视角的社会排斥、发展学视角的能力贫困和政治学视角的权利剥夺的演进过程[1]，贫困问题已经发展成一个复合、动态、多维的概念系统。因此，贫困的本质是一个不断探索、不断丰富的过程，包括收入贫困、发展能力贫困、权利贫困等。[2] 扶贫是一个世界性难题，也是人类永恒追求的主题。2000 年 9 月，189 个国家在联合国千年峰会上发表《联合国千年宣言》（*United Nations Millennium Declaration*），确立的第一项共同目标是"消除极端贫困和饥饿"，

---

[1] 王小林. 贫困标准及全球贫困状况 [J]. 经济研究参考，2012 (55)：41 - 50.

[2] 曾文忠，王明明. 新时代精准扶贫立法保障研究 [J]. 现代交际，2020 (4)：46 - 47.

说明扶贫早已成为全人类的共识。❶ 在国外，没有与我国对应的严格意义上的"扶贫"概念，通常使用"反贫困"（anti – poverty）或"减贫"（poverty reduction）概念。但扶贫不是中国特有的政策，而是一项国际性事业。❷

（一）关于生态环境与贫困关系的研究

贫困、生态退化及其相互关系问题从 20 世纪 80 年代以来占据了主流研究。❸ 自从 1992 年联合国可持续发展世界首脑会议和 2002 年联合国环境与发展会议以来，扶贫与生态环境保护作为人类社会可持续发展的重要组成部分，已经成为全世界共同关注的焦点❹，特别是发展中国家的生态脆弱区与贫困地区更是其核心内容与重要议题❺。纵观生态环境与贫困相互关系的研究主要有"贫困陷阱"（poverty trap）和"环境库兹涅茨曲线"（environmental kuznets curve）理论。❻ 此外，英国经济学家戴维·皮尔斯（David Preece）认为最贫困的人口生活在世界上生态恢复能力最差、环境破坏最严重的地区❼，比如，2011—2018 年英国政府实施了生态系统服务与扶贫（ecosystems services for poverty alleviation，ESPA）计划，旨在确保环境和发展干预措施能够使弱势群体摆脱贫困。此外，关于生态贫困的形成问题，如联合国人口基金 2001 年发布的《人类发展报告》（*Human Development Report*）指出世界上有一半以上的贫困人口生活在脆弱和高度脆弱的地区——干旱和半干旱地区、陡峭的斜坡和

---

❶ 联合国开发计划署. 2003 年人类发展报告 [M].《2003 年人类发展报告》翻译组，译. 北京：中国财政经济出版社，2003：1 – 2.

❷ 刘宇琼，余少祥. 国外扶贫立法模式评析与中国的路径选择 [J]. 国外社会科学，2020 (6)：93 – 104

❸ BRYANT R L. Beyond the impasse: the power of political ecology in third world [J]. Environmental Research Area, 1997, 29 (1): 5 – 19.

❹ SACHS J D, REID W V. Investments toward sustainable development [J]. Science, 2006, 312 (5776): 1002.

❺ DAVID R. Poverty and the environment: can unsustainable development survive globalization? [J] Natural Resources Forum, 2002, 26 (3): 176 – 84.

❻ STERN D I. COMMON M S, BARBIER E B. Economic growth and environmental degradation: the environmental kuznets curve and sustainable development [J]. World Development, 1996, 24 (7): 1151 – 1160.

❼ 皮尔斯，沃福德. 世界无末日：经济学·环境可持续发展 [M]. 张世秋，译. 北京：中国财政经济出版社，1996：325.

森林中，并概述了人口、环境与贫困的复杂联系及其带来的行动挑战。还有学者在研究中审查了关于生物多样性保护和减贫的 400 多个文件，评估了包括非木材林产品（NTFP）、木材、环境服务付费（PES）、自然旅游、红树林的保护和恢复、保护区、农林业、草原管理和农业生物多样性保护等促进减贫的生物多样性保护途径，主要分析了精英捕获、收入差距、社区参与以及妇女歧视等使穷人从保护项目中获益减少的挑战因素。❶

（二）关于技术进步及相关法律政策调整协同实现扶贫与生态环境保护的个案分析研究

学者依据技术发展与进步，强调将消除贫困作为生态环境保护的一部分或将保护生态环境融入扶贫实践中，认为统筹解决贫困与生态环境保护问题不仅是可能的，更是紧迫的❷，也认为技术进步与相关法律政策的调整实现了当下与未来、人与自然、环境与经济目标以及不同主体的利益的权衡，为生物多样性保护、生态补偿、生态恢复与修正等提供了良好的契机并取得了一定的成效。❸ 在发展中国家贫困治理的个案分析上，有学者研究津巴布韦有关地区的公共区域管理计划（CAMPFIRE），该计划旨在帮助农村社区管理其资源，尤其是野生动植物，以实现当地自身发展；研究结论得出要有效实现扶贫目标，必须首先解决构成该国政治生态基础的行政和法律结构。❹

（三）关于贫困与生态环境保护的法律问题研究

诺贝尔经济学奖获得者阿马蒂亚·森（Amarty Sen）认为贫困必须被视为

---

❶ 郭文月，汪浩，沈文星. 生物多样性与减少贫困正相关性研究综述［J］. 生物学杂志，2019，36（4）：81－84.

❷ DAVID R. Poverty and the environment: can unsustainable development survive globalization? ［J］Natural Resources Forum, 2002（3）: 176－84.

❸ MOSELEY W G. Environmental degradation and "poor" smallholders in the West African Sudano－Sahel: global discourses and local realities ［C］//MOSELEY W G, LOGAN B I. African environment and development: rhetoric, programmes, realities. Aldershot: Ashgate Publishing, 2004: 41－62.

❹ LOGAN B I, MOSELEY W G. The political ecology of poverty alleviation in Zimbabwes Communal Areas Management Programme for Indigenous Resources（CAMPFIRE）［J］. Geoforum, 2002（1）: 1－14.

一种对基本能力的剥夺，而不仅是收入低下。❶ 英国法学家丹尼斯·罗伊德
（Dennis Lloyd）认为贫困问题是一直致力于解决环境问题的环境法"地平线下
的一般问题"，但是仅从这一个视角加以思考是不够的，还要像美国法学家劳
伦斯·M. 弗里德曼（Lawrence M. Friedman）那样告诫法学研究者学从"望远
镜的另一端"分析问题。❷ 在此理论指引之下，世界银行（World Bank）指
出，《环境可持续性承诺：世界银行环境战略》的目标就是促进人们把环境的
改善作为发展和减少贫困的基本内容之一。此外，在发展中国家减少砍伐和森
林退化，通过森林保护、森林的可持续经营以达到增加森林碳汇的效果
（REDD＋项目）对发展中国家应对气候变化和扶贫工作起到了积极作用。还
有国外学者从"穷人赋权理论"（legal empowerment of the poor）中指出法律赋
权与产权制度可以促进生态反贫困。❸

（四）国外生态反贫困的法治经验

贫困问题是全球性的挑战，反贫困是全世界共同的历史使命。在长期实践
中，各国都积累了一些有效的反贫困经验，这些经验具有借鉴意义。

1. 以完善立法和体制机制方式夯实制度保障

国外在反贫困方面的一个重要经验，就是通过制定相关的法律法规，并进
行体制机制的建设，从而为反贫困活动提供坚实的保障。这种做法不仅为扶贫
工作划定了明确的法律框架，还通过完善的体制机制，确保了扶贫政策的顺利
实施和资源的合理分配。

英国和美国高度重视反贫困立法。1601 年，英国颁布伊丽莎白济贫法，
随后通过国民保险法、国民救助法等相关法案，逐步建立了包括国民工伤保
险、国民救济、家庭补助、社会保健、国民保险等在内的完善的社会保险和福
利制度。美国政府针对该国贫困人口在地域上高度集中于某些中心城市的旧郊

---

❶ 森. 贫困与饥荒 [M]. 王宇, 王文玉, 译. 北京：商务印书馆, 2001：5 - 26.

❷ 任世丹. 世界银行的环境政策及其对环境法发展的启示：搭建环保与扶贫的桥梁 [J]. 生态
经济, 2012 (8)：29 - 38.

❸ 希尔波姆, 阿尔姆, 英格哈玛, 等. 产权与法律赋权在减贫中的作用评估 [J]. 国际社会科
学杂志 (中文版), 2015, 32 (2)：6 - 7, 10, 74 - 95.

区及相邻街区，先后出台了宅地法、鼓励西部植树法、沙漠土地法、麻梭浅滩与田纳西流域开发法、地区再开发法、加速公共工程法、经济机会均等法和阿巴拉契亚地区开发法等法案。❶美国不同时期扶贫开发的投资重点有所不同，实行强有力的土地优惠政策和诱导性的移民政策，用法律保障有关个人和承担设施建设的企业或者团体的利益。

以美国田纳西河流域生态反贫困模式为例。田纳西河流域早期以农业为主，但19世纪后期随着人口激增和资源过度开发，生态环境遭到严重破坏，田纳西河流域成为全美贫困地区。1933年，为改善该流域的贫困状况，时任美国总统罗斯福推动成立了田纳西河流域管理局。通过立法保障和田纳西河流域管理局的有效运营，该流域得到综合开发，取得显著成效，成功改变贫穷落后的面貌。其中，1933年制定的田纳西河流域管理局法为田纳西河流域管理局的工作提供了明确指导。该法案详细规定了田纳西河流域管理局的职责和任务，涵盖电力开发、防洪措施、水土保持、植树造林、推动工业化以及满足战时需求等多个方面。这一法案的出台，实际上是将田纳西河流域的开发与管理视为社会福利的重要组成部分。田纳西河流域管理局拥有高度的自主权，这使得它在决策和执行过程中能够避免不必要的外部干扰和内部意见分歧。田纳西河流域管理局组织结构非常高效，由一个三人组成的理事会负责有关决策，下设的地区资源管理理事会则负责提供咨询意见和收集公众反馈。此外，还有一个执行委员会专门负责具体任务的落实。在人事管理方面，田纳西河流域管理局同样展现出灵活性。它有权自主选拔员工，并且鼓励员工成立劳工委员会与董事会进行协商，以确保员工的合理需求得到满足。田纳西河流域生态反贫困模式的成功，不仅改变了该地区贫穷落后的面貌，而且为全球其他国家和地区提供了宝贵的借鉴经验。❷

可以看出，英国和美国通过制定和完善相关法律法规，为反贫困活动提供坚实的法律基础，从而确保反贫困政策的连续性和稳定性，同时明确政府、社

---

❶ SCANDRETT E. Poverty and the environment: environmental justice [M]. Glasgow: CPAG, 2011.

❷ 黄国庆. 国外"水库型"区域反贫困经验对三峡库区扶贫的启示: 以美国田纳西河流域为例 [J]. 学术论坛, 2011, 34 (3): 125 – 128.

会和个人在反贫困中的责任和义务。政府在反贫困工作中也发挥主导作用，通过设立专门机构、制定规划、协调各级政府和各方资源形成合力。同时，鼓励和引导社会力量参与反贫困工作，形成政府、市场、社会协同推进的格局。此外，英国和美国还构建和完善覆盖全民的社会保障体系，包括社会保险、社会救济、社会福利等多个方面，通过提供基本的生活保障，降低贫困人口的生活风险。

2. 充分发挥社会组织的生态反贫困作用

国外在反贫困方面的另一个重要经验在于深刻认识并充分利用社会组织的独特力量，通过生态反贫困策略实现减贫目标。这一经验揭示了社会组织在推动反贫困工作中的作用，它们不仅为贫困地区注入了新的活力，而且为解决贫困问题提供了重要的支持和保障。

在全球范围内，公益性社会组织在反贫困中起到举足轻重的作用。这些组织不仅覆盖面广泛，而且在国际上布局了众多分支机构，以更高效地推进扶贫工作。例如，在巴西、澳大利亚和新加坡等国家，大量社会组织积极投身于反贫困的事业中；在印度，像自我就业妇女协会这样的组织也在默默地为扶贫贡献力量。以巴西为例，该国创建了一个多元化的森林资源管理体系，这个体系鼓励多方参与，目的在于增强贫困人口的权能和资源。巴西在森林资源的管理上，既重视保护也注重利用，其林业项目不仅涉及周密的规划、土地治理，而且包括资助当地社区的可持续发展。值得一提的是，在保护工程实施过程中，巴西政府特别关注当地居民，特别是贫困人口的利益。

在长期的实践中，国外已经探索出三种典型的反贫困活动模式❶：政府—社会组织合作、社会组织—社会组织合作以及社会组织—企业模式。在政府—社会组织合作模式下，政府提供必要的资金和政策扶持，而社会组织则承担反贫困项目的具体实施工作。通过这种方式，扶贫工作的执行效率和目标定位的准确性得以显著提升，同时政府也能从繁重的项目执行中解脱出来，更多地扮演监督者和验收者的角色，从而确保了扶贫工作的高效与实效。社会组织—社

---

❶ 黄倩柳，刘长青. 国外反贫困的经验［N］. 中国社会科学报，2018 - 10 - 08（7）.

会组织合作则是社会组织之间的强强联手。通过这种模式，不同的社会组织能够共享资源、互补优势，在资金筹措、技术支持以及专业服务等方面形成合力，使得扶贫项目的运作更加专业、高效。社会组织—社会组织合作和政府—社会组织合作在合作主体、合作模式和目的以及合作关系的动态方面存在显著差异。社会组织—社会组织合作是由社会组织通过合作来共享资源、互补优势，以提高扶贫项目的专业性和成效。这种合作集中在资金筹集、技术支持、专业化服务等方面，旨在通过专业化运作使扶贫项目更加高效。而政府—社会组织合作是由政府提供资金和政策支持，社会组织负责实施反贫困项目。这种合作模式旨在提高扶贫效率和效果，确保扶贫政策的准确执行，同时帮助政府从项目实施者转变为监督者和检查验收者。社会组织—社会组织合作更侧重于社会组织间的平等协作与资源共享，更多体现为平等主体之间的协作关系，各方共同参与、共同决策。而政府—社会组织合作体现了政府与社会组织在扶贫工作中的协同与互补，虽然也强调合作，但政府在其中通常扮演主导和政策的制定者角色，这使得合作关系更为复杂。社会组织—企业模式，则是一种创新型的扶贫方式。它鼓励社会组织运用商业手段来改善贫困人口的生活状况，而不是片面追求企业利润。越来越多的社会组织开始尝试通过商业化运作获得稳定的资金来源，以更可持续地推进反贫困工作。

值得一提的是，世界银行也深刻认识到扶贫与环境保护之间的紧密联系，并在实际工作中将两者有机结合。世界银行在 2001 年发布《作出可持续承诺：世界银行的环境战略概述报告》提出：在贯彻注重贫穷问题的环境议程时，需要更多地强调全球环境挑战涉及的地方因素，重视减少全球共同环境退化对发展中国家造成的影响，并强调精心确定干预措施的目标，以便发展中国家和地方社区受惠。❶ 世界银行不仅帮助其客户明确环境保护的重点领域，还为它们提供相应的支持。考虑到贫困人口往往高度依赖自然资源，世界银行在自然资源管理项目中越来越重视社区的作用。它们鼓励社区在项目设计和实施阶段积极参与，赋予社区管理自然资源的权利，并引导他们采用更

---

❶ DTI. Our energy future: creating a low carbon economy [R]. London: The Stationary Office, 2003.

加可持续的资源利用方式。这种做法不仅能有效保护其生物多样性，而且能有效提高当地居民的收入水平和生活质量。❶ 此外，对于因发展项目可能产生的非自愿移民问题，世界银行也制定了有关政策。它们强调移民安置必须与环境保护相结合，并重视公众的广泛参与，以确保移民工作的顺利进行。

3. 以发展理念找准生态贫困治理的切入点

根据发展极（development poles）理念，政府部门可以发挥主导作用，吸引创新企业在特定地区或相邻城市聚集，从而打造发展极❷，这样一来，就能吸引周边居民迁移至此，并通过发展极的积极影响，推动周边地区的发展。

以巴西的生态扶贫实践为例❸。巴西，作为一个发展中国家，经济结构的二元性十分明显，发达地区与欠发达地区间的差距显著。巴西位于热带和亚热带地区，拥有广袤的土地资源，大部分国土面积适宜农业耕作，其农业发展潜力巨大。基于这一资源优势，农业自然成为巴西政府战后开发贫困地区的首选项目。为了实现这一目标，巴西政府采取了一系列措施，例如在公路两侧预留一定的土地，用于建立大型农业企业和支持中小型农场的发展。巴西政府也非常注重传统产业的技术革新和优化，积极加快农业现代化步伐，将科技创新引入农业生产。值得一提的是，森林经济在巴西经济中占有重要地位，为政府的扶贫工作提供了有力支撑，有效带动了贫困地区的发展，这得益于巴西政府在政策制定时对森林业、种植业和交通运输业的综合考虑。

除了巴西，其他国家和国际组织也在积极探索适合自己的产业扶贫模式。例如，泰国政府针对该国特点，通过发展旅游业来助力扶贫，使原本落后的基础设施因乡村旅游的发展而得到改善，部分地区甚至成为热门旅游景点。这不仅为当地创造了大量的导游岗位，还吸引了众多外国游客，为当地经济注入了新的活力。此外，一些国际组织也在努力因地制宜地实施产业扶贫。

国外在生态反贫困方面积累的这些经验，主要体现在立法保障、政府主导与多方参与以及找准切入点等方面。

---

❶ 任世丹. 贫困问题的环境法应对 [D]. 武汉：武汉大学，2011.
❷ PAPIS K, POLESZCZUK O, ELZBIETA W－C, et al. Melatonin effect on bovine embryo development in vitro in relation to oxygen concentration [J]. Journal of Pineal Research，2010，43 (4)：321－326.
❸ 孟昌，刘琼. 国外贫困地区开发的三种典型模式与经验 [J]. 林业经济，2011 (11)：92－96.

二、国内研究的梳理与评述

经过大规模的农村反贫困工作之后，我国农村贫困人口进一步趋向生态环境恶劣、自然资源匮乏的偏远地区。在"绿水青山就是金山银山"和"保护生态环境就是保护生产力，改善生态环境就是发展生产力"的生态扶贫思想指引下，生态扶贫成为一条符合中国国情的生态和扶贫"双赢"道路；它兼顾减贫和改善生态环境双重目标，成为近年来学者研究的重点领域之一。著者通过资料检索发现，已有的文献研究主要集中在生态与扶贫的关系、生态扶贫的概念、生态扶贫的路径、生态扶贫的效益评估四个方面，专门针对生态扶贫法律制度建设问题的研究成果还处于起步阶段。

（一）关于生态与扶贫的关系

代表性研究成果有：立足于生态伦理视角，生态扶贫即生态文明视角下的扶贫开发，摆脱贫困、改善生活绝对不能以牺牲有限资源与破坏环境为代价。● 依据西方"贫困陷阱"理论，指出贫困与生态环境退化恶性循环束缚着贫困地区及生态脆弱区的发展。❷ 以我国西部地区为样本论证了我国西部地区贫困与生态环境的耦合关系，贫困既是生态环境脆弱的产物，又进一步加剧了生态环境的脆弱性。❸ 以武夷山片区为例提出生态保护与扶贫开发二者之间是相辅相成、辩证统一的关系，不是矛盾的对立面，应该协同发展。❹

（二）关于生态扶贫的概念

代表性研究成果有：生态扶贫是在既定资源环境状况和经济发展水平的前

● 李广义. 桂西石漠化地区生态扶贫的应对之策研究 [J]. 广西社会科学, 2012 (9)：19 - 22.

❷ 祁新华, 林荣平, 程煜, 等. 贫困与生态环境相互关系研究述评 [J]. 地理科学, 2013, 33 (12)：1498 - 1505.

❸ 刘慧, 叶尔肯·吾扎提. 中国西部地区生态扶贫策略研究 [J]. 中国人口·资源与环境, 2013, 23 (10)：52 - 58.

❹ 陈金明, 吴炜. 武陵山片区生态保护与扶贫开发协同发展论纲 [J]. 学习月刊, 2015 (2)：28 - 29.

提下，提高贫困人口生态环保意识，在进行生态建设的同时发展当地生态产业，使贫困地区的经济、社会发展和生态环境协调一致。❶ 显然，该生态扶贫的"生态"定义仅局限于生态建设，没有引出生态系统服务功能与扶贫开发之间的作用机制。生态扶贫指从改变贫困地区的生态环境入手，通过加强基础设施建设，改变贫困地区的生产和生活环境，提高贫困地区的生态服务功能，此概念补充了生态系统服务功能。❷ 在生态人类学视角中，生态扶贫被定义为协调生态系统与贫困之间的关系，充分利用生态系统各项服务功能与价值，保证生态系统可持续发展的前提下追求扶贫效益的最大化。❸ 这个定义比较完整地概括了生态与扶贫间的关系，以及生态系统如何利用功能价值服务于生态扶贫开发。

（三）关于生态扶贫的路径

在中国 30 多年的扶贫开发变迁中，这一方面的研究著述颇多。代表性研究成果有：生态产业，其中包括生态工业扶贫模式、生态农业扶贫模式、生态旅游扶贫模式。❹ 生态移民，主要涉及生态移民现状调查研究、生态移民效益研究、生态移民社会适应与融入问题研究、生态移民后续生计能力问题研究以及生态移民问题。❺ 生态补偿，绝大部分贫困地区在国家发展中承担了"生态屏障""资源储备""风景建设"等角色。实行生态补偿式扶贫，从法理上体现了社会公平正义，也为扶贫解困实践开拓了新的途径和手段。❻

---

❶ 杨文举. 西部农村脱贫新思路：生态扶贫 [J]. 重庆社会学，2002 (2)：36 - 38.

❷ 查燕，王惠荣，蔡典雄，等. 宁夏生态扶贫现状与发展战略研究 [J]. 中国农业资源与区划，2012, 33 (1)：79 - 83.

❸ DIAN X C, YAN Z, BUBB P J, et al. 中国生态扶贫战略研究（修订版）[M]. 唐小田，李玮，译. 北京：科学出版社，2015.

❹ 沈茂英，杨萍. 生态扶贫内涵及其运行模式研究 [J]. 农村经济，2016 (7)：3 - 8.

❺ 张林洪，张超，胡德斌，等. 生态移民与扶贫工作中存在的问题与对策 [J]. 安徽农业学，2016, 44 (36)：246 - 249.

❻ 徐丽媛，郑克强. 生态补偿式扶贫的机理分析与长效机制研究 [J]. 求实，2012 (10)：43 - 46.

（四）关于生态扶贫的效益评估

这方面研究成果主要涉及生态移民扶贫与生态旅游扶贫效益评估，基本采用定量分析方法，通过选取某个生态扶贫案例区域进行实证研究，构建绩效评估指标体系与相关模型进行分析。例如，构建包括客观绩效、感知绩效与潜力绩效三个一级指标在内的生态旅游扶贫绩效评价体系，对滇桂黔石漠化生态旅游景区生态扶贫绩效进行评估。❶

（五）关于生态扶贫开发相关法律问题

《中国农村扶贫开发纲要（2011—2020年）》第47条规定："加强法制化建设。加快扶贫立法，使扶贫工作尽快走上法制化轨道"。2015年，《中共中央 国务院关于打赢脱贫攻坚战的决定》中提出，要贯彻绿色发展理念，坚持扶贫开发与生态保护并重。除了贵州、云南、宁夏等地制定农村扶贫开发条例，相关生态扶贫开发的法律法规依据都散落在《中华人民共和国环境保护法》《中华人民共和国森林法》《中华人民共和国农业法》等法律中。文献检索表明，生态扶贫是精准扶贫方式之一。著者以法学视角检索扶贫的相关文献内容，发现其研究主要在扶贫开发立法研究和扶贫治理机制、生态补偿式脱贫机制等具体制度构建方面。

一是关于扶贫开发立法研究，其代表性成果有：关于扶贫工作法治化思考;❷ 从贫困的制度性根源研究反贫困的法律问题;❸ 以"权利扶贫"理念为指导，实现农村反贫困工作的法治化和新突破;❹ 政府与社会组织的合作扶贫及法律治理❺推进扶贫开发法治化建设，以实现贫困地区和贫困人口共享发展

---

❶ 罗盛锋，黄燕玲. 滇桂黔石漠化生态旅游景区扶贫绩效评价［J］. 社会科学家，2015（9）：97-101.

❷ 杨云鹏，杨临宏. 关于扶贫工作法治化的思考［J］. 学术探索，2000（4）：47-49.

❸ 孟庆瑜. 反贫困法律问题研究［J］. 法律科学. 西北政法学院学报，2003（1）：24-32.

❹ 赵新龙. 权利扶贫：农村扶贫突围的一个法治路径［J］. 云南财经大学学报，2007（3）：88-92.

❺ 蔡科云. 论政府与社会组织的合作扶贫及法律治理［J］. 国家行政学院学报，2013（2）：33-37.

成果和体现社会发展公平的价值取向;❶ 扶贫开发基本问题的立法建议❷等。

　　二是关于扶贫治理机制、生态补偿制度等具体制度构建研究,其代表性成果有:为搭建环保与扶贫的桥梁,开拓环境法的益贫功能以及设立重在"赋权"的制度体系;❸ 注重贫困者的权利定位,尤其是经济自主权的发展和完善构建精准扶贫的治理机制;❹ 以完善生态补偿制度对接我国西部地区扶贫开发与生态文明建设。❺ 此外,生态扶贫地方立法研究成果主要集中体现在对生态补偿法律制度的论述中,诸如生态补偿法律关系的成立、客体、主体、标准以及形式等。❻ 在我国重点生态功能区生态补偿与精准扶贫的法律对接方面,李亮等探讨提出我国重点生态功能区生态补偿法律机制设计应当遵循益贫原则,通过建立林地适度规模化经营激励机制、健全保育地役权制度以及大力发展生态旅游扶贫,构建以权利为本位的生态扶贫法律机制。❼ 张燕等运用法政策学的方法,剖析了生态扶贫下耕地生态补偿的维度与限度,并构建包括制度目标、制度工具、制度模式和制度基准在内的耕地生态补偿法律制度体系。❽ 张宜红等立足于国家"生态补偿脱贫一批"的决策安排,分析生态补偿模式的作用机理和现实困境,提出应加强生态补偿和扶贫立法,制定专门的生态补偿政策,发挥现金型补偿、岗位型补偿、产业型补偿三者之间的政策协同作用,优化生态补偿政策的实施。❾

　　综观之,关于生态扶贫的相关研究,国外学者理论研究较早且比较成熟,

---

❶ 张永亮. 论扶贫开发的法制建设 [J]. 湖南社会科学, 2013 (5):117 – 120.

❷ 孟勤国, 黄莹."加强农村法治建设"笔谈之三 扶贫开发基本问题的立法建议 [J]. 重庆社会学, 2015 (3):13 – 16.

❸ 任世丹. 贫困问题的环境法应对 [D]. 武汉:武汉大学, 2011.

❹ 樊晓磊. 精准扶贫治理机制构建的规范取向 [J]. 公民与法 (法学版), 2016 (9):45 – 48.

❺ 黄锡生, 何江. 论生态文明建设与西部扶贫开发的制度对接:以生态补偿为"接口"的考察 [J]. 学术论坛, 2017, 40 (1):105 – 110.

❻ 杜群. 生态补偿的法律关系及其发展现状和问题 [J]. 现代法学, 2005 (3):186 – 191.

❼ 李亮, 高利红. 论我国重点生态功能区生态补偿与精准扶贫的法律对接 [J]. 河南师范大学学报 (哲学社会科学版), 2017, 44 (5):59 – 65.

❽ 张燕, 居琦, 王莎. 生态扶贫协同下耕地生态补偿法律制度完善:基于法政策学视角 [J]. 宏观经济研究, 2017 (9):184 – 191.

❾ 张宜红, 薛华. 生态补偿扶贫的作用机理、现实困境与政策选择 [J]. 江西社会科学, 2020, 40 (10):78 – 87.

关于贫困与生态环境保护的法律问题研究成果也较多。国内学者虽然取得了丰硕的成果并有不断增多的趋势，但是存在以下三点不足。

一是研究的理论视角独特性不强。学界大多研究集中在生态学、经济学、政治学、管理学、人类学等领域，缺乏法学视角下生态扶贫法律制度建设的综合研究。

二是研究对象的系统性缺失。学界对包含生态系统功能价值挖掘、生态产业发展、生态补偿机制等生态扶贫的路径选择研究成果丰富，但关于生态扶贫的路径、方法的选择和实施中具体问题还缺乏更细致的关注和探索；比如，如何运用法治思维和法治方式推进生态环境保护与扶贫开发的协调发展，促进生态文明建设与脱贫致富共赢。如何通过法律制度保障贫困群体公平享有生存权、发展权及环境权利等问题。

三是生态扶贫是一项综合的系统性工程，既有研究中的生态扶贫概念不统一，基础理论研究滞后。尤其缺乏生态文明视野下贫困地区生态脱贫、绿色发展等整体性贫困治理的法律机制研究。

第二章
生态扶贫的理论阐释及制度基础

　　概念是研究的逻辑起点，基于法律制度的规范主义和功能主义的理论建构范式。有社会学家曾指出，虽然概念只是用以描述现实的某些相关的方面，并进行构成所研究的事物的定义工具，但是在谈论事实之前，人们必须用某些概念框架对其进行整理。❶ 本章主要以生态扶贫及其相关概念的比较和厘定为起点，界定生态扶贫的意涵，追溯其实施的理论根基，解析生态扶贫的法律关系和法治化的正当性、必要性及可行性，从而为整个研究提供理论准备和铺垫。

第一节　生态扶贫及其相关概念的厘定

　　随着我国生态文明建设进程的发展，以及世界对环境保护与可持续发展理念的共识与行动，越来越多的学者开始关注生态环境在反贫困实践中的重要作用。但总体看来，生态扶贫的研究仍处于破题阶段，甚至大部分还囿于经济学、生态学和管理学等领域。在以法治方式不断推进贫困治理体系和治理能力现代化的背景下，有必要厘定与生态扶贫密切相关的生态贫困、生态反贫困、绿色减贫等概念的内涵及其之间的关联性。

一、生态贫困

　　有学者认为，除了社会经济等原因，贫困状况的发生和贫困程度的大小往

---

❶　科赛. 社会冲突的功能 [M]. 孙立平，等，译. 北京：华夏出版社，1989.

往与生态环境状况存在极为密切的关联，因为发展中国家的贫穷农村人口往往直接依赖自然界提供的生计资源。国际社会将之命名为"贫困和环境的恶性循环"，可以将这种现象和问题简称为"生态贫困"或"生态贫穷"。例如，1993 年世界环境日的主题为"贫穷与环境——摆脱恶性循环"。

国内外学者大多从贫困与脆弱生态环境的关系角度理解生态贫困。刘燕华等认为，贫困往往与脆弱生态环境相伴生，严重依赖生态系统生产的人类生存方式对于自然灾害和环境变化的胁迫尤为敏感。关于生态贫困主要有以下几种论述：戴维·皮尔斯等发现，居住在世界自然恢复能力最低，环境破坏最严重的地区的那部分人口是世界最贫困人口。这些最贫困的人们直接依赖自然资源以获取他们必需的食物、能源、水和收入等，从而导致生态环境资源贫瘠。❶何运鸿认为，生态贫困是指某一地区生态环境不断恶化，超过其承载能力，造成不能满足生活在这一区域人们的衣、食、住等基本生存需要和难以维持再生产的贫困现象。❷ 李虹认为，生态贫困是低质量或脆弱的生态环境与过度的或不适当的人类经济活动相结合，引起的生态环境恶化，进而威胁当地的可持续发展与居民的基本生存环境，使当地居民同时面临生态与经济的双重贫困。❸屈波等认为，生态贫困是由于环境先天脆弱、资源不合理利用、环境污染、破坏性的工程建设等引起生态环境恶化，最终导致的贫困。❹ 胡鞍钢等认为，生态贫困是自然环境恶化造成人类生产、生活条件受限，或由于人类过度利用开发行为导致生态环境系统超负荷而造成人类生产、生活得不到满足的现象。生态贫困与收入贫困、人类贫困、信息贫困并列为第四类贫困，其包括资源贫困、气候贫困等。❺ 杜明义等认为，恶劣的天然生态环境或人类生产、生活对

❶ 皮尔斯，沃福德. 世界无末日：经济学·环境与可持续发展 [M]. 张世秋，译. 北京：中国财政经济出版社，1996.

❷ 何运鸿. 消除生态贫困的有效途径：黔东南州积极实施生态工程的几点思考 [J]. 农村经济与技术，2001（2）：33 - 34.

❸ 李虹. 中国生态脆弱区的生态贫困与生态资本研究 [D]. 成都：西南财经大学，2011.

❹ 屈波，邹红，谢世友. 中国西部地区生态贫困问题与生态重建 [J]. 国土与自然资源研究，2004（4）：74 - 75.

❺ 胡鞍钢，童旭光，诸丹丹. 四类贫困的测量：以青海省减贫为例（1978—2007）[J]. 湖南社会科学，2009（5）：45 - 52.

生态环境破坏而导致人类的生存、生产、发展空间布置问题，称为生态贫困。❶ 龙先琼认为，生态贫困，简言之，就是人们因为"生态"问题（或致因），无法从自然生态环境中（自然界）获取必需的生存和发展资源而陷于贫困状态中（生活在国家确定的"贫困线"之下），人们的生态状况差，生活水平低下，生存困难；可以把生态贫困定义为"特定自然环境中的人们因为无力改变所处的自然环境的不利影响导致无法获得基本生存和发展资源而处于贫困之中"。从特定时空中的具体的、主要的致因来分类，它主要包括环境退化型生态贫困、自然灾变型生态贫困、能力脆弱型生态贫困和行为后果型生态贫困四种类型。❷ 叶善青认为，生态贫困主要指由于生态因素导致区域内人口自然生存环境不良、发展受限、权利剥夺等方面的贫困，它是传统贫困概念的沿袭、拓展和深化；其从生态贫困类型、成因、辨识方法以及精准生态扶贫的作用机理中，揭示了生态贫困存在"生态环境不良致贫型""功能角色束缚致贫型""工业化进程中资源耗竭致贫型""制度缺失性致贫型"四种主要类型。❸

由此可见，大多数研究认为在生态贫困中恶劣的自然生态环境是导致贫困的直接或主要因素，并且这种恶劣的生态环境分为两个方面：一是由于环境自身禀赋原因而呈现的生态恶劣；二是由于人为影响而导致环境后天的生态恶劣。不难发现，若仅把典型的生态恶劣作为贫困的诱因，有些过于狭窄，因为低质量的或因政策限制开发的生态区域同样也能造成生态贫困，比如环境优美但山高谷深、交通不便的贫困地区，流域上游具有重要水土涵养功能的林区因被限制开发而形成的贫困。

综上所述，著者认为，要认识生态贫困是生态扶贫的逻辑前提，因为有贫，才需扶贫。而且是生态性贫困，才需要生态性治贫。应当从人与自然的关系中，确立生态贫困的两个维度，即人的维度和生态的维度。在人与自然的关系中，生态贫困表现为人与自然关系的"恶化"，是人的生态关系"恶化"而

❶ 杜明义，余忠淑. 生态资本视角下的生态脆弱区生态贫困治理：以四川藏区为例 [J]. 理论月刊，2013 (2)：176 – 179.

❷ 龙先琼. 关于生态贫困问题的几点理论思考 [J]. 吉首大学学报（社会科学版），2019，40 (3)：108 – 113.

❸ 叶善青. 精准生态扶贫研究 [D]. 福州：福建师范大学，2020.

导致人的贫困。生态贫困是指人类因"生态"致因而无法从自然中获取必需的生存和发展资源陷于贫困状态中。依据有关环境保护法律中的原生环境问题和次生环境问题的分类方法和依照生态不适宜的先天性和后天性，可以把生态贫困问题分为两类：一是因不适宜的生态环境造成的人类贫困，称为原生生态贫困问题；二是由于人类破坏了生态环境，对生态环境过度开发或粗放开发利用导致人类赖以生存和发展的环境资源破坏或消失所形成的贫困，称之为次生生态贫困问题。

二、生态反贫困

随着人们对生态贫困问题的认知深入，在脱贫攻坚战的战略中提出了生态反贫困方式、手段及方法，也被称为生态反贫困。关于生态反贫困的明确定义，目前还没有一个明确的界定，但从对生态反贫困措施方面的研究中可以梳理归纳其内涵和外延。例如，如何从环境信息中获取财富来减少贫困环境；生态环境与人类发展共生，当工业化与产业化引起环境污染、生态退化时，贫困问题随之产生。以非洲为例，其人口增长迅速，可更新资源与不可更新资源都面临耗尽，进而贫困。因此，污染控制、环境修复是解决贫困问题的有利途径。在国内的研究中，李玉田指出广西壮族自治区石山地区石山较多，通过建立六大基础工程与石山生态农业体系，生态反贫困效果明显，提倡积极推广任豆树和竹子。❶ 王映雪分析了云南省岩溶地区的致贫原因，建议采取生态反贫困模式，发展生态产业。❷ 刘艳梅通过对西部地区的生态贫困分析，提出了西部地区生态反贫困的基本思路，就是将生态环境建设与保护作为扶贫政策的中心，并依据此中心调整西部地区生态贫困地区的反贫困措施，大力发展生态经济，使该地区经济性和社会性协调统一发展。❸

从上述生态反贫困措施可以看出，在界定生态反贫困时应该把生态反贫困

---

❶ 李玉田. 论石山区的生态反贫困 [J]. 广西民族研究, 1999 (2): 108 - 109.
❷ 王映雪. 云南生态型反贫困的实证分析 [J]. 管理观察, 2009 (5): 21 - 23.
❸ 刘艳梅. 西部地区生态贫困与生态型反贫困战略 [J]. 哈尔滨工业大学学报 (社会科学版), 2006 (11): 97 - 101.

的生态理念和生态产业理念融入其中。较早提出生态型反贫困并对之全面概括的学者于存海，在内蒙古自治区农牧区生态安全、生态贫困实证研究中，论述生态型反贫困特区建设内容时界定了"生态型反贫困特区"概念，其是指当一个贫困地区生态系统失衡情况严重或生态问题突出，进而阻碍当地经济、社会发展，贫困问题难以解决或贫困问题不能得到稳定解决，通过优先进行生态环境建设和保护，提高生态环境质量，为经济、社会发展创造条件，或者采取措施转移人类社会活动，以恢复生态环境，进而促进贫困问题的缓解或消除贫困的特区形态。❶ 若剥除"特区"这一名词，可以认为就是对生态反贫困的内涵解读。刘晓霞等研究认为，综合生态反贫困在实践中的理念、模式、路径、方法和措施，生态反贫困可以定义为坚持可持续发展理念，以环境保护法律制度为准绳，以打破"生态—贫困"恶性循环为突破口，以生态保护、修复和生态产业开发减贫为内容的经济发展反贫困行动。❷ 2016 年，生态文明贵阳国际论坛的主题为"生态文明与反贫困"，以生态文明建设推进精准脱贫成为国内外学者讨论的焦点。而张云飞研究认为，党的十八大以来，针对贫困和环境的恶性循环问题，在推动精准脱贫攻坚战中，通过科学总结以往的经验，创造性地提出了生态扶贫和生态脱贫的理念和政策，即生态反贫困。❸ 生态反贫困最终助力我国脱贫攻坚战取得全面胜利。

由此可见，生态反贫困或生态型反贫困的内涵与外延具有极大的不确定性，以生态手段消除贫困抑或成为生态反贫困的直接语义，由于生态语义的自然性和社会性，从生态文明的理念维度上来看反贫困途径，这种以类型化的工具来划分减贫方式并不能突出生态扶贫脱贫的丰富内涵和语义特色。

---

❶ 于存海. 论内蒙古农牧区生态安全、生态贫困与生态型反贫困特区假设：兼论社会政策在农牧区反贫困中的作用 [J]. 内蒙古财经学院学报, 2006 (5)：26 – 30.

❷ 刘晓霞，周凯. 西部地区生态型反贫困法律保障研究 [M]. 北京：中国社会科学出版社，2016.

❸ 张云飞. 我国生态反贫困的探索和经验 [J]. 城市与环境研究, 2021 (2)：67 – 83.

三、绿色减贫

绿色发展和减贫是全球面临的挑战和共同任务。2012 年联合国可持续发展大会的主题就是"在可持续发展和减贫背景下的绿色经济",提出要以绿色增长模式来取代传统的主要依靠资源和环境的增长模式,达到消除贫困和实现可持续发展目标。我国政府高度重视绿色发展和减贫工作,尤其是党的十八大报告指出,要把生态文明建设放在突出地位,要将生态文明融入经济建设、政治建设、文化建设、社会建设各方面和全过程,实现"五位一体"总体布局的经济社会发展。党的十八届五中全会提出了"创新、协调、绿色、开放、共享"的新发展理念。在此理论指引下,绿色减贫成为脱贫攻坚的一种模式。在我国较早进行的绿色减贫实践是 2006 年联合国在我国西部地区开展的一个绿色能源减贫项目,该项目旨在让四川、贵州、云南三省交界及新疆维吾尔自治区、内蒙古自治区的农户通过绿色科技提高能源供应和生活水平。

对于绿色减贫概念,相关研究认为,绿色减贫是一个综合概念,包括以发展绿色产业为主要内容的绿色减贫和以生态环境保护和生态恢复为主要手段的生态扶贫。❶ 从狭义上说,绿色减贫是指针对贫困地区和建档立卡贫困户的生态扶贫措施。从广义上说,绿色减贫是融保护与发展为一体的贫困地区发展之路。北京师范大学张琦教授及其团队经过 3 年时间完成的《中国绿色减贫指数报告(2014)》打破了以往认为绿色发展与减少贫困只能二选一的观念,首次将绿色发展和减贫融为一体,提出了绿色减贫新理念。该报告在借鉴联合国人类发展指数、经济合作与发展组织的绿色增长指标以及中国绿色发展指数等成果的基础上,根据中国多维贫困的特点,首次构建了中国绿色减贫指数。该团队连续多年对中国绿色减贫的经验表明❷,发展与环境保护并非对立,在生态文明的背景下,通过转变发展方式,扶贫与环境保护的双赢局面是可以实现

---

❶ 王毅. 绿色减贫:理论、政策与实践 [J]. 兰州大学学报(社会科学版),2018,46(4):28 – 35.

❷ 关于张琦教授及其团队对中国绿色减贫指数报告和绿色减贫实践研究报告,可以登录"北京师范大学中国扶贫研究院"(https://ccprr.bnu.edu.cn/)查阅。

的。在张琦教授的后续研究中,其归纳出绿色减贫的科学内涵是通过与自然生态环境体系和自然生产力紧密相融,将自然、经济和社会资源寓于绿色发展体系中,提高资源配置效率,从而全面提升经济效益、社会效益和生态效益,改善和提高贫困家庭收入和生活水平,实现摆脱贫困的目标。并认为这一内涵兼具"绿色"和"减贫"两个概念,具有人民性、科学性、继承性、创新性和实践性等鲜明品格。❶ 也有研究认为,绿色减贫是脱贫攻坚下生态扶贫的价值取向。❷ 向德平等认为,绿色减贫为贫困地区脱贫攻坚、实现经济与环境协调发展提供了一条可行的发展思路,不仅满足了人民对美好生活需要的迫切要求,而且推动了贫困地区全面脱贫同乡村振兴的有效衔接。❸ 绿色减贫是一种融合了绿色发展与脱贫攻坚的创新扶贫模式,追求可持续的脱贫致富长效机制,是我国推进乡村振兴,促进共同富裕的必然选择。

综上所述,著者认为,绿色减贫是绿色中国、美丽中国发展目标和绿色发展理念指引下的贫困治理模式的变革。从绿色、生态、环境资源等概念内涵以及实施绿色减贫、生态反贫困的路径、措施和方法等综合分析来看,在本质上,生态反贫困、绿色减贫与生态扶贫内容具有一致性,其实施方法、路径及措施也具有相通性。最大的不同点在于2018年发布《生态扶贫工作方案》之后,生态扶贫被正式确立为脱贫攻坚的一种新模式,成为可以正式界定的内涵。

四、生态扶贫

通过检索发现,沈斌华在国内最早对生态扶贫概念进行初步界定,其认为生态扶贫是指立足地区实际,致力药材业、沙产业、林业、草业的地方特色产

---

❶ 张琦,孔梅. 治理现代化视角下新时代中国绿色减贫思想研究 [J]. 西安交通大学学报(社会科学版),2020,40(1):14 – 20.

❷ 莫光辉. 绿色减贫:脱贫攻坚战的生态扶贫价值取向与实现路径 精准扶贫绩效提升机制系列研究之二 [J]. 现代经济探讨,2016(11):11 – 15.

❸ 向德平,梅莹莹. 绿色减贫的中国经验:政策演进与实践模式 [J]. 南京农业大学学报(社会科学版),2021,21(6):48 – 58.

业发展，有益于贫困地区脱贫。❶ 杨文举认为，生态扶贫是增强贫困人口生态环保意识，发展贫困地区生态产业，推进生态建设，从而促进该地区经济、社会和环境协调发展的一种方式。❷ 这些概念仅局限于通过发展生态产业和生态建设方式进行扶贫开发，未涉及扶贫与生态系统服务功能之间的关系及作用机理。自 2001 年《中国农村扶贫开发纲要（2001—2010 年）》提出"扶贫开发必须与资源保护、生态建设相结合……提高贫困地区可持续发展的能力"。国内相关学术研究均围绕扶贫开发与可持续发展的结合。2002 年 10 月 28 日，《人民日报》刊发的文章指出：生态扶贫，是指从贫困地区的生态环境入手，改变贫困地区的生活生态环境，使贫困地区实现可持续发展的一种新的扶贫方式。这被学界一致认为是较早且权威的生态扶贫概念界定。但是，该生态扶贫中的"生态"定义仅局限于生态建设，没有引出生态系统服务功能与扶贫开发之间的作用机制。2011 年，《中国农村扶贫开发纲要（2011—2020 年）》发布，该纲要不仅指出我国扶贫开发已转入加快脱贫致富、改善生态环境、加强生态建设、提高发展能力的新阶段，而且明确提出要"加强法制建设。加快扶贫立法，使扶贫工作尽快走上法制化轨道"。在此背景下，以生态扶贫助力精准扶贫、精准脱贫的社会共识不断深入，生态扶贫的内涵也日益丰富。

查燕等认为，生态扶贫是指从改变贫困地区的生态环境入手，通过加强基础设施建设，改变贫困地区的生产和生活环境，提高贫困地区的生态服务功能。❸ 刘慧等将生态扶贫模式分为原地生态扶贫与异地生态扶贫两种，将生态移民包含在生态扶贫框架内。❹ 蔡典雄等从生态人类学视角定义生态扶贫为协调生态系统与贫困之间的关系，充分利用生态系统各项服务功能与价值，保证生态系统可持续发展的前提下追求扶贫效益的最大化。❺ 沈茂英等认为，生态

❶ 沈斌华. 谈"生态扶贫"与"组织扶贫"[J]. 北方经济，1999（8）：4 – 5.

❷ 杨文举. 西部地区农村脱贫新思路：生态扶贫 [J]. 重庆社会科学，2002（2）：36 – 38.

❸ 查燕，王惠荣，蔡典雄，等. 宁夏生态扶贫现状与发展战略研究 [J]. 中国农业资源与划，2012（1）：79 – 83.

❹ 刘慧，叶尔肯·吾扎提. 中国西部地区生态扶贫策略研究 [J]. 中国人口·资源与环境，2013，23（10）：52 – 58.

❺ CAI D X, ZHA Y, BUBB P J, et al. 中国生态扶贫战略研究 [M]. 唐小田，李玮，译. 北京：科学出版社，2015.

扶贫是在贯彻国家主体功能区制度基础上，以保护和改善贫困地区生态环境为出发点，以提供生态服务产品为归宿，通过生态建设项目的实施，发展生态产业、构建多层次生态产品与生态服务消费体系、培育生态服务消费市场，以促进贫困地区生态系统健康发展和贫困人口可持续生计能力提升，实现贫困地区人口经济社会可持续发展的一种扶贫模式。❶ 黄金梓在生态扶贫与精准扶贫有机结合的关系论述中，提出了精准生态扶贫的概念。❷ 陈甲等认为，生态扶贫概念的多层次化，使不同主体与行为都与生态扶贫密切相关。尽管上述定义不够统一，但都强调贫困人口可持续性生计提升与贫困地区生态优化相结合这一内在逻辑。❸ 雷明在绿色发展理念指引下，把生态扶贫界定为国家通过实施生态保护、生态修复工程建设和发展生态产业，将扶贫开发和生态环境保护有机结合，从而实现两者良性互动与协调发展的一项精准扶贫措施。❹ 史玉成认为，生态扶贫是实现欠发达地区精准扶贫与生态保护目标相结合，破解"生态型贫困"困局的制度安排，是新时代精准扶贫的新模式。❺ 曾贤刚在生态扶贫是实现脱贫攻坚与生态文明建设"双赢"的目标导向下，提出生态扶贫是指在绿色发展理念指导下，将精准扶贫与生态环境保护有机结合起来，统筹经济效益、社会效益、生态效益，以实现贫困地区可持续发展为导向的一种绿色扶贫理念和方式。❻

　　反思生态扶贫的既有研究成果，有关生态扶贫的讨论大部分集中在对特定生态扶贫实现路径的探讨，并未将所有路径统一纳入研究范畴，探索其潜在一致逻辑。同时，这些研究也都将生态保护和扶贫脱贫开发活动作为并行事件进行分析，并未探讨两者内在的反馈关联。从生态建设扶贫、生态补偿脱贫、生态产业扶贫、生态移民扶贫和生态工程扶贫等特定生态扶贫路径的研究中可以窥见，生态扶贫不仅注重利用生态资源推动脱贫攻坚，例如生态产业扶贫等，

---

❶ 沈茂英，杨萍. 生态扶贫内涵及其运行模式研究 [J]. 农村经济，2016 (7)：5 – 10.

❷ 黄金梓. 精准生态扶贫刍论 [J]. 湖南农业科学，2016 (4)：110 – 114, 118.

❸ 陈甲，刘德钦，王昌海. 生态扶贫研究综述 [J]. 林业经济，2017, 39 (8)：35 – 40.

❹ 雷明. 绿色发展下生态扶贫 [J]. 中国农业大学学报（社会科学版），2017, 34 (5)：88 – 95.

❺ 史玉成. 生态扶贫：精准扶贫与生态保护的结合路径 [J]. 甘肃社会科学，2018 (6)：175 – 182.

❻ 曾贤刚. 生态扶贫：实现脱贫攻坚与生态文明建设"双赢"[N]. 光明日报，2020 – 09 – 29 (7).

而且注重如何利用扶贫开发的成效反哺生态建设和生态保护，例如生态补偿脱贫、生态建设脱贫等均是基于脱贫攻坚推动生态保护的做法。因此，理解生态扶贫的内涵，需要把握"生态"和"扶贫"之间内在的互动关联，不仅将其视为两者的有机结合，而且应注重如何实现从生态到扶贫脱贫再到生态保护与建设的循环发展、绿色发展。

生态扶贫理念的提出，是扶贫开发理论和实践的创新，理论基础是对人与自然关系的正确认知，现实依据是生态贫困问题的存在，基本原则是绿色和可持续发展，实践方式是实行生态治贫和发展，根本要求是调节和重构贫困地区人与生态环境不协调的关系，建立和增强贫困人口生计方式与自然生态环境的高质量的适应性，不断恢复和提高生态环境对扶贫发展的有效依赖度和承载力，消除和避免致贫的生态因素，目标是使贫困地区贫困人口摆脱生态贫困，实现脱贫致富，探索和形成可持续的脱贫与发展道路。2018 年发布的《生态扶贫工作方案》提出，要推动贫困地区扶贫开发与生态保护相协调、脱贫致富与可持续发展相促进，使贫困人口从生态保护与修复中得到更多实惠，实现脱贫攻坚与生态文明建设"双赢"，正是把握生态扶贫的特质而做出的科学决策。可见，生态扶贫已成为一个需要重点关注的问题，生态扶贫的内涵也日趋完善。

法律的首要目的之一就是将人的行动与行为置于某些规范标准的支配之下。这些规范标准离不开内涵明确的法律概念，法律概念的价值在于它能将其所要表达的事物从纷繁复杂的社会现实中识别和区分出来。重构生态扶贫法律概念，也是要揭示生态扶贫具有法律意义的内在规定性，并将其合乎经验逻辑地组织起来，使之成为法律制度构建和司法实践的理性分析工具。法律意义上的生态扶贫不可能是无所不包的，只有相对狭义地界定生态扶贫的法律概念才具有可行性，经济学、生态学、社会学甚至政策科学上的生态扶贫概念只能作为借鉴和参考。

综上所述，著者认为，生态扶贫的概念源于我国扶贫开发与生态建设的实践，其实质是一种将生态环境保护与扶贫脱贫相结合的脱贫攻坚新模式。生态扶贫，是指从其地区的"生态位"和"发展位"出发，以绿色发展理念为指引，坚持生态保护优先、公平合理利用的基本原则，将贫困地区的生态环境保护与扶贫开发相结合，脱贫致富与可持续发展相促进，使得贫困地区在精准扶贫脱贫工作中注重生态环境保护，不以牺牲生态环境为代价，从而实现人民群众对摆脱贫困、改善民生的需要与良好生态环境需要的统一。生态扶贫的模式高度契合了消除贫困和改善生态环境的双重目标，也是一条符合中国国情的生态和扶贫"双赢"道路；在消除贫困的诸多路径中，生态扶贫彰显了巨大的发展潜力。

第二节　生态扶贫实施的理论基础

一、"两山论"

中国传统哲学认为，任何事物都包含相互对立的两个方面。"两山论"是指"我们既要绿水青山，也要金山银山。宁要绿水青山，不要金山银山，而且绿水青山就是金山银山"。❶ 随着"树立和践行绿水青山就是金山银山"写进党的十九大报告，"增强绿水青山就是金山银山的意识"载入《中国共产党章程》，"绿水青山就是金山银山"这一极具中国特色的理论完成了理论建造过程，并登上世界舞台。❷ "两山论"为正确处理生态文明建设与经济社会发展的关系提供了根本遵循，也为生态扶贫实施奠定了理论基础；其深刻揭示了发展与保护的本质关系，更新了人们对自然资源的传统认识，充分体现了习近平生态文明思想的绿色发展理念。

生态环境是生产力发展必不可少的重要前提条件和重要因素。生态环境就是生产力，为此，应始终牢固树立"保护生态环境就是保护生产力，改善生态环境就是发展生产力"❸ 的理念；应始终坚持节约优先、保护优先、自然恢复为主的基本方针，做到像保护眼睛那样保护生态环境，像对待生命一样对待

---

❶ 习近平. 之江新语 [M]. 杭州：浙江人民出版社，2007：153.

❷ 徐祥民. "两山"理论探源 [J]. 中州学刊，2019 (5)：93 – 99.

❸ 习近平. 干在实处　走在前列：推进浙江新发展的思考与实践 [M]. 北京：中共中央党校出版社，2006：186.

生态环境。马克思主义高度重视生产力对社会发展的最终决定作用，但是，马克思主义从来都没有孤立地、抽象地谈论生产力，而是将生产力与生产力的主体——劳动者以及作为生产力必不可少的前提条件和坚实基础的生态环境紧密地结合起来考察，将生态环境作为生产力的有机构成和促进生产力发展的动力源泉。马克思在《资本论》中指出，应该注意区分两种生产力，即自然的生产力和社会的生产力。自然的生产力主要指自然界的自然力、各种自然资源以及劳动所需要的自然环境和条件，如土地资源、矿产资源、森林资源、水产资源、生物资源等。它们是形成社会生产力的自然基础。马克思认为，将生产力与生产的主体——劳动者以及生产力形成的重要前提条件——生态环境结合起来，可以形成两种不同的生产力，即具有积极意义的建设性生产力和具有消极意义的破坏性生产力。具有积极意义的建设性生产力，是一种有利于人的自由而全面发展，进而防止人的本质异化的生产力，是一种有利于生态环境持续优化并防止自然异化的生产力，是一种有利于经济社会可持续发展并防止发展中断的生产力。马克思主义坚决反对将人作为实现生产力发展的手段，或者说坚决反对根本不考虑人的自由而片面地增加经济总量的唯经济理性的功利性的生产力，坚决反对不顾及资源环境的承载力、竭泽而渔地发展，从而导致自然退化和异化的破坏性的生产力，坚决反对只考虑本代人近期利益而不顾下代人长远利益并中断发展连续性的生产力。

建设生态文明，实现可持续发展不仅意味着人类要保护生态环境，而且意味着要合理地利用和开发自然资源。"宁要绿水青山，不要金山银山"是指任何发展都不能以牺牲生态环境为代价，是对生态环境优先的选择。然而，保护生态环境是为了满足人民对美好生活的需求，"绿水青山就是金山银山"是指良好的资源环境通过产业开发能够给人们带来经济利益。生态扶贫是实现"绿水青山"价值的重要途径。"绿水青山"的价值首先表现在其生态服务方面，例如通过实施退牧还草、生态公益林养护、退耕还林等生态建设项目，一方面可以有效解决当地贫困人口的就业问题，增加其经济收入；另一方面可以改善贫困地区的生态环境，提高生态环境的服务价值，通过生态补偿机制将其价值转化为当地贫困人口的收益。"绿水青山"的价值还表现在良好的生态环境本身。有些贫困地区由于交通不便，没有经过大规模开发，保留了"绿水青山"。随着交通条件的不断改善，这些"绿水青山"的价值正在被实现。例如，通过开发绿色农产品，使农产品的附加值大幅增加；通过发展乡村生态旅游可以把自然资源转化为旅游资源，从而增加当地贫困人口的经济收入。"绿水青山"只有经过适当的开发才能变为金山银山，为贫困地区贫困人口提供内生发展动力。实现生态环境治理与脱贫攻坚的"双赢"，既是生态文明建设的目标之一，也是"两山论"的应有之义；从生态环境本质与扶贫策略来区分，生态扶贫就是由"穷山恶水向青山绿水转变过程中的扶贫"和"青山绿水向金山银山转变过程的扶贫"两种途径组成❶。

　　坚持"两山论"，守住发展和生态两条底线。具体而言，一是要帮助广大贫困群体形成"造血"机制，形成良性可持续的"造血"机制；二是要勇于、善于、专于、精于资源向资本和财富的转换，打造切实可行的自然资源向资本和财富的绿色转化机制，因地制宜地将"绿水青山"转化为绿色的"金山银山"，实现生态扶贫和绿色发展的共赢。2015年，原国务院扶贫开发领导小组办公室❷主任在贵州省贵阳市举办的生态文明与开放式扶贫论坛上提出，推动和实施生态扶贫移民工程、光伏发电扶贫工程、生态旅游扶贫工程，就是扶贫减贫工作践行"绿水青山就是金山银山""两山论"的重要举措。❸良好的生态环境是贫困地区可持续发展的保障，也是实现稳定脱贫的保障，不能以牺牲环境为代价，而是牢固树立"绿水青山就是金山银山"理念，走出一条生态保护的绿色脱贫道路。

二、可持续发展理论

　　生态环境退化与经济贫困恶化是世界许多国家，特别是发展中国家贫困地

❶　李双成. 生态何以扶贫？［J］. 当代贵州，2020，35：82.
❷　国务院扶贫开发领导小组办公室已于2021年2月摘牌，同时国家乡村振兴局正式成立。2023年3月，根据国务院关于提请审议国务院机构改革方案的议案，不再保留单设的国家乡村振兴局，在农业农村部加挂国家乡村振兴局牌子。——编辑注
❸　雷明. 两山理论与绿色减贫［J］. 经济研究参考，2015（64）：21－22.

区面临的两大困局，也是联合国 2015 年在美国纽约召开名为"2030 年可持续发展议程"会议极为关注的重要内容。1987 年，以时任挪威首相布伦特兰为主席的世界环境与发展委员会发表了《我们共同的未来》报告，该报告第一次将环境问题与贫困问题联系在一起，正式提出可持续发展概念，并以此为主题对人类共同关心的环境与发展问题进行了全面论述，受到国际组织、各国政府的极大重视。可持续发展的基本内涵是既满足当代人的需要，又不对后代人满足其需要的能力构成危害的发展，它以公平性、持续性、共同性为三大基本原则。1992 年，在巴西里约热内卢召开的联合国环境和发展会议是在可持续发展主张指导下召开的全球盛会。该会议通过的《里约环境与发展宣言》是助推可持续发展主张赢得世界影响的著名宣言，也是接受可持续发展主张的第一个全球性的国际文件。

《里约环境与发展宣言》包含的 27 条原则形成的可持续发展纲领成为与会者共识。该宣言要回答的全部问题，也是联合国环境和发展会议力图解决的全部问题，集中到一点，就是"发展与环境"的关系问题。该宣言中的发展是关于"生活水平"和如何缩短"世界上大多数人生活水平"差距的发展，是关于"满足"人的"需要"，尤其是"贫穷"人口的"需要"，即原则五：各国和各国人民应该在消除贫穷这个基本任务方面进行合作，这是持续发展必不可少的条件，目的是缩小生活水平的悬殊和更好地满足世界上大多数人的需要。此外，还有原则三：必须履行发展的权利，以便公正合理地满足当代和世世代代的发展与环境需要；原则四：为了达到持续发展，环境保护应成为发展进程中的一个组成部分，不能同发展进程孤立开看待。实现经济社会的可持续发展也是世界各国环境法治重要目标之一，实现生态环境资源的代内公平、代际公平和生态补偿等利益共生、利益增进理念为贫困地区生态资源的开发、利用和分配制度建设提供了依据。可持续发展理论的最大贡献就是，消除贫困不仅要注重人所依存的自然与社会的发展，而且包含人自身（生理、心理、文化等）的发展，充分考虑贫困、环境破坏、欠发达状态下的"累积的因果"

关系，并对后工业阶段的"增长"与"发展"概念进行了反思。❶可持续发展理论的提出，不仅为人类的近期发展与长期发展指明了方向，而且为生态扶贫的理论形成提供了契机和支撑。联合国环境规划署曾在《绿色经济报告书》中提出，绿色经济是实现可持续发展和绿色减贫的重要途径。生态扶贫以实现人口、资源、环境协调发展为目标，依托生态文明建设推动贫困地区持续发展和贫困人口脱贫致富❷，符合绿色经济这一新的发展方向和趋势。

　　可持续发展是建立在人与自然的和谐关系基础上的社会、经济、自然生态的协调发展，可持续发展观强调以保护自然资源和环境为基础，以经济社会发展为条件，以改善和提高人类生活质量为目的。经济可持续发展是以自然和社会的可持续发展为前提条件，自然可持续发展从根本上决定着经济和社会的可持续发展，社会可持续发展又为经济和自然可持续发展提供了动力。需要强调的是，自然可持续发展是实现可持续发展的根本前提，自然即资源环境的持续发展制约经济的持续增长，从而制约着社会进步和人的生存发展。从生态扶贫的出发点和落脚点来看，生态扶贫不仅有助于贫困人口的经济和社会地位的全面改善和贫困社区社会结构的优化和社会进步，而且有助于协调贫困地区"人—社会—自然"三者的关系。农村生态扶贫的目的就是实现农村的可持续发展。❸对于贫困地区来说，消除贫困和可持续发展是有机统一的两个方面，两者不可割裂。不消除贫困就难以持续发展，不有效改善贫困地区的基础设施条件、提高人的素质和生态环境，促进可持续开发利用资源，就不可能从根本上消除贫困。

　　在生态文明建设下，绿色、生态和科学的新发展理论正替代和弥补着可持续发展理论的缺陷与不足，成为人类新的发展理念。徐祥民认为，绿色发展观是对可持续发展主张的超越，绿色发展不是惯常的经济发展或经济社会发展的继续或更高水准的继续，绿色发展观不是对传统的经济发展或经济社会发展理论的补充或添加。绿色发展接受以可持续的方式实现的经济发展或经济社会发

---

❶ 颜红霞，韩星焕. 中国特色社会主义生态扶贫理论内涵及贵州实践启示 [J]. 贵州社会科学，2017 (4)：144 - 150.

❷ 沈茂英，杨萍. 生态扶贫内涵及其运行模式研究 [J]. 农村经济，2016 (7)：5 - 10.

❸ 张京辉. 贫困地区可持续发展道路抉择 [M]. 北京：人民出版社，2003：103 - 104.

展，但绿色发展观所提倡的包含生产发展（经济增长）、生活富裕、生态良好（环境良好）三项要素的发展对于以往的发展来说具有革命性。❶ 进言之，绿色发展就其要义来讲，是要解决人与自然和谐共生的问题，我国提出的"创新、协调、绿色、开放、共享"的新发展理念可谓是对世界可持续发展理论的超越，这也为绿色发展理念下生态扶贫的实施提供了理论指引。

三、精准扶贫理论

2013 年 11 月，习近平在湖南省湘西土家族苗族自治州调研扶贫工作时首次提出精准扶贫；同年 12 月，中共中央、国务院办公厅公布《关于创新机制扎实推进农村扶贫开发工作的意见》，将建立精准扶贫工作机制作为六项创新扶贫开发工作机制之一在全国推行。2014 年 3 月，政府工作报告中指出，"地方要优化整合扶贫资源，实行精准扶贫，确保扶贫到村到户"。2015 年 3 月，习近平在参加第十二届全国人民代表大会第三次会议广西壮族自治区代表团审议时的讲话指出："要把扶贫攻坚抓紧抓准抓到位，坚持精准扶贫，倒排工期，算好明细账，决不让一个少数民族、一个地区掉队。"在 2015 年 11 月中央扶贫开发工作会议上，习近平指出："要坚持精准扶贫、精准脱贫，重在提高脱贫攻坚成效。关键是要找准路子、构建好的体制机制，在精准施策上出实招、在精准推进上下实功、在精准落地上见实效。"自精准扶贫提出以来，其理念、目标、举措和格局等问题形成了诸多创造性的探索，成为一个由"一个核心""四个目标""六个精准""一个格局"构成的完整理论体系❷。该理论是对过去多年扶贫开发经验的系统概括与科学提炼，是马克思主义扶贫理论在当代中国的新发展，是我国打赢脱贫攻坚战的重要理论指南。

在以精准扶贫为独立研究对象的代表性研究成果中，已有研究者对精准扶贫的概念进行了界定，但尚未达成基本共识。借鉴《关于印发〈建立精准扶

---

❶ 徐祥民. 绿色发展思想对可持续发展主张的超越与绿色法制创新［J］. 法学论坛，2018，33（6）：6 – 20.

❷ 陈成文，陈建平. 论习近平的精准扶贫理论与井冈山的创造性扶贫实践［J］. 华中农业大学学报（社会科学版），2018（4）：14 – 25，171 – 172.

贫工作机制实施方案〉的通知》（国开办发〔2014〕30号）中关于精准扶贫目标任务的有关规定表述，精准扶贫即为通过对贫困户和贫困村精准识别、精准帮扶、精准管理和精准考核，引导各类扶贫资源优化配置，实现扶贫到村到户，逐步构建精准扶贫工作长效机制，为科学扶贫奠定坚实基础。精准扶贫是社会主义扶贫理念的进一步深化和创新，这一理论坚持"以人民为中心"的原则，不仅促进了社会公平正义和扶贫治理体系的完善，而且为世界其他国家解决贫困问题提供了切实可行的"中国方案"。综合既有学者多维度的理论及政策研究成果，以精准脱贫为目标的精准扶贫的基本内涵主要包括三个方面❶：第一，扶贫"对象—资源—主体"精准，即要在"扶持谁、怎么扶、谁来扶"的理论回答和实践操作上实现精准。第二，扶贫"目标—方法—过程"精准。目标的精准指向有利于倒排工期，倒逼扶贫的精准推进；精准扶贫要求扶贫方法要先进、科学、精准，只有采取精准的方法，才能够克服传统扶贫工作中出现的"瞄准偏误、资源浪费、主体不清"等问题；精准扶贫还要求扶贫过程精准，只有扶贫工作每一个步骤都精准实施与有效衔接，才能确保扶贫工作的演进不偏离事前设定的精准脱贫目标。第三，精准扶贫还体现出不同的层次性，表现为微观、中观、宏观层面的精准。微观层面的精准扶贫主要针对贫困人口、贫困户和贫困村；中观层面的精准扶贫主要针对贫困县；宏观层面的精准扶贫主要针对有关集中连片特困区。

　　贫困地区的分布与生态环境高度耦合。从贫困地区分布来看，贫困与特定的异质性较高的生态系统在空间分布上高度重合。尤其是我国的深度贫困地区、集中连片贫困地区大多在生态结构异质性极强的西部地区，这些地区贫困人口的刚性地理分布与生态环境具有高度的相关性。有研究指出，约76%的贫困县分布在生态脆弱地带，占全国贫困县总数的73%。❷生态环境影响贫困地区的经济社会发展，贫困人口急于摆脱现状，往往会不计后果开发可利用资源，导致生态环境严重破坏。由于贫困地区经济条件落后，生态环境治理资金

❶ 庄天慧，杨帆，曾维忠. 精准扶贫内涵及其与精准脱贫的辩证关系探析［J］. 内蒙古社会科学（汉文版），2016，37（3）：12-18.
❷ 李周. 资源、环境与贫困关系的研究［J］. 云南民族学院学报（哲学社会科学版），2000（5）：7-13.

和技术严重不足，生态环境一旦遭到毁坏，难以在短时间内修复。因此，生态环境的破坏反过来又加剧了对贫困人口生产生活行为的制约，导致贫困人口无法从根本上脱贫，反而进一步抑制了有关资源潜力的充分发挥，最终陷入"环境脆弱性—贫困—资源掠夺—环境退化—进一步贫困"的恶性循环。事实上，发展经济和保护环境并不矛盾，两者之间的矛盾往往是因为人们选择摆脱贫困的技术方式会破坏生态环境所造成的。因此，选择一种可持续的长期扶贫方式代替破坏环境的短期扶贫方式至关重要。如何将生态环境转化为生产力，做到经济发展与环境保护的良性互动，关键取决于发展思路和人的思想观念能否随着时代发展的趋势及时转变。只要思想正确，处理好两者的关系，"绿水青山"就能够产生良好的生态效益、经济效益、社会效益。

以"六个精准"（扶贫对象精准、项目安排精准、资金使用精准、措施到户精准、因村派人精准、脱贫成效精准）、"五个一批"（发展生产脱贫一批、易地扶贫搬迁脱贫一批、生态补偿脱贫一批、发展教育脱贫一批、社会保障兜底一批）为内容的精准扶贫思想能够为生态扶贫实施提供科学的指导。例如，精准扶贫通过精准识别，建档立卡，确定了生态扶贫的范围，明确了生态扶贫的对象，也明确了致贫的原因以及可能采取的精准帮扶措施。精准扶贫能够广泛动员社会各方面的力量，整合各种资源，能够有效地推动生态扶贫的实现等。申言之，生态扶贫是以生态环境与扶贫开发精准结合的方式践行精准扶贫理论。

第三节　生态扶贫的法律关系及法治需求

一、生态扶贫的法律关系解析

依据法理学一般理论，所谓法律关系，是指法律规范在调整人们的行为过程中所形成的具有法律上权利义务形式的社会关系。其构成要素主要有法律关系的主体、法律关系的内容、法律关系的客体三项。生态扶贫政策虽已施行，但问题仍然客观存在。而且这些体现在政策之中的问题与法治有关，需要通过法治体系的机理使其完善，具体可以从扶贫对象的确认、扶贫主体权力的运行及其程序、扶贫机制的法治化、扶贫效果的评价、扶贫责任主体的确定等方面来加以涵盖。如果说生态扶贫本身代表一种法律关系，那么相应的主体、内容与客体领域都需要厘清，以契合贫困治理体系中要解决的"谁来扶"和"扶持谁"，以及"扶什么"与"怎么扶"等关键性问题。

（一）主体

在生态扶贫法律关系中，生态扶贫的法律关系主体包括政府、企业、社会组织和公民类别，依据扶贫和环境保护的国家义务规范，代表国家行使行政权的政府被赋予生态扶贫的主导责任及满足最低生活需要保障的兜底责任；依据社会合作扶贫治理理论，公民、企业、社会组织当然也具有参与生态扶贫的主体资格和责任。其中，政治意义上划分的贫困户、贫困村、贫困县及贫困地区中的贫困主体，当然是法律意义上的公民。因此，激发扶贫对象脱贫的内生动力、保障和提升其脱贫能力，实现扶贫对象主体重塑，其实质为从法律上保护其公民主体性权利，而不是被客体化或被扶贫。这与精准识别贫困主体和精准实施脱贫策略要求是一致的。进言之，生态扶贫的主体必须实现精准界定、精准搭配组合、权责对等。具体为：在具体生态扶贫分工中，各扶贫主体必须实现准确定位，各司其职，既不越位，也不缺位；在生态扶贫过程中，各扶贫主体既要实现精准搭配和有效配合形成合力，又要与贫困对象实现内外联动；此外，各生态扶贫主体在扶贫工作中的权责必须明确，事权与财权分配要对等。同时要明确各主体在扶贫中的生态环境责任，有效预防扶贫开发中可能产生新的生态环境问题。

（二）内容

法律关系的内容是指法律关系主体所享有的权利和承担的义务，即法律权利和法律义务。生态扶贫法律关系的内容主要是生态扶贫主体所享有在生态扶贫过程中的法律权利和应当承担的法律义务，即所谓扶贫主体的责任、权力、义务的一致性的内容。基本的法律关系内容有扶贫监督主体与被监督主体之间的监督关系、扶贫主体之间的法律关系、扶贫权力的运行程序、扶贫主体的生态精准扶贫责任、贫困主体的公民权利等。在此内容之中还包括扶贫资源的精准配置、精准选择、精准使用和扶贫效果的精准考核。扶贫资源配置，必须根据贫困对象的贫困程度，实行有效配置，既防止配置过度造成稀缺性扶贫资源浪费，又防止配置不足导致帮扶和脱贫目标难以实现。扶贫资源选择，必须根据贫困对象的致贫原因针对性提供，避免供需错位。扶贫资源的使用必须确保精准，既防止扶贫主体的寻租行为，也防止贫困对象将扶贫资源挪作他用，从而难以发挥扶贫资源的扶贫功能。扶贫效果的考核指标及标准要全面且科学设置，不仅要考虑贫困地方的区域差异和程度，还要考虑反贫困的长期效应，以及脱贫效果与生态效益的统一。既不能"一刀切"，又不能"急功近利"的数字式脱贫。

（三）客体

法律关系的客体，又称为权利客体，是指法律关系主体的权利与义务指向的对象。它是法律关系发生和存在的前提，包括物、给付行为、智力成果、人身利益和权利本身。生态扶贫法律关系的客体是指生态扶贫法律关系主体的权利与义务指向的对象——贫困主体，也即扶贫对象或帮扶对象。扶贫对象识别需精准，包括精准识别贫困对象的范围、贫困深度、致贫原因等。要实现贫困对象的精准识别，除了制定科学合理、易于操作的识别标准和识别流程，确立贫困对象的主体性，调动其积极性，提高其参与度，还必须克服规模排斥、区域排斥以及识别过程中的主观与客观排斥，防止"精英俘获"。[1] 此外，尤其需要注重道德标准与道德尺度在精准识别中的克制使用，充分尊重识别对象的贫困属性，同时加强对识别标准附近"临界农户"的仔细甄别。[2] 由于生态扶贫的特殊性，因此在权利客体上，生态扶贫涉及的权利领域要统一化，在行为客体上，生态扶贫行为与相关行为要统合。

---

[1] 邓维杰. 精准扶贫的难点、对策与路径选择 [J]. 农村经济，2014 (6)：80－83.

[2] 唐丽霞，罗江月，李小云. 精准扶贫机制实施的政策和实践困境 [J]. 贵州社会科学，2015 (5)：152－157.

二、生态扶贫法治化的必要性与重要性分析

（一）必要性分析

一个社会的优劣，其根本在于三大关系的和谐与否：人与社会的交融、人与组织的协作，以及人与人之间的和谐共处。而在所有这些关系中，法治这一强大的工具能够全面且有效地维系平衡、促进和谐。因此，判断一个社会的优劣，实际上在于审视其法治的完善程度和践行力度。法治不仅为这些复杂关系提供了明确的规范和指导，更在无形中塑造了一个公平、公正、有序的社会环境，使得人们能够和谐共处，社会得以持续繁荣。法治的法律是明文规定且普遍适用的，不受特定群体或个人的影响，确保了法律面前人人平等，消除了不公。法律条文明确且规范，清晰地界定了每个社会成员和集体的行为边界，有效约束行为，维护社会秩序。法治的法律具有稳定性和持久性，不因时间或应用场景变化而改变，保证了法律的公正性和权威性，增强了人们的信赖。法治以保障每个社会成员的基本权利和自由为出发点，这种法律制定理念赋予了法律以正当性，人们相信法律是为了保护他们而存在的。与人治相比，法治的这些优越性确保了社会的公平、公正和有序，是无法被替代的。

法治思维和法治方式在我国脱贫攻坚特别是生态扶贫中具有不可替代的作用。生态扶贫涉及多方面的权益保障，如贫困户的生存权、发展权以及生态环境的保护等。通过法治化手段，可以将这些权益明确纳入法律保护范围，确保各方权益得到有效保障。法律为生态扶贫提供了明确的规范，使得生态扶贫工作有法可依、有章可循，有助于避免权力滥用和任意行使，确保生态扶贫工作的公正性和有效性。法治化是确保生态扶贫有关政策得以有效落实的重要手段。通过立法将政策转化为法律，可以使政策具有更强的约束力和执行力，从而推动生态扶贫有关政策的落地生根。在生态扶贫过程中，面临着诸多现实挑战，如生态环境破坏、资源过度开发、贫困户参与度不高等问题。法治化可以通过制定严格的法律法规和监管措施，对这些问题进行有效的约束和治理，从

而确保生态扶贫工作的顺利进行。

我国脱贫攻坚是一项艰巨而复杂的系统工程，需要凝聚共识、精心规划、科学施策。在推进这一进程中，法治作为治国之重器，对于平衡各方利益、确保脱贫攻坚的公正性和效率性具有不可替代的作用。在区域、城乡发展不均衡的背景下，政府需要运用法治手段对市场资源进行合理配置，确保国家与人民发展中的全局与局部、当前与长远的平衡。同时，法治有助于在全社会形成共识，为脱贫攻坚提供有力保障。法律作为市场交易的准则和政府行为的尺度，对于确保贫困地区得到合理支持、扶贫资金得到有效利用至关重要。在法治框架下，财政转移支付、项目资金分配等都需要遵循税收法定原则和预决算管理制度，避免权力滥用和资金浪费。法律为扶贫提供了稳定的框架和可预期的行为准则，法律应保护公民合法的私有财产，让市场在资源配置中发挥决定性作用，同时辅以灵活施策，确保贫困人口和地区能够逐步摆脱贫困，实现自我发展。

（二）重要性分析

法治具有固根本、稳预期、利长远的保障作用。因此，我国应发挥好法治建设在生态建设进程中的驱动力量，通过加强生态环境立法与实施生态环境法律法规，保障生态环境保护与建设的制度化、法治化。

党的十八大以来，中央对扶贫开发工作展现出前所未有的决心和力度。然而，面对贫富分化、城乡差距、区域失衡等深层次问题，以及公共服务不均、公权力滥用、官僚主义和形式主义等顽疾，单纯的脱贫并非终点，防止返贫、避免新的贫困产生同样重要。要实现持久脱贫，必须从法律层面构建长效机制。这要求我国应强化社会保障内容，同时加快制定统一的反贫困法和社会救助法，完善有关资金管理办法，确保相关政策和制度法治化。这是确保扶贫工作持续、稳定、高效推进的关键。我们还应将脱贫政策与制度纳入法治轨道，确保政策与法律的协调一致，构建全面、综合的扶贫开发法律体系。这一体系旨在实现国家扶贫规划与决策的法治化，巩固脱贫成果，防止返贫现象。我们追求的不仅是脱贫，更是全体人民的共同富裕和全面发展。法治是增进民生福祉的根本保障。我们要以法治思维为指导，完善法治体系，解决民生问题，促进社会公平正义。在幼有所育、学有所教、劳有所得、病有所医、老有所养、住有所居、弱有所扶等方面持续取得新进展，确保全体人民在共建共享发展中拥有更多获得感。

三、生态扶贫法治化的正当性与可行性分析

党的十九大报告强调"坚持精准扶贫、精准脱贫"，特别指出"以良法促进发展、保障善治"。党的十九届四中全会审议通过了《中共中央关于坚持和完善中国特色社会主义制度、推进国家治理体系和治理能力现代化若干重大问题的决定》，其明确提出要"坚决打赢脱贫攻坚战，巩固脱贫攻坚成果，建立解决相对贫困的长效机制"。鉴于贫困问题的历史性、长期性和相对性，以及生态环境恶化与贫困的耦合性影响，推动生态扶贫法治化建设，完成生态扶贫从政策化、行政化、运动化向法治化转变，坚持依法治贫且为脱贫致富与生态文明建设双赢目标的实现提供完善的法律制度支撑，具有正当性和可行性。

（一）正当性分析

1. 解决制度的供给不足，促进生态扶贫的有效实施

尽管生态扶贫涉及的法律问题几乎涉及民法、行政法、环境保护法等所有部门法，但在过往的生态扶贫实践中，扶贫主体主要执行依据仍是中央政策、地方党委决策和政府规范性文件。通过比较分析我国部分地区印发的关于推进生态扶贫工作实施方案等规范性文件，可以看出，有关部门缺位、"数字"治理弊病、法律责任不明和生态扶贫专项性法规缺失等共性问题凸显。

20 世纪 90 年代以来，生态保护与扶贫开发紧密结合，生态扶贫政策逐步形成并发展成熟，水土保持、防风治沙、退耕还林还草以及生态移民等生态政策得到有序推行。在我国生态扶贫政策与法律的互动中，也能看到法律法规对生态扶贫政策关注的足迹，例如《中华人民共和国防沙治沙法》第 3 条和《退耕还林条例》第 5 条，都强调在生态保护中纳入扶贫的思考，一定程度上

实现了法律层面生态保护与扶贫开发相结合的初步印象。显然，我国生态扶贫政策与法律的互动存在"政策充足"而"法律稀缺"的不足。是故，应该特别重视如何将生态扶贫政策以法律的形式表达出来，并加强生态扶贫地方立法。

此外，部分法律规定的缺失与不完善同样是生态扶贫工作整体进展落后于政府预期的主要原因。比如，生态补偿和生态修复是生态扶贫的两大重点，《生态扶贫工作方案》明确指出：使贫困人口从生态保护与修复中得到更多实惠，实现脱贫攻坚与生态文明建设"双赢"。但是，考察我国有关法律法规以及地方规范性文件，专门针对生态补偿和生态修复的立法规定较少。如何开展贫困地区生态补偿和生态修复，如何明确生态补偿资金来源、补偿对象、补偿标准、补偿程序方式等内容，由于缺乏法律依据，无法形成生态补偿或生态修复制度，因此贫困地区的扶贫对象难以得到真正实惠。

2. 解决多元主体的利益纠葛，提升生态扶贫的实施效益

由于缺乏统一的法律体系，扶贫开发和生态环境保护之间的利益关系尚未明晰，这也在一定程度上导致了法律实施方面的混乱，直接影响生态扶贫的落地实施。例如，对于扶贫开发导致的环境损害是环境争议还是行政争议，适用环境诉讼还是行政诉讼，有关法律法规并不明确、似有冲突。根据《中华人民共和国行政诉讼法》及其司法解释，尚不存在完整的针对环境损害的行政公益诉讼制度；而根据《中华人民共和国环境保护法》的相关规定，尽管环境损害争议适用于环境公益诉讼，但缺乏明确的诉讼程序。

生态扶贫既要进行扶贫开发，也要开展生态环境保护。从利益的角度看，扶贫开发以追求经济利益为目的，而生态环境保护则以维护自然生态系统对人类生产、生活和环境条件产生的非物质性的有益影响和有利效果为目的。❶ 尽管这两种利益的享有主体均涉及政府、扶贫对象、企业等多元主体，但是不同主体的价值取向和利益追求又存在广泛的冲突。由于相关法律法规、政策还不能很好地协调不同主体之间的利益矛盾与冲突，因此造成扶贫开发与生态环境

---

❶ 史玉成. 生态利益衡平：原理、进路与展开［J］. 政法论坛，2014，32（2）：30－39.

保护利益的失衡，从而影响生态扶贫的实施效益。

相关法律法规、政策的制定还应考虑贫困地区和贫困主体的实际需求，例如有一些连片贫困地区生态环境恶劣，不适合扶贫产业开发，如果制定"一刀切"的政策，有悖于该地区贫困主体的现实需求，极有可能侵害贫困主体的合法利益。此外，实践中还存在扶贫项目与贫困主体利益联结不够紧密，或者以生态保护为唯一目的，毫不顾及贫困主体经济发展利益的实际情况。

3. 矫正"重经济轻生态"的反贫困旧模式，指引生态扶贫模式创新

1978 年以来，我国先后进行了大规模的救济式和开发式扶贫实践，使贫困人口大幅度减少，居民教育、健康、公共服务等水平也有显著提高。中国的扶贫事业取得了举世瞩目的成就，被联合国和众多国际机构视为全球减贫的成功典范。但是其中也存在一些不足，主要是扶贫过程中产生的环境资源破坏问题。自然资源是经济发展的原始资本和天然依靠，为了快速摆脱贫困，人们本能地把目光投向了自然，开发方式也表现为粗放和无节制，直接造成反贫困效果低下的现象。

"保护环境就是发展生产力""绿水青山就是金山银山"，而"两山论"和守住生态和发展"两条底线"等扶贫思想为生态扶贫模式创新提供了理论指导。《中国农村扶贫开发纲要（2011—2020 年)》也明确提出，要重视能源、生态以及生态环境建设。要在贫困地区继续实施退耕还林、水土保持、天然林保护和石漠化、荒漠化治理等重点生态修复工程。建立生态补偿机制，重点向贫困地区倾斜，加大重点生态功能区生态补偿力度等。如何把这些政策变得更有执行力和更有持续性，如何打破旧的反贫困既得利益体系重建和创新的反贫困模式，这都需要法律的参与。

（二）可行性分析

1. 扶贫政策和相关法律为生态扶贫法治化提供了重要的立法基础

贫困地区的地域分布与生态脆弱区具有高度的重叠性。1994 年 3 月发布的《国家八七扶贫攻坚计划》中确定了 592 个国家级贫困县，其中有多地分布在生态脆弱带上。以《国家八七扶贫攻坚计划》的发布为标志，我国扶贫工作进入组织化、规模化和制度化阶段。该计划也关注扶贫中的生态环境问题，指出了贫困县共同的特征之一是生态失调，并在各部门扶贫任务中加上了改善生态环境的内容。2001 年 6 月出台的《中国农村扶贫开发纲要（2001—2010 年)》，提出坚持可持续发展的方针，扶贫开发必须与资源保护、生态建设相结合，提高贫困地区可持续发展的能力；同年 10 月出台的《〈中国的农村扶贫开发〉白皮书》提出开发式扶贫的五大方针，其中第五个方针明确指出：扶贫开发与水土保持、环境保护、生态建设相结合，实施可持续发展战略，增强贫困地区和贫困农户的发展后劲。2011 年 12 月，《中国农村扶贫开发纲要（2011—2020 年)》发布，提出将扶贫开发与生态建设、环境保护、城镇化和新农村建设结合起来，充分发挥贫困地区资源优势，发展环境友好型产业，增强防灾减灾能力，提倡健康科学生活方式，促进经济社会发展与人口资源环境相协调。该纲要指出了我国扶贫开发已转入了加快脱贫致富、改善生态环境、加强生态建设、提高发展能力的新阶段，而且提出了加强法治化建设。加快扶贫立法，使扶贫工作尽快走上法治化轨道。这些文件为生态扶贫法治化提供了政策基础。

根据《中华人民共和国立法法》规定的"不抵触、有特色、可操作"原则，在有关地方立法实践中，大部分立法文本属于实施性立法，引领地方改革、治理创新的创设性立法和国家尚无规范的先行性立法相对较少。❶ 地方政府可以在深刻领会国家对生态扶贫政策的阐释和部署，把握生态扶贫政策的方向和原则，作出切合地方实际的立法创新、治理创新，从而提升地方依法治理的水平、形成地方立法治理的制度优势、实现中央与地方立法的良性互动。

此外，"国家尊重和保障人权"在 2004 年正式被写入《中华人民共和国宪法》，让人民摆脱贫困是宪法尊重和保障人权的应有之义。在以生存权、发展权为基础的人权理论发展中，环境权作为一种新型人权拓展了公民权利保护的范畴。经济法中的"理性经济人"理念、社会本位规制思想、国家干预目标等制度规范为扶贫法治化提供了立法基础。

---

❶ 杜辉. "设区的市"环境立法的理想类型及其实现：央地互动的视角 ［J］. 法学评论，2020，38（1)：131－140.

2. 地方性扶贫条例和模式为生态扶贫法治化提供了重要的实践经验

截至 2020 年，除了西藏自治区相关扶贫开发条例尚处于立法调研中，我国西部其他地区制定的省级反贫困法规共有 11 部，分别是：《广西壮族自治区扶贫开发条例》、《重庆市农村扶贫开发条例》（《重庆市乡村振兴促进条例》于 2022 年 9 月 1 日起施行，《重庆市农村扶贫条例》同时废止）、《陕西省农村扶贫开发条例》（《陕西省乡村振兴促进条例》于 2023 年 6 月 1 日起施行，《陕西省农村扶贫开发条例》同时废止）、《甘肃省农村扶贫开发条例》、《内蒙古自治区农村牧区扶贫开发条例》、《青海省农村牧区扶贫开发条例》（已废止）、《云南省农村扶贫开发条例》、《四川省农村扶贫开发条例》等；其他省份如湖北、湖南等制定的地方性反贫困法规有 6 部。随着我国脱贫攻坚战取得胜利，部分条例已经废止。这些"农村扶贫开发条例"都是由享有地方立法权的各级人民代表大会制定，包含了总则、扶贫对象、政府责任、资金和项目、法律责任、附则等主要内容，并冠以"条例"之名，属于典型的地方性法规，法律属性明显。其中，新修订的部分省级条例增加了政府责任、社会参与、监督与考核等内容，体现了"大扶贫"的现代治理能力和体系建构。例如，贵州省于 2016 年 11 月实施的《贵州省大扶贫条例》替代了 2013 年的《贵州农村扶贫开发条例》，从理念、内容、制度规范等层面都发生重大的变化，为生态扶贫法治化建设提供了立法经验。该条例第 27 条规定："县级以上人民政府及其有关部门应当加强贫困地区生态建设和环境保护，建立健全生态补偿机制，增加重点生态功能区转移支付。优先实施贫困地区退耕还林、水土保持、天然林保护、防护林体系建设和石漠化综合治理等生态修复工程，加强贫困地区土地整治、饮用水水源保护、污染治理等生态建设。因地制宜利用山、水、林、田、湖、气候等生态资源发展绿色经济，促进贫困人口增收。有劳动能力的贫困人口可以聘用为护林员等生态保护人员。"这一规定体现了地方政府的生态扶贫责任。

此外，生态移民扶贫、生态旅游扶贫、生态产业扶贫、生态补偿式脱贫、林业生态脱贫等扶贫、脱贫模式在我国各地落地生根，也为生态扶贫模式法治化提供了实践经验。例如，2017 年发布的《国家生态文明试验区（贵州）实施方案》第 3 条提出把贵州省建设为全国"生态脱贫攻坚示范区",并在生态脱贫制度创新试验中提出要健全易地搬迁脱贫攻坚机制、完善生态建设脱贫攻坚机制、完善资产收益脱贫攻坚机制、完善农村环境基础设施建设机制。

3. 环境保护法为生态扶贫法治化提供了重要的法律支持

环境是人类生存与发展的根本,不应该被忽视,更不应该被肆意地索取或破坏。环境与贫困是既对立又统一的关系。发挥好生态环境的资源优势,向生态产品或资本方式转变,可以为人类摆脱贫困走向富裕提供源泉。环境保护或利用不好,人类只会陷入"贫困—生态环境恶化—贫困"的恶性循环之中。2014 年 4 月 24 日修订的《中华人民共和国环境保护法》于 2015 年 1 月 1 日正式实施。在此之后,生态环境保护领域有多部相关的法律法规得到制定或修改,包括《中华人民共和国大气污染防治法》《中华人民共和国水污染防治法》《中华人民共和国土壤污染防治法》《中华人民共和国固体废物污染环境防治法》《中华人民共和国环境影响评价法》《中华人民共和国海洋环境保护法》等。2014 年修订的《中华人民共和国环境保护法》确立了"保护优先、预防为主、综合治理、公众参与和损害担责"的基本法律原则,增加了环境公益诉讼和"按日计罚"等严厉的责任追究制度,使得反贫困实践中的环保行动更具有可操作性,可以对那些打着扶贫的幌子进行破坏生态环境的行为勇敢地"亮剑"。例如,《中华人民共和国环境保护法》(2014 年修订) 第 49 条规定,各级人民政府及其农业等有关部门和机构应当指导农业生产经营者科学种植和养殖,科学合理施用农药、化肥等农业投入品,科学处置农用薄膜、农作物秸秆等农业废弃物,防止农业面源污染。禁止将不符合农用标准和环境保护标准的固体废物、废水施入农田。施用农药、化肥等农业投入品及进行灌溉,应当采取措施,防止重金属和其他有毒有害物质污染环境。畜禽养殖场、养殖小区、定点屠宰企业等的选址、建设和管理应当符合有关法律法规规定。从事畜禽养殖和屠宰的单位和个人应当采取措施,对畜禽粪便、尸体和污水等废弃物进行科学处置,防止污染环境。县级人民政府负责组织农村生活废弃物的处置工作。

此外,《中华人民共和国环境保护法》(2014 年修订) 第 30 条和第 31 条也对合理开发自然资源、保护生物多样性、保障生态安全以及建立健全生态保护补偿制度作出相关规定。这些规定为"生态补偿脱贫一批"项目的实施提供了有力的法律保障，同时为反贫困实践新添了一个生态视角，即通过法律来保护生态，通过生态来促进减贫。

简言之，当环境问题与贫困问题交织在一起时，只关心贫困问题而放弃环境问题或者只关心环境问题而舍弃贫困问题都可能仅收到事倍功半的效果。贫困与环境之间的循环关系比想象的更为复杂，贫困并不一定会导致环境退化，它更取决于应对的策略，而这些策略又取决于减贫的政策、理念、方式与制度规范等因素。❶ 生态扶贫是我国在脱贫攻坚过程中产生的一项独特的扶贫方式，旨在精准扶贫过程中融入生态保护措施，在生态建设的同时实现减贫效果。然而，贫困含义的多维不仅要以经济手段来解决贫困人口收入层面的匮乏，更重要的是建构更加规范化、公平化的法律制度体系，以期推动减贫与环保可持续良性循环。

---

❶ 皮尔斯，沃福德. 世界无末日：经济学·环境与可持续发展 ［M］. 张世秋，等，译. 北京：中国财政经济出版社，1996：328.

第三章
西部生态扶贫的实践模式及典型经验

　　随着我国扶贫开发工作深入推进，生态扶贫越来越受到重视。党的十八届五中全会明确将生态扶贫作为精准扶贫、精准脱贫的重要方式之一。2018 年 1 月，为贯彻落实《中共中央　国务院关于打赢脱贫攻坚战的决定》与《"十三五"脱贫攻坚规划》精神，国家发展和改革委员会等六部委共同制定了《生态扶贫工作方案》，明确了我国生态扶贫工作总体要求、工作目标、助力贫困人口脱贫的途径、各项任务和保障措施，全面拉开了我国生态扶贫工作的序幕。西部地区多个省（自治区、直辖市）在贯彻落实《生态扶贫工作方案》的基础上，结合当地生态环境特点和自然资源优势，不断创新生态扶贫模式，充分发挥了生态保护在精准扶贫、精准脱贫中的作用，为贫困地区开辟了一条脱贫攻坚与生态文明建设"双赢"的路径。生态脱贫效果显著并积累了典型的经验，也为全球减贫事业与生态保护贡献了中国力量和智慧，值得总结和推广。

第一节　贵州省生态扶贫的实践模式及典型经验

一、贵州省生态环境与贫困的概况

　　贵州简称"黔"或"贵"，位于中国西南的东南部，境内地势西高东低，高原山地居多。全省地貌可概括为高原山地、丘陵和盆地三种基本类型，其中大部分面积为山地和丘陵，耕地资源稀缺，耕地保护压力较大。❶ 2021 年贵州省第三次全国国土调查主要数据公布显示，贵州人均耕地面积 1.35 亩，低于全国平均水平 1.36 亩。❷ 同时，贵州省的水土流失、石漠化现象严重，喀斯特面积占比较多❸，大部分地区不同程度存在石漠化问题。贵州省地质环境脆弱，是全国地质灾害的重灾区之一，具有"全、重、多"的特点。且受大气环流及地形等影响，其气候呈多样性，"一山分四季，十里不同天"。气候不稳定，灾害性天气种类较多，对农业生产危害严重。贵州省的河流处在长江和珠江两大水系上游交错地带，大部分地区属于长江防护林保护区范围，是长江、珠江上游地区的重要生态屏障。

贵州省的生态区位重要，但生态系统脆弱。曾是全国贫困人口最多的省份，贫困人口主要分布在武陵山、乌蒙山、滇黔桂石漠化三大集中连片特困地区。在生活贫困与生态恶化双重压力下，贵州省开始在荒山与石漠间寻找新的生机。守护"青山"涵养绿色生态，探索"青山"发展生态经济，不负"青山"优化生态循环。守住发展与生态两条底线，让石漠荒山变为"绿水青山"，"绿水青山"成就"金山银山"，贵州省走出了一条独特的"绿色减贫"之路。

二、贵州省生态扶贫的思路和途径

贵州省在长期的扶贫实践中，立足山地生态资源优势，坚持发展和生态两条底线，在"大扶贫""大生态"和大数据中探索出一系列行之有效的贵州省生态扶贫模式。为了保障、促进和指引生态扶贫模式的良性运行，发挥生态扶贫在脱贫攻坚中的重要作用，贵州省在全国第一个出台了省级生态扶贫政策文本《贵州省生态扶贫实施方案（2017—2020 年）》。2020 年 3 月 20 日，贵州省林业工作会议公布的数据显示，贵州生态扶贫成效明显，2019 年贵州省石

---

❶❸ 贵州省人民政府. 自然地理 ［EB/OL］.（2021 - 09 - 14）［2021 - 12 - 30］. https：//www.guizhou. gov. cn/dcgz/gzgk/dl/202109/t20210914_70397096. html.

❷ 贵州省人民政府. 贵州省第三次全国国土调查主要数据公报 ［EB/OL］.（2021 - 12 - 28）［2021 - 12 - 30］. https：//www. guizhou. gov. cn/zwgk/zdlygk/jjgzlfz/zrzy/zrzydcjcgl/202201/t20220121_72378280. html.

斛、油茶、刺梨、竹子四个产业的产值带动 40 多万贫困人口增收。生态护林员扶贫效果明显，2019 年新增中央财政生态护林员 2 万多名，省级生态护林员 8 万多名，全省建档立卡贫困人口生态护林员达到 17 万多名，带动 50 多万贫困人口脱贫。❶

（一）生态扶贫实施的基本思路

贵州省生态扶贫实施的基本思路是大力实施"大生态"行动，坚持生态优先、绿色发展和"绿水青山就是金山银山"的理念，与建设国家生态文明试验区紧密结合，通过实施生态扶贫十大工程，进一步加大生态建设保护和修复力度，促进贫困人口在生态建设保护修复中增收脱贫、稳定致富，在摆脱贫困中不断增强保护生态、爱护环境的自觉性和主动性，实现百姓富和生态美的有机统一。

（二）生态扶贫实施的主要途径

贵州省生态扶贫实施的主要途径是实施十大"生态扶贫"工程，其主要内容如下。

一是实施退耕还林建设扶贫工程。争取国家将 25 度以上坡耕地、严重石漠化耕地、重要水源地 15—25 度坡耕地、陡坡梯田和严重污染耕地纳入新一轮退耕还林范围。退耕还林任务继续向三个集中连片特困地区和深度贫困县倾斜，对符合退耕政策的贫困村、贫困农户实现工程全覆盖。以退耕还林工程为平台，支持贫困县加大财政涉农资金整合力度，集中资源调整种植结构，下大力调减玉米种植面积，因地制宜大力发展刺梨、核桃、板栗、樱桃、猕猴桃等特色产业，建成一批高标准、高质量的经果林基地，带动建档立卡贫困户增收。创新石漠化治理投资体制，积极开展石漠化治理政府与社会资本合作，在石漠化区域积极发展特色生态种养殖业，并以合同约定中央投资固定收益补贴

---

❶ 贵州省林业局. 牢记初心使命　奋力拼搏攻坚　为全省全面建成小康社会和"十三五"规划圆满收官作出林业新贡献 [EB/OL]. （2020 – 03 – 20）［2021 – 12 – 30］. http://lyj.guizhou.gov.cn/zfxxgk/fdzdgknr/zzjg_5620819/ldjh_5620824/202106/t20210609_68472459.html.

贫困农户和村集体，促进石漠化治理与脱贫攻坚有机结合。

二是实施森林生态效益补偿工程。落实国家公益林补偿标准。巩固完善森林生态效益补偿机制，健全补偿资金投入机制，逐步提高纳入森林生态效益补偿的地方公益林补偿标准，实现与国家公益林补偿标准并轨，带动建档立卡贫困户增收。

三是实施生态护林员精准扶贫工程。整合中央补助资金、森林管护资金及切块到县的财政专项扶贫资金，并新增省级财政资金，加大对生态护林员的资金投入，按照"应聘尽聘"原则，贫困县根据实际需要优先从建档立卡贫困人口中选聘生态护林员，新增生态护林员多人；建立统一规范的森林管护队伍体系和管理制度，切实解决护林队伍类型、方式、补助标准不统一等问题，并进一步扩大生态护林员医疗保险覆盖范围，防止生态护林员脱贫后因病返贫。

四是实施重点生态区位人工商品林赎买改革试点工程。对重点生态区位内Ⅰ级保护林地以及禁止采伐的非国有林并已划定为国家一级公益林的人工商品林，通过租赁、赎买和改造提升等多种方式，促进重点生态区位集中连片生态公益林质量提高、森林生态服务功能增强和林农收入稳步增长，实现社会得绿、林农得利。

五是实施自然保护区生态移民工程。将省级及以上自然保护区核心区、缓冲区和实验区内自愿搬迁贫困人口优先纳入我省新增易地扶贫搬迁工作计划，从根本上减少对自然生态的破坏，并按照标准对移民对象进行生态补偿，促进脱贫。

六是实施以工代赈资产收益扶贫试点工程。瞄准贫困村和建档立卡贫困人口，探索"以工代赈资产变股权、贫困户变股民"的资产收益扶贫新模式，将以工代赈投入贫困村道路、水利设施等不宜分割的资产，折股量化到农村集体经济组织，或参股到当地发展前景较好的特色产业发展等项目中，并在农村集体经济组织的收益分配时对建档立卡贫困户予以倾斜支持。从2018年开始每年从有关资金中安排资金重点支持全省多个深度贫困县开展试点，进一步明确入股资金比例、入股主体、受益主体，规范集体股权设置办法，健全收益分配制度，明确项目覆盖的贫困户能享有按照国家入股资金年度存款基准利率的最低保障，切实使贫困户收益来源多元化，多方位推动贫困户提高收入水平，确保项目覆盖的贫困户增收。

七是实施农村小水电建设扶贫工程。对贫困县新建或在建小型水电站给予有关中央资金补助，项目法人每年将中央投资收益存入县级人民政府指定账户，专项用于扶持建档立卡贫困户脱贫和贫困村基础设施等公益事业建设，扶持贫困户脱贫。开展水电矿产资源资产收益扶贫改革试点，探索建立集体股权参与水电矿产资源项目分红的资产收益扶贫长效机制，促进资源开发与脱贫攻坚有机结合，实现贫困人口共享资源开发成果。

八是实施光伏发电项目扶贫工程。对光照资源相对丰富、电网接入条件允许的贫困地区优先配置光伏发电指标，按照光伏发电与农林、养殖、旅游相结合的原则，建设农光互补、林光互补等项目。组织威宁等地区编制光伏扶贫规划和实施方案，力争进入国家光伏扶贫试点地区名录。

九是实施森林资源利用扶贫工程。大力发展林下经济，利用省脱贫攻坚投资基金扶贫产业子基金、林业项目贷款贴息等政策，大力发展林菌、林药等林下种植业和林下养鸡、养蜂等林下养殖业，加大林地空间利用力度，发展立体林业，带动建档立卡贫困户增收。加快森林旅游业与康养服务业发展，完善国家级森林公园基础设施，创建一批国家级、省级森林康养示范基地；开展森林康养示范创建活动，每年评选一批森林康养示范地区，助推贫困群众增收脱贫。

十是实施碳汇交易试点扶贫工程。以深度贫困县、极贫乡镇、深度贫困村的森林碳汇资源开发为重点，利用全国碳市场和现有碳交易试点体系，引导具有碳交易配额履约任务的企业购买林业碳汇减排量，完成履约目标；鼓励对口帮扶贫困地区的单位，购买对口贫困地区的林业碳汇，完成对口帮扶任务、践行降碳社会责任；推广大型公共活动、会议购买碳汇减排量、消除碳足迹、实现会议"碳中和"的做法，引领绿色低碳办会。

三、贵州省生态扶贫的模式、成效及经验

（一）生态补偿的模式、成效及经验

1. 退耕还林还草扶贫

退耕还林是贵州省投资规模大、涉及面广的一项重大林业生态工程。自2000 年启动实施退耕还林工程以来，截至 2013 年底，贵州省退耕还林工程累计完成造林任务超过 2000 万亩。仅 2011—2013 年，贵州省就完成基本口粮田建设 100 多万亩。2013—2014 年，贵州省启动退耕还林 40 万亩。❶ 贵州省林业局统计数据表明，2014 年 1—3 月，贵州省在全国率先开展退耕还林还草摸底调查工作，为实施新一轮退耕还林任务做好前期准备工作。同时，积极争取将全省 25 度以上陡坡耕地全部纳入国家新一轮退耕还林规划中。❷

2015 年 2 月，贵州省政府办公室出台了《绿色贵州建设三年行动计划（2015—2017 年）》，提出用 3 年时间，全面绿化宜林荒地荒山，将符合政策条件的 25 度以上陡坡耕地全部实施退耕还林还草。同年 5 月，贵州省政府下发《关于贵州省新一轮退耕还林还草实施方案（2014—2020 年）的批复》，原则上同意《贵州省新一轮退耕还林还草实施方案（2014—2020 年）》。2015 年 12月，财政部等八部门联合下发了《关于扩大新一轮退耕还林还草规模的通知》，对全国扩大新一轮退耕还林还草的重大意义、主要政策、工作要求进行详细解读。2018 年 1 月印发的《贵州省生态扶贫实施方案（2017—2020 年）》提出，争取国家将贵州省 25 度以上坡耕地、严重石漠化耕地、重要水源地15—25 度坡耕地、陡坡梯田和严重污染耕地纳入新一轮退耕还林范围，至2020 年全省实施退耕还林 1000 万亩左右。

截至 2019 年，国家累计安排退耕还林 3000 多万亩。退耕还林工程的实

---

❶　金小麒. 省人民政府关于退耕还林及林业有关工作情况的报告［EB/OL］.（2014 – 08 – 04）［2019 – 12 – 12］. http：//www. gzrd. gov. cn/cwhgb/dsegssegrdschy/17674. shtml.

❷　贵州省将掀起新一轮退耕还林高潮［EB/OL］.［2022 – 06 – 20］. http：//lyj. guizhou. gov. cn/ztzl/tghl/201612/t20161.

施，为贵州增加超过 10 个百分点的森林覆盖率。其中，2014—2018 年，贵州省退耕还林效果显著，带动一批贫困人口增收脱贫。❶

2. 森林生态效益补偿

早在 2004 年，贵州就正式建立了森林生态效益补偿基金制度。从 2008 年开始，贵州省财政厅按照有关标准，对省级以上自然保护区内集体林地实施生态效益补偿，并开展对非天然保护工程区地方公益林的补偿工作。2012年 7 月，贵州省修订出台了《贵州省地方财政森林生态效益补偿基金管理办法》，规定了地方财政森林生态效益补偿基金的补偿范围为贵州省内的地方公益林地，确定了补偿标准，并按一定比例分级安排资金，全额兑现给林权所有者或经营管理者。按照《贵州生态扶贫实施方案（2017—2020 年)》要求，认真落实贵州近 5000 万亩国家公益林有关补助标准。巩固完善森林生态效益补偿机制，健全补偿资金投入机制，逐步提高纳入森林生态效益补偿的 3000 多万亩地方公益林补偿标准，实现与国家公益林补偿标准并轨，带动建档立卡贫困户提高人均增收。

3. 重点生态区位人工商品林赎买改革扶贫

2017 年 10 月，《国家生态文明试验区（贵州）实施方案》出台，支持贵州省自主探索通过赎买以及与其他资产进行置换等方式，将国家级和省级自然保护区、国家森林公园等重点生态区位内禁止采伐的非国有商品林调整为公益林，将零星分散且林地生产力较高的地方公益林调整为商品林，使重点生态区位集中连片；以促进生态公益林质量提高、森林生态服务功能增强和林农收入稳步增长，从而实现社会得绿，林农得利。

重点生态区位人工商品林是指符合重点生态公益林区位条件，并且暂未区划界定为生态公益林、未享受中央和省级财政森林生态效益补偿的森林和林地。截至 2017 年，贵州省有 1480 多万亩人工商品林分布在重点生态区位，其中分布在省级以上自然保护区和江河源头、两岸等国家一级公益林区的人工商品林 570 多万亩，由于各地对重点生态功能区的人工商品林和生态林采取了限

---

❶ 方春英，吴采丽. 贵州大力实施退耕还林工程牢筑"两江"上游生态屏障［N］. 贵州日报，2020 - 8 - 26（2）.

伐或禁伐的政策措施，使林权所有者的"处置权、收益权"受到影响，林农要求采伐利用与补偿保护的矛盾日益凸显。● 2018 年 3 月，贵州省重点生态区位人工商品林赎买试点工作启动会在贵阳市召开，会上决定在 2018 年通过赎买、部分赎买的方式，对重点生态区内的非国有人工商品林完成赎买改革试点6 万亩，以增强生态公益林管理质量和生态服务功能。据统计，2018 年贵州省共完成赎买改革试点面积 6 万亩，受益贫困户达 2 万余户。❷

4. 碳汇交易精准扶贫

碳汇是指通过植树造林、森林管理、植被恢复等措施，利用植物光合作用吸收大气中的二氧化碳，并将其固定在植被和土壤中，从而减少温室气体在大气中浓度的过程、活动或机制，由此形成碳减排的指标。相关研究表明，林木每生长 1 立方米蓄积量，大约可以吸收 1.83 吨二氧化碳，释放 1.62 吨氧气。❸国际上的碳汇交易是指发达国家出钱向发展中国家购买碳排放指标，这种交易是一些国家通过减少排放或者吸收二氧化碳，将多余的碳排放指标转卖给需要的国家，以抵消这些国家的减排任务。这也是通过市场机制实现森林生态价值补偿的一种有效途径。贵州省单株碳汇精准扶贫项目的主要思路就是把每一户建档立卡的贫困户种植的每一棵树，编上身份证号，按照科学的方法测算出碳汇量，拍好照片，上传到贵州省单株碳汇精准扶贫平台，然后面向整个社会、整个世界致力于低碳发展的个人、企事业单位和社会团体进行销售；而社会各界对贫困户碳汇的购买资金，将全额进入贫困农民的个人账户，碳汇购买者在实现社会责任的同时，起到精准帮助贫困户脱贫的作用。

2018 年 6 月，贵州省单株碳汇精准扶贫试点启动，该项目采取自愿参与的原则，参与对象须是 2017 年建档立卡、具备符合条件的林业资源的贫困户。参与项目试点的林木须是贫困户拥有林权证、土地证或自留地的林地、耕地上的人工造林。❹ 根据贵州省机构改革方案，单株碳汇精准扶贫项目于 2018 年

● 李平. 贵州今年计划赎买 6 万亩人工商品林以保护自然生态 ［EB/OL］. ［2022 - 06 - 20］. http：//www. gov. cn/xinwen/2018 - 02/26/content_5268917. htm.

❷ 方春英，唐怒娇. 贵州十大林业工程助推生态扶贫 ［N］. 贵州日报，2018 - 11 - 17 (3).

❸ 赵雁屏. 通过碳汇造林为自身碳排放埋单 ［N］. 中国绿色时报，2012 - 10 - 11 (5).

❹ 冯倩. 我省开展单株碳汇精准扶贫试点 ［N］. 贵州日报，2018 - 06 - 14 (5).

10 月 29 日划转由贵州省生态环境厅继续实施。2019 年，贵州省生态环境厅继续推进单株碳汇精准扶贫项目，组织工作组在遵义市、六盘水市、安顺市、毕节市、黔东南苗族侗族自治州、黔南布依族苗族自治州、黔西南布依族苗族自治州的 10 个乡镇共 20 个深度贫困村开展基础调研，选取实施了单株碳汇项目开发行政村，并对贫困户进行信息采集培训。为让项目覆盖更多贫困户，贵州省生态环境厅组织出台了《贵州省竹林碳汇方法学》，把竹林纳入单株碳汇项目开发范围，扩大了贫困户的参与范围，同时建立了贵州省单株碳汇精准服务平台，参与者可以通过微信关注贵州省单株碳汇精准扶贫公众号，进入平台便捷查阅参与试点的贫困村、贫困户和单株碳汇信息，并通过微信支付方式快捷购买碳汇，参与碳汇扶贫。

此外，贵州省还积极探索"互联网 + 生态建设 + 精准扶贫"新模式，组织实施单株碳汇精准扶贫项目，在保护生态的基础上，让老百姓实现增收，成为践行"绿水青山就是金山银山"的重要典范。例如，2020 年 1 月，重庆长安汽车股份有限公司、贵州阳光产权交易所有限公司、贵州环境能源交易所有限公司等企业购买了盘州市、从江县、纳雍县等地 200 多户贫困户的 5 万多株林木碳汇。❶ 单株碳汇精准扶贫项目将全省深度贫困村建档立卡贫困户林地中具有一定碳汇功能（吸收二氧化碳、释放氧气）的树林集中起来。同时，按照每棵树每年碳汇价值 3 元计算，发动个人、企事业单位和社会团体通过手机 App 和微信公众号购买，购碳资金直接全额打入贫困户的个人账户。截至 2020 年 4 月，贵州省单株碳汇精准扶贫项目已有超过 2000 位微信用户直接参与，累计购买了 1000 多户建档立卡贫困户的碳汇，此模式在国内尚属首创。❷ 截至 2020 年上半年，贵州省已完成多个地区贫困户的单株碳汇项目开发。

5. 实践"样板"：雷山县生态补偿之经验考察

雷山县位于贵州省黔东南苗族侗族自治州西南部，其森林资源丰富，县内

---

❶ 余丽丹，朱梦怡. 卖空气也赚钱：贵州省生态环境厅开展单株碳汇精准扶贫项目纪实［J］. 当代贵州，2020（18）：66 - 67.

❷ 朱梦怡. 贵州省生态环境厅开展单株碳汇精准扶贫项目助力实现百姓富生态美有机统一［EB/OL］.（2020 - 04 - 23）［2023 - 03 - 26］. https：//baijiahao. baidu. com/s？id = 1664761712759970192&wfr = spider&for = pc.

有20多种二类保护动物和200多种名贵野生中药材,素有"天然绿色聚宝盆"之称。雷山县生产的"银球茶"被评为"贵州十大名茶"。笋子、魔芋、蕨类产品等山野菜畅销海内外。雷山县被列入"美丽中国—生态城市与美丽乡村获奖名单"❶。"绿水相伴、青山环抱"是雷山县优良生态环境的真实写照。得益于雷公山国家级自然保护区、国家级森林公园的资源禀赋,地处长江水系、珠江水系分水岭的雷山县是全国生态保护和建设示范区、全省生态文明先行示范区、贵州南部国家生态补偿示范区,肩负着周边地区上百万人饮水安全的重任。雷山县被列入国家重点生态功能区、贵州省生态产品价值实现机制试点县,生态文明建设成效显著。2019年11月,雷山县被确定为国家首批生态综合补偿试点县。2020年12月,雷山县出台《雷山县生态综合补偿试点实施方案》。雷山县坚持"绿水青山就是金山银山"理念,通过退耕还林、森林生态效益、生态移民等补偿机制助推生态脱贫并走上了绿色发展之路。雷山县的生态补偿实践进程中的主要做法和经验如下。❷

(1)严格实施生态政策补偿

一是建立森林生态效益补偿机制,实施公益林补偿。雷山县出台《雷山县国家级公益林生态效益补偿基金管理办法》,建立以村集体为责任主体的生态管护关系,根据生态区位、管护状况等情况建立公益林补偿标准动态调整机制,进一步激发广大群众增绿、护绿的积极性。

二是建立退耕还林补偿机制,在稳定和完善现行退耕还林补偿政策的基础上,将退耕林地列入森林抚育林业补贴政策,完善各种配套建设措施,将保护和发展林业的良种、农资纳入农业良种补贴、农资综合补贴范畴。

三是建立农业生态补偿机制,实施耕地保护补偿。有效整合涉农资金,设立以村集体为单位的耕地保护专项资金,探索建立耕地保护补偿及农业面源污染生态补偿机制,对农药化肥减量化、施用有机肥料和低毒生物农药农户加大

---

❶ 雷山县人民政府办公室. 雷山简介 [EB/OL]. (2023 - 02 - 17) [2023 - 03 - 26]. http://www.leishan.gov.cn/mlls/lsgk/lsjj/.

❷ 国家发展和改革委员会振兴司. 贵州省雷山县积极推进国家生态综合补偿试点县建设 [EB/OL]. (2021 - 01 - 22) [2023 - 03 - 26]. https://www.ndrc.gov.cn/fggz/dqzx/stthdqzl/202101/t20210122_1265543.html?state=123.

补助力度，对 25 度以下坡耕地休耕的农民给予资金补助，充分激发农民保护耕地、推动生态平衡的积极性和主动性。

四是建立生态移民补偿机制。通过整合各渠道生态补偿资金，加大对雷公山国家级自然保护区、国家森林公园等保护区的核心区和缓冲区居民的补偿力度，并逐步将保护区内居民搬迁出保护区核心区域。进一步落实生态移民发展后续产业的各项优惠政策，对生态移民搬迁群众在购房、就业、创业等方面给予优惠政策，千方百计降低移民的落户安家成本，以搬得出、稳得住，逐步增收致富。

五是建立集中式饮用水水源地环境保护补偿机制。通过"以工代补、以工代偿"的方式，因地制宜吸纳水源地群众参与水源地保护项目建设、担任水源地巡护员，助推水源地群众就业增收，进一步激发水源地群众保护集中式饮用水源的积极性。

（2）擦亮"生态"名片，发展生态惠民产业

雷山县发展扶贫产业，始终坚持"保护优先"，遵循"在保护中利用"的原则，严格实行"三个选择"：一是产业选择，决不触碰生态底线。二是模式选择，确保规范运行。三是利益联结选择，确权、量化分配。雷山县保护与开发相得益彰。"三个选择"的实施，实现山上"增绿"和林下"增收"双赢。全县大力发展茶园、笋用竹、中药材、蔬菜、食用菌、生态畜禽、林下经济。

（3）积极开发生态就业岗位

一是开发公益性岗位解决一批就业。充分发挥生态岗位补偿的扶贫作用，因地制宜开发一批保护区巡护、生态护林等生态公益性岗位，统筹生态公益性岗位补贴资金，建立持久稳定的生态管护人员基本报酬补偿机制，优先安置就业困难和低收入家庭，进一步激发群众参与生态保护的内生动力。

二是实施生态治理吸纳一批就业。积极争取上级生态治理项目资金，建立生态项目建设与促进就业的联动机制，因地制宜引导群众积极参与植树造林、农村厕所革命、河道整治及村寨垃圾和污水处理等建设上开发就业岗位，充分吸纳群众特别是贫困群众积极参与生态建设，实现就地就近增收。

三是培育和引进绿色企业带动一批就业。坚持生态美，拒绝污染，着力培

育和引进"环保能达标、带动能力强、发展潜力优、吸纳就业多"的绿色企业,根据企业节能降耗、绿色生产、吸纳就业等情况给予企业相应的补贴和扶持,鼓励企业与农户建立"优先聘用、股份合作、保底分红"的利益连接机制,进一步增强企业的辐射能力。

此外,雷山县"生态立县"的方略在十大绿色产业中得到充分彰显。这些产业,既为"生态"添了绿,又为"富民"增了收,走出了"生态产业化、产业生态化"成功之路。这种"双赢"模式,将过去自然生态保护的"难点"变成了经济社会发展的"增长点",把贫困山区产业扶贫的"短板"变成了带贫益贫的"潜力板",把国家生态功能区的"限制"变成了绿色发展的"宝贝"。雷山县生态扶贫经验,对于其他地处生态功能区的民族贫困地区,具有重要借鉴作用。

(二) 生态资源开发扶贫模式、成效及经验

1. 森林资源利用扶贫

森林资源利用扶贫主要是通过发展林菌、林药等林下种植业和林下养鸡、养蜂等林下养殖业,以及森林康养等产业,大力发展林下经济,带动贫困群众增收。2011—2013 年,贵州省通过退耕还林大力发展种植业,包括茶叶、用材林、经果林、药材、花卉,种植牧草、建设棚圈和青贮窖,以及发展畜牧业以使退耕农户受益。❶

为了加快林业产业发展,实现产业脱贫,2017 年,贵州省还与几家金融机构签订了合作协议,以支持林业改革。2017 年贵州省林业总产值已突破2000 亿元,人均以木竹、刺梨、油茶、核桃、林化产品加工为重点的林产品加工企业,为农村人口提供就业岗位 50 多万个。❷ 同时,贵州省以森林景观资源为依托开展的森林旅游和森林康养,重点打造森林旅游景区和森林康养基

---

❶ 金小麒. 省人民政府关于退耕还林及林业有关工作情况的报告 [EB/OL]. (2014 - 08 - 04) [2019 - 12 - 12]. http://lyj. guizhou. gov. cn/jdhy/hygq/201612/t20161222_8581548. html.

❷ 赵勇军. 美丽中国建设的生动实践:贵州推进大生态战略行动纪实 [N]. 贵州日报, 2018 - 07 - 08 (4).

地，实现了森林旅游收入有效增长。❶

2018年，贵州森林资源利用扶贫内容更加广泛。刺梨、石斛、油茶、竹等产业大幅增长。加强产销对接运营，依托龙头企业打响"产品牌"，通过与广州医药集团有限公司合作，该集团旗下的广州王老吉大健康产业有限公司在黔南布依族苗族自治州惠水县投入第一条刺梨产品生产线，并以此为基础开展标准化基地建设，带动全省刺梨基地标准化、规模化发展。例如盘州市宏财聚农投资有限责任公司建设的有机刺梨基地获批"国家级出口刺梨食品农产品质量安全示范区"，形成贵州林业品牌竞争力。森林产品精深加工不断壮大，森林旅游、森林康养快速发展，通过森林旅游助力脱贫攻坚，充分利用全省现有各级森林公园、生态公园、自然保护区、湿地公园、森林康养基地等发展森林旅游，带动周边农户增收。贵州省还开展了珍贵林木单株活立木交易，开创了精品林业期货扶贫新模式，贵州省罗甸县建立了以降香黄檀、沉香为主的珍贵林木示范基地，以增加当地贫困人口的收入。❷

2. 农村小水电工程建设扶贫

2016年6月，国家发展和改革委员会、水利部联合印发《农村小水电扶贫工程试点实施方案》，该方案要求选取部分水能资源丰富的国家级贫困县开展农村小水电扶贫工程试点。《贵州省生态扶贫实施方案（2017—2020年）》提出，对贫困县新建或在建小型水电站按每千瓦4000元给予中央资金补助，项目法人每年将中央投资收益（年收益高于6%的据实缴存，低于6%的由项目法人补足6%）存入县级人民政府指定账户，专项用于扶持建档立卡贫困户脱贫和贫困村基础设施等公益事业建设，扶持贫困户脱贫。开展水电矿产资源资产收益扶贫改革试点，探索建立集体股权参与水电矿产资源项目分红的资产收益扶贫长效机制，促进资源开发与脱贫攻坚有机结合，实现贫困人口共享资源开发成果。

农村水电扶贫工程于2016年启动，截至2018年，江西、湖北、湖南、广

---

❶ 方春英，唐怒娇. 贵州十大林业工程助推生态扶贫 [N]. 贵州日报，2018 – 11 – 17 (3).
❷ 贵州省绿化委员会办公室. 2018年贵州省国土绿化公报 [EB/OL]. (2019 – 03 – 18) [2019 – 06 – 20]. http：//news. gog. cn/system/2019/03/18/017163710_05. shtml.

西、重庆、贵州、陕西 7 个省（区、市）均已开展农村小水电扶贫项目建设。截至 2018 年底，已有 3 万多建档立卡贫困户受益。❶ 2016 年，黔东南苗族侗族自治州三穗县塘冲水电站、锦屏县银洞水电站和从江县摆堆水电站部分项目被列入 2016 年全国农村小水电扶贫工程试点。2018 年 4 月，贵州省农村小水电扶贫项目获得中央预算内投资并开始六盘水市水城县龙潭水电站建设。2019 年 1 月，贵州省发布了《关于征求〈贵州省农村小水电扶贫工程实施方案（征求意见稿）〉意见的函》，要求贵州省财政厅、能源局、生态环境厅等部门，实施农村小水电扶贫工程项目。

总之，贵州省农村小水电扶贫工程具有可观的生态、社会及经济效益。项目可遏制砍树烧柴破坏森林植被的现象，防止水土流失，巩固退耕还林、天然林保护建设成果，提高森林覆盖率，减少有毒有害气体排放；该扶贫工程将改善农村基础设施，改善农民生产生活条件，改善贫困户生活质量，助力贫困地区农民脱贫致富，并为社会提供电量，带动建材、机械、电器等行业发展，拉动内需，促进经济发展。

3. 光伏发电项目扶贫

2014 年 10 月，原国务院扶贫开发领导小组办公室、国家能源局联合下发《关于印发实施光伏扶贫工程工作方案的通知》，标志着全国光伏扶贫正式启动。贵州省被纳入全国 12 个光伏扶贫的省（区、市）范围。《贵州省生态扶贫实施方案（2017—2020 年）》关于实施光伏发电项目扶贫工程中提出，对威宁、盘州、普安等光照资源相对丰富、电网接入条件允许的贫困地区优先配置光伏发电指标，按照光伏发电与农林、养殖、旅游相结合的原则，建设农光互补、林光互补等项目。组织威宁、赫章、盘州、普安等地区编制光伏扶贫规划和实施方案，力争进入国家光伏扶贫试点地区名录。2017—2020 年全省贫困县每年扩大光伏发电规模，利用荒山荒坡带动项目覆盖的建档立卡贫困户提高人均收入。

4. 实践"样板"：紫云苗族布依族自治县林业生态扶贫之经验考察

紫云苗族布依族自治县位于贵州省安顺市南部，曾经是国家扶贫开发工作

重点县、贵州省 14 个深度贫困县之一。2020 年 11 月 23 日，贵州省政府正式批准紫云苗族布依族自治县等 9 个县脱贫摘帽，退出贫困县序列。这也意味着全国 832 个贫困县全部脱贫摘帽，全国打赢脱贫攻坚战的目标任务已经完成。

"紫气东来，云蒸霞蔚"，描述的就是贵州省紫云苗族布依族自治县的生态环境，也是紫云苗族布依族自治县的名片。紫云苗族布依族自治县拥有国内罕见的"盲谷"原始森林等，展现了漫长而壮丽的生态演变奇迹。生态环境，也是紫云苗族布依族自治县曾经的伤痛。紫云苗族布依族自治县地处麻山腹地，属滇桂黔石漠化集中连片特困地区，是贵州省内喀斯特脆弱生态环境条件下区域贫困的典型。对于紫云苗族布依族自治县来说，生态环境是其脱贫的出路。2014 年，贵州省对地处重点生态功能区，不具备新型工业化发展条件的紫云苗族布依族自治县等 10 个县取消地区生产总值考核指标，考核由地区生产总值向扶贫开发工作成效转变之后，向山地要经济、向生态要发展的林业生态扶贫之路助推全县打赢脱贫攻坚战，摘掉贫困县的帽子。紫云苗族布依族自治县通过大力推进生态文明建设、山地特色农业和旅游业融合发展，贫困人口逐年减少，贫困发生率逐年下降。通过国家新一轮的退耕还林政策，大力发展精品水果、中药材、茶树等经济作物种植，提高森林覆盖率。通过推进"林业 + 产业"生态融合发展，"山上种油茶、林间养蜂忙、林下菌菇香、林内蛋鸡跃"的林下经济画卷铺就了紫云苗族布依族自治县林业生态脱贫之路。紫云苗族布依族自治县林业生态扶贫实践过程中的主要经验和做法如下。❶

（1）依托林业资源，采用建章立制、整合资金等多种措施支持发展林下经济

"绿水青山就是金山银山"，生态资源就是宝贵的财富，贫困地区要利用好当地生态环境资源，深挖生态产业潜力，在保护生态的同时脱贫致富。紫云苗族布依族自治县以绿色经济发展为导向，依托丰富的森林资源，对照"八要素"找差距、强弱项、补短板；以科技为支撑，科学打出"林 +"组合模

---

❶ 吴采丽. 贵州：翠色绵绵烟波起［EB/OL］.（2020 - 06 - 24）［2021 - 06 - 20］. https：//lyj. guiyang. gov. cn/lyxw_502951/syyw/202006/t20200624_61259007. html；姚福进. 紫云：林下经济铺就绿色脱贫路［N］安顺日报，2020 - 06 - 12（4）；吴采丽. 行走紫云：守得青山见金山［N］. 贵州日报，2020 - 04 - 30（8）.

式，发展林下菌、林下鸡、林下蜂等主导产业，同步推进油茶、中药材、精品水果和其他林下种植养殖等特色产业发展。在政策支撑上，先后出台《紫云自治县发展林下经济助推打赢脱贫攻坚实施方案》《"三坚持三联动"发展壮大林下经济的实施意见》等；加强基础设施建设，包括铺通种植养殖点用水管道、硬化道路等；在资金支持上，整合扶贫资金、涉农资金、深度贫困县专项扶贫补助资金、银行产业发展基金等用于发展林下经济。

（2）创新资金流转机制、管护机制和扶贫利益联结机制，不断激发贫困村屯的绿色发展潜力

紫云苗族布依族自治县按照"渠道不乱、用途不变、各负其责、各记其功"原则，实现资金、项目、力量集成，提高资金利用率，并成立生态旅游开发建设有限公司，作为推进生态旅游建设工作的融资平台，最大限度盘活资金总量和流量。例如，通过推进石漠化治理、自然保护区和湿地公园等森林资源修复工程，成功创建了"紫云翠河市级湿地公园"，形成"翠河湿地公园—打扒河蓝莓采摘园—黄鹤营旅游开发区"集体验、休闲为一体的森林旅游区，带动项目建设区域内的多个村寨整体脱贫。同时，启动国家濒危野生动物黑颈长尾雉自然保护区的工作，将保护区内的多个村民组依托保护区开展森林人家、森林农家乐等森林旅游产业，实现了森林旅游与扶贫开发的有机结合。

为提高林木成活率和保存率，紫云苗族布依族自治县鼓励各地成立专业合作社，负责退耕还林的组织、施工、管护等工作，强化村级自我管理，壮大村级实体经济。全县大力推广"公司＋合作社＋农户"模式，引导农民群众以林权入股，实现"资源变股权、资金变股金、农民变股民"。其中，建立利益连接机制是扶贫开发的必由之路，也是农村产业革命持续运转的根本动力。根本任务是培育现代农业新型经营主体，做好机制建设、惠农增收文章。通过科学的制度设计和模式设定，使农户特别是贫困户成为最大、最终、最广泛的受益者。例如，浪风关林场林下经济产业项目采取"龙头公司＋国有林场＋合作社＋农户"发展模式发展，以财政扶贫量化资金户均1万元入股公司参与发展，所得利益公司采取两次分红方式对入股贫困户进行分红，第一次分红按贫困户入股1万元资金第一年的6%（600元），第二年的7%（700元），第三

年8%（800元）进行：剩余资金"721"的方式进行二次分红，让贫困户最大受益。❶

（3）深化改革，多种模式盘活"沉睡"的林业资源变资产

2018年以前，紫云苗族布依族自治县浪风关林场以贩卖木材作为主要经济收入，营利模式单一。2019年8月，紫云苗族布依族自治县作出盘活浪风关林场发展林下经济的决策之后，通过种植林下松茸菌、养殖林下鸡、林下蜂，带动贫困户脱贫多户。大球盖菇是紫云苗族布依族自治县浪风关林场发展林下经济的主要产业，全面投产后，年产值大幅提升，带动五峰街道、松山街道等当地和易地扶贫搬迁贫困户提高人均收入，有效解决城东、城南两社区易地扶贫搬迁贫困户的就业问题。同时，林场发展林下生态鸡和箱中蜂养殖，按照每棚利益联结1户贫困户，以提高农户人均收入。另外，紫云苗族布依族自治县盘活浪风关林场森林资源资产，因林因地制宜发展林下经济，"场社联动"解决易地扶贫搬迁贫困群众的就业问题，"场村联营"通过示范带动促进全县林下经济的发展，让林下经济在全县遍地开花，实现林地"生金"、助民增收。

紫云苗族布依族自治县将林下经济作为纵深推进农村产业革命打赢脱贫攻坚战的重要支撑，积极破解影响林下经济发展的问题，推动"绿水青山"变成"金山银山"。紫云苗族布依族自治县各地对林下资源进行科学合理的开发，充分利用林下土地资源发展菌类、中药材种植、林下鸡养殖、养蜂等产业，各具特色，精彩纷呈，既恢复了森林的生态功能，又补充了林业经济。2019年，时任紫云苗族布依族自治县林业局局长金家顺说："林下经济不仅美了生态，也富了农民的口袋"。❷ 紫云苗族布依族自治县充分利用林下土地资源和林荫优势，发展短、平、快的林下经济产业，闯出了农林牧各产业实现资源共享、优势互补、循环相生、协调发展的生态产业扶贫模式。

---

❶ 胡彪，吴采丽，匡奇燃，等. 紫云浪风关林场：多种模式助推林下经济　带领搬迁群众脱贫致富［EB/OL］.（2020 - 09 - 12）［2021 - 07 - 31］. https：//mp. weixin. qq. com/s?__biz = MjM5MDczMjc2OQ = = &mid = 2651328525&idx = 3&sn = 2145f43e471152bb3716fd2c950efd09&chksm = bdbce8838acb619591aa9e446f72c4697dffb7e20f7588bc617014e8d3e6a45f526b82ab5d2b#rd.

❷ 伍水清，姚福进.【紫云自治县向深度贫困堡垒发起总攻系列报道之三】活了林下经济　富了贫困群众［EB/OL］.（2019 - 12 - 12）［2019 - 12 - 30］. https：//www. thepaper. cn/newsDetail_forward_5234973.

（三）生态工程建设扶贫模式、成效及经验

1. 生态移民工程扶贫

贵州省生态环境脆弱，贫困人口集中，实施扶贫生态移民工程是恢复生态和消除贫困的有效途径和重要举措。贵州省于 2012 年启动实施扶贫生态移民工程，计划用 9 年时间，将居住在不具备基本生产、生活条件的贫困群众实施扶贫生态移民搬迁。2015 年启动实施扶贫生态移民工程"三年攻坚行动计划"，计划用 3 年时间打造 100 个扶贫生态移民精品示范工程，引领和推动扶贫生态移民工程转型升级，实现扶贫开发、生态修复和小城镇建设有机统一。❶

2012—2015 年，贵州省累计下达扶贫生态移民计划建设安置点 668 个，实际执行安置点建设 663 个。❷ 2016 年，贵州省增加投资以实施易地扶贫搬迁。"十三五"期间贵州省通过易地扶贫搬迁使 100 多万人脱贫。❸

2. 石漠化综合治理工程扶贫

贵州省是全国石漠化面积最大、等级最齐、程度最深、危害最重的省份。贵州省大部分的贫困地区处于武陵山区、乌蒙山区和滇黔桂石漠化三大集中连片特困地区及麻山石漠化山区。作为石漠化综合治理的主战场，多年来，贵州省坚持"生态与经济并重，治石与治穷共赢"的防治理念，通过封山育林、荒山造林、退耕还林、植树造林、林草植被保护生态治理，以及转变生产生活方式、生态移民政策、产业发展等综合治理措施，以林业建设、产业带动、科技支撑等模式全力推动"大生态"建设。"十三五"期间，全省治理石漠化面积全国第一，通过科学推进石漠化综合治理，让"石旮旯"巧变"金银山"。❹

---

❶ 吴秉泽，王新伟. 贵州启动生态移民"三年攻坚"计划 [EB/OL]. （2015 – 01 – 27）[2021 – 06 – 20]. http：//district. ce. cn/zg/201501/27/t20150127_4448517. shtml.

❷ 程曦. 【治国理政新实践·贵州篇】贵州：确保扶贫生态移民搬迁贫困户每户 1 人以上稳定就业 [EB/OL]. （2016 – 10 – 10）[2021 – 07 – 31]. https：//news. xtol. cn/2016/1010/5081626. shtml.

❸ 贵州扶贫生态移民搬迁超过 42 万人 [EB/OL]. （2016 – 03 – 25）[2022 – 06 – 20]. http：//www. gov. cn/xinwen/2016 – 03/25/content_5058189. htm.

❹ 应腾. 看贵州如何攻克石漠化 [EB/OL]. （2019 – 06 – 26）[2019 – 06 – 30]. https：//www. forestry. gov. cn/main/138/20190626/103343836298628. html.

2008 年，国务院批复实施《岩溶地区石漠化综合治理规划大纲（2006—2015 年）》，决定在西南岩溶地区 8 个省（区、市）的 451 个县开展石漠化综合治理工作，贵州省有 78 个县进入工程范围，其中首批 100 个试点县中，贵州省就有 55 个。自 2012 年以来，贵州省在石漠化山区持续实施植树造林、退耕还林等治理措施，取得明显成效，石漠化土地面积逐年减少。

3. 以工代赈资产收益扶贫

以工代赈是指政府投资建设基础设施工程，受赈济者参加工程建设获得劳务报酬，以此取代直接救济的一种扶持政策。现阶段，以工代赈是一项农村扶贫政策；具体来讲，就是国家安排以工代赈投入建设农村小型基础设施工程，贫困农民参加以工代赈工程建设，获得劳务报酬，直接增加收入。长期以来，贵州省以工代赈项目均按照这一模式运作。2012 年以来，贵州省实施的以工代赈工程在促进贫困地区资源开发和改善生态环境方面取得了显著成效。

2018 年，按照《贵州生态扶贫实施方案（2017—2020 年）》要求，实施以工代赈资产收益扶贫试点工程。针对贫困村和建档立卡贫困人口，探索"以工代赈、资产变股权、贫困户变股民"的资产收益扶贫新模式，将以工代赈投入贫困村道路、水利设施等不宜分割的资产，折股量化到农村集体经济组织，或参股到当地发展前景较好的特色产业发展等项目中，并在农村集体经济组织的收益分配时对建档立卡贫困户予以倾斜支持。从 2018 年开始，重点支持全省 14 个深度贫困县开展试点，进一步明确入股资金比例、入股主体、受益主体，规范集体股权设置办法，健全收益分配制度，明确项目覆盖的贫困户能享有按照国家入股资金年度存款基准利率的最低保障，切实使贫困户收益来源多元化，多方位推动贫困户提高收入水平。2019 年 12 月，贵州省发展和改革委员会下发《关于提前下达 2020 年度部分财政预算内以工代赈计划的通知》，支持 16 个深度贫困县积极开展以工代赈资产收益扶贫，提高以工代赈项目带动贫困群众脱贫发展的针对性和实效性。根据通知，此次用于支持 16 个深度贫困县组织实施一批基础设施和基本公共服务设施提升效果较明显的工程项目，着力改善贫困群众生产生活条件、优化贫困地区发展环境，并对遭受重大自然灾害的贫困乡村给予适当倾斜，向易地扶贫搬迁安置点配套基础设施建设倾斜，广泛动员搬迁群众参与以工代赈工作建设获取劳务报酬，增加就地就近就业机会。❶

4. 实践"样板"：湄潭县生态移民扶贫之经验考察

遵义市湄潭县永兴镇的安置点项目是贵州省政府2015年重点打造的扶贫生态移民工程省级示范点之一，该项目在实践过程中取得了一些可资借鉴的经验。永兴镇位于贵州省遵义市湄潭县城东北部，镇区地处黔北低山丘陵地带，以丘陵坝地为主，地势相对平缓，平均海拔800米左右，森林覆盖率达60%以上。❷永兴镇在消除贫困、提高人民生活质量、保护生态环境方面作出积极努力，取得一定成效。当地政府通过对永兴镇所辖村开展详细调研，包括掌握整村的基本情况及每户的详细状况之后，最终确定对所辖各村中生活环境恶劣的农户实施生态移民。2014年开始，当地政府对其制定扶贫生态移民安置方案并开始实施，将消除贫困和改善生态作为双重目标，结合国家政策、总结其他地区实践经验和发展自身优势下，走出了具有特色的生态移民扶贫之路。

（1）立足山地新型城镇化特色，推动生态搬迁

按照《贵州省人民政府关于深入推进新型城镇化实施意见》的总体要求，贵州省提出走山地特色新型城镇化道路，即综合考虑区域人口、资源、经济、社会及生态环境的关系，避免人口向大中城市过度集中，通过协调发展各类中小城镇，发挥小城市和小城镇在吸纳农业转移人口、改善农村地区公共服务水平等方面的作用。永兴镇作为全省示范小城镇，在移民搬迁过程中充分结合新型城镇化，通过就地就近城镇化吸引和安置处于生态脆弱的山村、贫困地区的人群。例如，位于永兴镇西面的中华村，地势以丘陵、高山为主，拟搬迁的村民生活、生产极为不便。因此，在生态移民安置地选择上遵从就近就地的原则，即交通相对便利，水、电、路等基础设施相对完善。同时考虑迁入地的产业功能，周边有省级现代农业示范园区、省级旅游区、中国茶海以及绿色产业

---

❶ 杨艳. 贵州提前下达2020年度部分以工代赈资金［EB/OL］. （2019 - 12 - 24）［2022 - 06 - 20］. http：//news. gog. cn/system/2019/12/24/017468049. shtml.

❷ 湄潭县人民政府. 永兴镇概况［EB/OL］. （2020 - 11 - 12）［2022 - 06 - 20］. http：//www. meitan. gov. cn/zwgk/xzxxgkml/202011/t20201112_65181368. html.

园区等，产业结构稳定，对移民可以起到很好的吸纳作用。从迁入地的地理选址和人文环境上看上均适合移民安置，通过就近转移安置，既让生活在生态环境脆弱和贫困地区的农户下山、进城、进镇，改变了其生存环境，避免了对生态环境的持续破坏，也避免了农户均向大城市转移带来的资源消耗过量，构建了以小城镇为载体的离土不离乡、不离土不离乡的就地就近城镇化发展路径，实现了公共服务均等化，促进了移民融入当地社会，推进了城镇化的发展。

（2）依托绿色产业发展，解决移民就业

永兴镇历史上曾是贵州四大商业重镇之一，盛产优质茶叶、大米、辣椒、油菜籽、玉米、中药材等农副产品。永兴镇立足于特色的生态农业优势资源，将移民就业与产业相结合：一是利用小额信用贷款资金的扶持，让搬迁户从事稻鸭、稻蟹、稻鱼的养殖；二是充分利用永兴镇的茶海景区、古镇景区组织一部分人参与发展旅游服务业；三是依托永兴镇配套建设以稻米加工、茶叶加工、板鸭加工、辣椒加工为主的产业园区，培训后选择产业园区就近上岗。同时政府邀请一些技术人员传授茶叶、烤烟种植的经验，让有一定知识文化、思想先进的搬迁户，通过种植茶叶、烤烟等经济作物增加收入和就业机会。搬迁户在集镇优势绿色产业的引导下有了更多选择，也得到了更多经济收益，确保能逐步致富。

（3）创新实施土地政策，保障移民安居乐业

贵州省在新型城镇化过程中提出推进城乡建设用地增减挂钩，即全面实施城镇建设用地增加与农村建设用地减少相挂钩政策。避免自然环境的持续破坏，实现生态恢复，永兴镇在新型城镇化政策指导下，针对生态移民制定了相关土地政策，即原有承包经营的土地25度坡以上的实行退耕还林，并由当地林业局统一规划和设计，配套全县封山育林工程，交由所在村委会统一管理，承包权仍属搬迁户。25度坡以下的耕地可通过土地流转进行转租连片经营，可引进农业发展企业进行农业产业开发，搬迁户继续享有承包权，原有林地交由村委会实行有偿统一管理，承包权仍属搬迁户，原宅基地上的房屋可以进行拆除或变卖处理，其宅基地进行复耕或还林。在相应的土地政策支持下，农民既可实现收益增长，又能对原土地进行生态修复。同时对搬迁移民进行集中安

置，以政府搭台、开发商建房、村民自愿购买的方式，将城镇建设项目与生态移民安置项目相结合。在安置过程中，减少搬迁户在住房上的物质投入，解决了搬迁户的后顾之忧，有效推进了搬迁户的集中安置，保障了搬迁户安居乐业。

（4）大力采用节能措施，提升移民居住环境和质量

以往的农房建设只关注建筑的面积、高度、功能、外观，单纯解决了有房居住的问题，而永兴镇在移民安置点建设过程中不仅关注新建住房在功能使用、建筑形态上与传统黔北民居的关联，而且关注居住者与建筑、环境之间的关系，通过建筑节能建设改善居住者的舒适度，减少对自然环境的破坏。例如，安置房中对建筑砌体尽量采用有保温、隔热、隔音的混凝土空心砌块，建筑外墙及屋面的处理充分利用本地无污染、可回收、保温隔热性能好的材料，既节省成本又能很好地保温隔热，实现建筑与当地自然环境的和谐。同时，合理布置进出风口并利用风压和热压自然通风，在室外风小或无风的情况下便可通过热压通风，对于黔北地区夏季较为炎热的气候情况，保证室内通风散热，实现被动式节能。另外，对农村使用的传统能源进行改造，不仅节约能源，而且有效减少养殖业产生的废水和废气对环境的污染，达到节能环保的目的。

总之，永兴镇在生态移民扶贫所实施的策略中，政府将生态文明建设与扶贫脱贫攻坚作为双重目标，在国家的政策指引下因地制宜，分别从迁出地生态修复、稳定安置移民、安置区可持续发展三个层面形成了自身的模式，如图 3 - 1 所示。首先，通过依托山地城镇化政策，对搬迁户实行就近就地安置，避免资源过度消耗，并对搬迁户实行土地流转、增减挂钩，以达到对原迁出地生态修复的目标。其次，在安置区选址上不仅依托就近就地政策，还充分考虑地理条件、人文和产业优势，比如永兴镇配合贵州省对安置房分别出台了住房补助政策和奖励政策，并对安置房居住环境和居住质量作了充分考虑和改善；从这几方面达到保障搬迁户安居，稳定安置搬迁户的目的。最后，通过镇村联动政策，全面完善城镇和乡村公共服务和基础设施，形成城镇带动乡村服务和基础设施全面发展。同时，以原有特色农业产业为依托，吸纳大量移民就业。对部分搬迁户开展职业培训，调动搬迁户就业和创业的能力，帮助搬迁户从接受扶贫到脱贫过渡，实现安置区的可持续发展。这三个层面的具体策略共同实施、

相互作用，以实现搬迁户扶贫工程的"生态"与"脱贫"双重目标。

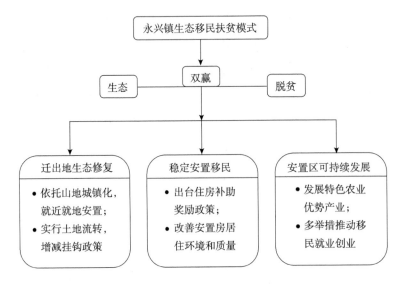

图 3 - 1　贵州省遵义市湄潭县永兴镇生态移民扶贫模式

此外，贵州省生态扶贫模式还包括生态护林员精准扶贫工程。按照"应聘尽聘"原则，贵州省还根据实际优先从建档立卡贫困人口中选聘生态护林员，提高全省生态护林员规模，带动建档立卡贫困户脱贫。

第二节　云南省生态扶贫的实践模式及典型经验

一、云南省生态环境与贫困的概况

云南省地处长江上游，是我国西南生态安全屏障的重要组成部分，其长江流域森林覆盖率较高。云南省绿色发展与脱贫攻坚关系密切。❶ 云南曾是脱贫攻坚战的主战场之一，贫困人口数量较多。从生态功能区看，云南曾经被列为贫困县的地区基本位于生物多样性保护、水源涵养及土壤保持功能区中。位于

---

❶ 任治忠. 发展林业生态产业　担当脱贫攻坚主力 ［N］. 中国绿色时报，2018 - 08 - 09（2）.

滇南生物多样性保护区域的贫困县曾经有9个。❶2020年12月8日，国务院新闻办公室在云南省昆明市举行新闻发布会，介绍云南省脱贫攻坚有关情况，在全国14个集中连片特殊困难地区中，云南省有4个。由此可见，云南省曾经的贫困地区大多位于重要生态功能区或者生态脆弱区域，在环境保护与脱贫的双重压力中寻求平衡，实施生态扶贫是反贫困治理现实的正确选择。

二、云南省生态扶贫的思路和途径

云南省牢固树立和践行"绿水青山就是金山银山"的理念，创新生态扶贫机制，利用生态工程建设、生态公益性岗位、生态产业发展、生态保护补偿等增加贫困人口收入，推动脱贫攻坚与生态文明建设"双赢"。为发挥生态保护在精准扶贫、精准脱贫中的作用，切实做好生态扶贫工作，2018年10月12日，云南省发展和改革委员会同云南省林业厅等部门联合印发《云南省生态扶贫实施方案（2018—2020年)》，明确了生态扶贫的具体实施途径和目标。

（一）生态扶贫实施的基本思路

云南省生态扶贫实施的基本思路包括以下七个方面。

第一，全面贯彻"绿水青山就是金山银山"的理念，创新生态扶贫机制，加大贫困地区生态保护修复力度，实现生态改善和脱贫"双赢"。

第二，加大对贫困地区天然林保护工程建设支持力度。探索天然林、集体公益林托管机制，推广"合作社＋管护＋贫困户"模式，吸纳贫困人口参与管护。

第三，建设生态扶贫专业合作社（队)，吸纳贫困人口参与石漠化治理、防护林建设和储备林营造。推进贫困地区低产低效林提质增效工程；加大贫困地区新一轮退耕还林还草支持力度，将新增退耕还林还草任务向贫困地区重点

---

❶ 侯文坤. 云南加快4个集中连片特困地区脱贫致富［EB/OL］.（2013－09－09)［2022－06－20］. http：//politics. people. com. cn/n/2013/0909/c70731－22855763. html.

倾斜，对符合退耕政策的贫困村、贫困户实现全覆盖。

第四，结合建立国家公园体制，多渠道筹措资金，对生态核心区内的居民实施生态搬迁，带动贫困群众脱贫。

第五，深化贫困地区集体林权制度改革，鼓励贫困人口将林地经营权入股造林合作社，增加贫困人口资产性收入。

第六，完善横向生态保护补偿机制，让保护生态的贫困县、贫困村、贫困户更多受益。

第七，鼓励纳入碳排放权交易市场的重点排放单位购买贫困地区林业碳汇。

(二) 生态扶贫实施的主要途径

云南省生态扶贫实施的主要途径包括以下五个方面。

第一，实施七大生态工程建设。通过推广生态建设扶贫合作社的形式，鼓励采取议标等方式实施退耕还林还草、退牧还草、天然林防护林建设、水土保持、石漠化综合治理、湿地保护与恢复等工程，吸纳更多的贫困人口参与生态建设。

第二，拓宽生态管护工资收入渠道。努力增加林业资源管护岗位、湿地管护岗位、规模化草原管护岗位，优先安排有劳动能力的贫困人口参与管护和服务，精准带动贫困人口稳定增收脱贫。

第三，发展三大生态产业。通过土地流转、入股分红、合作经营、劳动就业等方式，大力发展生态旅游业、特色林产业、特色林下种养业，拓宽贫困人口增收渠道。

第四，增加政策转移性收入。通过重点生态功能区转移支付、森林生态效益补偿补助、新一轮草原生态保护补助奖励、中央财政湿地补偿、生态综合补偿试点等，针对集中连片特困地区，聚焦贫困人口脱贫。

第五，创新生态扶贫支持方式。鼓励各地积极探索生态扶贫的新模式新途径，通过开展生态搬迁试点、创新资源利用方式、探索资产收益长效机制、探索碳交易补偿方式等，努力拓宽贫困群众增收渠道。

三、云南省生态扶贫的模式、成效及经验

（一）林业生态扶贫的模式、成效及经验

1. 林业生态扶贫成效及典型经验

云南省山区面积占比较大是基本省情，山区发展严重滞后是突出"短板"，绝大多数贫困人口居住在山区是脱贫攻坚难啃的"硬骨头"。从资源来看，山区蕴藏着巨大的发展潜力。经过调研和对云南省的省情深入分析发现，云南省提出加快山区脱贫步伐的希望在山，潜力和出路在林，其用好用活生态扶贫政策，以改革创新，做好"护山"与"富山"两篇文章，让山区群众住在"绿水青山"中，靠"金山银山"摆脱贫困奔向小康。打赢脱贫攻坚战，闯出一条生态得保护、农民能致富的山区脱贫致富奔小康之路。云南省重点围绕生态保护、生态治理、生态产业三个方面，聚焦破解贫困山区有"生态"无"生计"难题，对症下药、靶向治疗，把改善贫困地区生态环境、增加贫困群众收入作为基本遵循，凝心聚力打好林草生态扶贫"组合拳"。

第一，坚持"生态优先"，加大林业投资力度。山区既是生态脆弱区，又是经济发展的滞后区，促进山区贫困群众脱贫增收，必须处理好生态保护与扶贫开发的关系。在加快山区扶贫开发和保护生态的双重压力下，云南省选择了"生态优先"，加大贫困山区生态保护与建设的力度，夯实山区绿色发展的基础，为山区扶贫开发定下绿色基调。云南省建档立卡贫困户拥有的经济林，连片的核桃、油茶、花椒、杨梅、枇杷等特色经济林果成为贫困群众现在与未来的"绿色银行"。云南省林草部门还聚焦深度贫困地区，发挥行业优势和潜力，将林业扶贫政策、项目、资金向贫困地区倾斜，努力推进生态治理、生态保护和生态产业扶贫。❶ 2018—2019 年，云南省大力下拨贫困地区林业投资。❷

---

❶　石长毅. 云南"绿色扶贫"拓宽山区脱贫路：青山变"金山"［EB/OL］. （2019 - 02 - 26）［2021 - 06 - 20］. https：//nrra. gov. cn/art/2019/2/26/art_5_94523. html.

❷　胡晓蓉. 云南省加大林业生态扶贫力度［EB/OL］. （2019 - 05 - 11）［2021 - 06 - 20］. http：//www. gov. cn/xinwen/2019 - 05/06/content_5389048. htm.

第二，天然林保护、退耕还林、生态修复治理等国家和省级生态工程，向贫困山区倾斜，提高贫困人口在生态建设保护工程中的参与度和受益水平。云南省林业部门大力投入贫困地区项目资金，选聘多名生态护林员走上生态公益性岗位，带动贫困人口稳定增收脱贫。❶ 在林业生态脱贫中不仅加大资金支持，且以发展经济林果为抓手，重点发展木本油料、林下经济、生态旅游和森林康养等特色优势产业，把生态资源优势转化为绿色发展优势。全省新一轮退耕还林还草任务中重点向贫困乡村倾斜，在退耕还林中引导贫困农户发展核桃、花椒等经济林果，使山区大批贫困群众实现靠保护生态增收脱贫。❷

第三，发展和壮大林业产业，以实现"绿水青山"变"金山银山"。只有山林活起来，林产业强起来，让"青山"变"金山"，"果子"换"票子"，山区贫困群众长远脱贫才有希望。云南省通过建立绿色产业基地、生态扶贫专业合作社以及出台政策对林业龙头企业从财政、税收、投融资、土地、人才保障、科技支撑、能源优惠、市场服务、品牌创建等方面加大扶持力度，吸引国内外企业进山兴林，发展林下经济产业，实现林下掘金，让山区群众"不砍树也能致富"，林下经济也被作为山区农户脱贫的重要产业来培育，鼓励适度、适量、适当开展林下种植、林下养殖、采集加工等产业，林下经济成了山区群众的"财富洼地"，涌现了一批助农增收明显的特色林产品，为产业脱贫攻坚厚植优势。❸

第四，出台系列政策文件保障林业生态扶贫的实施。2017 年，《国家林业局关于加快深度贫困地区生态脱贫工作的意见》出台。2017 年云南省印发《云南省林业"十三五"脱贫攻坚规划》。2018 年出台《云南省林业生态脱贫攻坚实施方案（2018—2020 年）》，针对怒江傈僳族自治州、迪庆藏族自治州等深度贫困地区，云南省林业部门加大了生态扶贫力度。2019 年，国家林业

---

❶ 李健飞. 十三五投入 221.8 亿! 云南林业加大贫困地区项目资金倾斜力度 [EB/OL]. (2019 - 04 - 26) [2019 - 06 - 20]. http://m. cnr. cn/news/20190426/t20190426_524592504_tt. html.

❷ 王帮旭. 旅游 + 扶贫成乡村致富引擎 [EB/OL]. (2017 - 12 - 07) [2019 - 06 - 20]. http://f. china. com. cn/2017 - 12/07/content_50090644. htm.

❸ 胡晓蓉. 云南省加大林业生态扶贫力度 [EB/OL]. (2019 - 05 - 11) [2019 - 06 - 20]. http://www. gov. cn/xinwen/2019 - 05/06/content_5389048. htm.

和草原局办公室、原国务院扶贫开发领导小组办公室综合司联合印发《云南省怒江傈僳族自治州林业生态脱贫攻坚区行动方案（2018—2020年）》，提出打造怒江林业生态脱贫攻坚区，提高怒江傈僳族自治州建档立卡贫困人口人均可支配收入中林业收入，精准带动贫困人口稳定脱贫，生态扶贫措施覆盖全州建档立卡户。各层级地方政府也制定相应的林业生态脱贫实施任务分解方案以指导林业生态扶贫工作。

2. 实践"样板"：怒江傈僳族自治州林业生态扶贫之经验考察

怒江傈僳族自治州地处云南省西北，山高坡陡，沟壑纵横，基础设施薄弱，交通等基础设施较为落后。该地生态保护任务特别艰巨，大部分国土面积被纳入了公益林、自然保护区，是我国"三江并流"世界自然遗产地、高黎贡山国家级自然保护区、云岭省级自然保护区的重要组成部分，管护任务重，可供开发的区域少之又少。长期以来，怒江傈僳族自治州经济发展积贫积弱致使财政自给率较低，难以支持林业项目水利、交通等基础设施建设，导致造林质量不高，曾经是全国"三区三州"深度贫困地区的典型代表之一。怒江傈僳族自治州坐拥独特的自然奇观，孕育了多种高等植物，以及多种国家一级、二级重点保护野生动物，被誉为"自然地貌博物馆""生物物种基因库"，具有极高的国际生物多样性保护价值。怒江傈僳族自治州拥有较高的森林覆盖率和良好的自然资源，这恰恰是发展生态经济的优势所在，利用生态资源实施生态扶贫是怒江傈僳族自治州脱贫攻坚必然的选择。按照国家林业和草原局等打造怒江傈僳族自治州林业生态脱贫攻坚区的部署，结合怒江傈僳族自治州的州情和林业生态建设实际，怒江傈僳族自治州出台《云南省怒江傈僳族自治州林业生态脱贫攻坚区行动方案（2018—2020年）》，充分利用怒江傈僳族自治州特殊的生态地位，发挥林业行业的特色优势和巨大潜力，以生态脱贫为抓手，将生态保护、国土绿化、生态产业为生态脱贫重要举措，以生态护林员、退耕还林还草、特色林业产业培植为精准路径，创新思路、创新模式，采取超常规措施，聚焦深度贫困乡村和建档立卡贫困人口，探索带动贫困人口精准脱贫增收的组织模式、利益联结模式、多业增收模式、政策统筹支持模式和机制创新模式，大胆探索深度贫困地区林业生态脱贫路子，创造"怒江模式"。

怒江傈僳族自治州践行"绿水青山就是金山银山"理念，坚持增绿与增收、生态与生计并重，在保护中发展，在发展中脱贫，着力走好"三条路"，加速推进"绿水青山"转化为"金山银山"。其生态扶贫主要有以下三点措施。

一是实施生态补偿，打开群众护绿增收的幸福路。把生态护林员作为实施生态扶贫的重要抓手，将有劳动能力的建档立卡贫困人口就地选聘为生态护林员，参加森林、草原、湿地等自然资源管护，探索生态护林员管理、培训机制，将生态护林员打造成一支生态建设、科技推广、知识宣传的基层林业骨干队伍，实现生态得保护，贫困群众得增收。同时，完善森林生态效益补偿机制，通过建立健全森林生态效益补偿标准动态调整机制，逐步提高补偿标准，推动补偿标准更加科学合理，促进贫困人口通过补偿实现收入稳步增长。

二是开展生态修复，共筑群众造绿增收的绿色路。实施新一轮退耕还林还草，加快部分粮农向林农转变，传统农业向生态产业转变，有效遏制水土流失，加大生态修复力度。实施陡坡地生态治理和"保生态、防返贫"生态建设巩固脱贫成果行动，推进怒江、澜沧江两岸生态修复治理，依托有关农林专业合作社，扩大业务范围，吸纳一定比例建档立卡贫困人口组建了多个生态扶贫专业合作社，采取议标等方式，将退耕还林还草、生态修复、天然林保护工程、陡坡地生态治理、林下经济、林产品经营等重点生态工程和生态产业发展项目优先安排给林草脱贫攻坚专业合作社，整合涉农资金，提高项目建设标准，增加林草脱贫攻坚专业合作社的劳务补助，按应纳尽纳的原则吸收更多的贫困人口参与生态建设，让贫困群众从中获得更多劳务收入，提高贫困人口的参与度和受益水平，实现增收脱贫。

三是发展生态产业，拓宽农户借绿增收的致富路。立足生态资源禀赋，结合怒江傈僳族自治州各地实际，采取"企业+合作社+基地+农户"的利益联结扶贫模式，积极发展林药、林菜、林菌、林蜂，加强水、电、路等基地设施，引导贫困户采用良种良法，科学栽培管理，打造高产稳产优质的种植基地。大力发展长效、高效特色林产业，实施复合经营、立体经营，扩大贫困人口增收空间，实现近期得利、长期得林、长短结合、以短养长、协调发展的产业扶贫发展目标。保护、培育、利用协调推进，加强规模化、集约化、专业化经营管理，延伸产业链，增加附加值，推进第一、第二、第三产业协调联动发展。推广以企业和专业合作社为平台，对贫困户土地实行统一规划、统一整地、统一购苗、统一栽植，栽植后分户管理，获取收益的模式。在怒江傈僳族自治州打造一批各具特色林业产业示范基地，积极引导贫困人口通过发展林下产业促进增收。针对管理粗放，品质、产量、效益较低的特色经济林急需提质增效的实际，坚持以深度贫困村为重点，坚持规模化、连续实施，对长势、产量、质量未达正常水平的核桃、漆树等木本油料等林下经济作物优先安排项目资金扶持，实现对贫困户特色经济林产业提质增效全覆盖。通过加强技术措施，遵循标准化、规范化，采取改品种、调密度、重修剪、施大肥、重中耕的方法，提高经营管理水平，实现特色经济林产业的稳产高产，农民稳定增收。通过提质增效投资，增加群众劳动收入。

3. 实践"样板"：贡山独龙族怒族自治县独龙江乡林业生态扶贫之经验考察

云南省贡山独龙族怒族自治县独龙江乡具有独特的自然地理环境和丰富的动植物资源，森林覆盖率高，高等植物、野生动物种类多。针对独龙江乡生态良好但经济发展落后的问题，当地政府立足乡情，提出"生态立乡、产业富乡、科教兴乡、边境民族文化旅游活乡"的发展思路，探索出一条生态保护与脱贫"双赢"的路子。2018年底，独龙江乡实现脱贫。

破解独龙江乡生态保护与人口脱贫致富矛盾的基本思路，是在保护中发展，在发展中脱贫。其主要做法如下。

一是保护优先，创造性地制定符合实际的相关措施和实施生态补偿政策。首先是创新制度，制定《独龙江乡规民约》，对乱砍滥伐、偷捕盗猎、私挖野生药材等行为作了具体处罚和给予举报者一定额度奖励的规定；制定《云南省贡山独龙族怒族自治县独龙江保护管理条例》，就独龙江流域的保护管理和合理开发作了明确的规定，推动独龙江生态环境保护法治化进程；着手编制《独龙江生态保护规划》，科学描述独龙江美好愿景，开展"保护生态，建设美好家园"的主题教育实践活动，让"绿水青山就是金山银山"的观念深入人心，变"以开发为主"为"以保护为主"。其次是生态补偿，通过积极推进退耕还林、选聘生态护林员、成立生态扶贫合作社、以电代柴等，改善生态环境和解决群众温饱、增收问题，实现群众在"保护中增收、增收中保护"。

二是立足实际，发展以草果为主的林下特色产业。当地政府通过"纵向走访＋横向比对"工作方法积极探索出路，确定发展草果产业，先通过独龙江乡斯达林下草果种植的先行先试，为独龙乡农户探索出一项符合当地实际的特色产业发展道路，然后通过给独龙乡农户免费发放草果苗、主动送技到家门等方式展开帮扶工作，组织村组干部和积极性较高的农户去外地学习考察，回来后通过其现身说法提振村民种植草果的信心和决心，以点带面、一户到几户、一个村民小组到几个小组、一个行政村到几个行政村逐步推广。

三是紧扣生态主题，大力发展林、农、牧、游"复合"经营模式。积极探索并推广"林＋畜禽""林＋蜂""林＋菌""林＋游"生产模式，提高林地利用率和产出率，促进农户增收。

（二）生态旅游扶贫的模式、成效及经验

1. 生态旅游扶贫成效及典型经验

云南省全面构建推进文化旅游扶贫机制，强化文化旅游扶贫政策支撑，夯实文化旅游扶贫基础，突出经验总结和模式推广，发挥典型示范引领作用。

一是构建推进文化旅游扶贫政策体系。制定出台《云南省旅游扶贫专项规划（2016—2020年)》《关于加快构建现代公共文化服务体系的实施意见》《关于推进基层综合性文化服务中心建设的实施意见》等一系列文化旅游扶贫文件，构建了全省文化旅游扶贫政策体系。制定出台有关云南省基本公共文化服务实施标准和云南省旅游扶贫示范县、乡、村认定规范，推进文化旅游扶贫标准化发展。在怒江傈僳族自治州、迪庆藏族自治州等地，帮助制定旅游扶贫专项规划，出台《关于支持深度贫困地区旅游扶贫开发工作实施方案》，加大对深度贫困地区文化旅游扶贫的支持力度。

二是全面加强全省文化旅游扶贫的组织领导。云南省文化和旅游厅及时成立文化和旅游扶贫工作领导小组，加强对全省文化旅游扶贫工作的组织领导，下设有关扶贫办公室和文化旅游行业扶贫办公室，全面加强对全省文化和旅游扶贫工作的组织领导。领导小组建立健全工作制度，加强实地调研指导，督促指导各州（市）、县（市、区）制定文化旅游扶贫工作计划，扎实推进贫困地区文化旅游扶贫。

三是加强旅游扶贫示范推广。推进了"123518 精准旅游扶贫工程"，即建设 1 个旅游扶贫示范州——怒江傈僳族自治州、20 个旅游扶贫示范县、30 个旅游扶贫示范乡镇、500 个旅游扶贫示范村（省级 100 个、州级 150 个、县级 250 个）、培育 1 万户旅游扶贫示范户，文化旅游综合带动 80 万贫困人口增收脱贫，全省旅游扶贫示范创建取得显著成效。

四是提升贫困地区文化和旅游公共服务。新创建及改扩建一批县级图书馆、文化馆、乡镇（街道）文化站和村（社区）综合性文化服务中心，推进厕所革命向乡村延伸，组织开展乡村旅游厕所建设，带动提升乡村厕所文明。推动各地建设一批乡村游客服务中心和乡村旅游服务设施，夯实了乡村文化旅游发展基础。

五是加大贫困地区文化旅游发展支撑力度。争取有关投资和文化旅游基金，项目投融资上给予倾斜支持，全省大部分文化旅游重大（重点）项目分布在贫困地区。在 A 级景区、旅游度假区、旅游目的地品牌、旅游企业服务品牌、文化产业园区基地等品牌创建给予贫困地区倾斜支持，推进贫困地区文化旅游高质量发展。支持贫困地区文化旅游产品宣传营销，在云南文化旅游形象广告片、各类文化旅游展览会、国（境）外文化旅游宣传推广活动、海外品牌宣传推广平台上加大对贫困县文化旅游资源的推介力度，在中国—南亚博览会、中国国际旅游交易会上为深度贫困地区免费提供扶贫展位，加大"世界的香格里拉"旅游品牌宣传。在人才培训支持上，组织开展乡村旅游暨旅游扶贫、导游服务技能、旅游行政及中高级企业管理人员、旅游景区规划管理、酒店管理、藏区导游培训等六个方面送教上门培训，推动全省文化和旅游行政管理部门、文化旅游院校、文化旅游企业组织开展文化旅游扶贫培训。组织文化旅游专家赴基层开展调研指导，组织到贫困县开展"云旅四季论坛"，组织开展脱贫攻坚专家服务团文化旅游分团调研指导服务，把扶志、扶智的各项工作落到实处。

从云南省的现实情况来看，云南省贫困地区同时又是云南省旅游资源富集的地区。有研究根据对云南省国家级、省级 50 多个风景名胜区的分布分析，贫困地区的分布与主要旅游景区、景点的分布基本吻合，70% 的风景名胜区在贫困地区。❶ 所谓生态旅游，是以生态学原则为指标，以生态环境和自然资源为取向，开展的一种既能获得社会经济效益，又能促进生态环境保护的边缘性生态工程和旅行活动。❷ 它是一种依赖当地资源的旅游，旅游对象是原生、和谐的生态系统，故生态旅游也被称为"自然旅游"，旅游对象的内涵也从"自然景物"扩展为人与自然和谐共生的生态系统。生态旅游也是一种保护性旅游和可持续旅游。大多数研究者倾向于将生态旅游资源分为自然生态旅游资源系统（地质、地貌景观、河流湖泊、古树名木与奇花异卉等）和人文生态旅游资源系统（自然保护区、风景名胜区、国家公园等）两大类。❸ 生态旅游具有旅游、环境保护、扶贫、环境教育等多项功能，并且从不同的研究需要出发，定向生态旅游的研究角度，例如定向于持续发展目标，把生态旅游看作一种旅游发展模式；定向于市场和消费行为，将生态旅游作为旅游产品推向市场；定向于行为规范，强调旅游者和社区居民的行为规范和环境价值观。

生态旅游在云南省被定位为一种可持续旅游发展模式。因为生态旅游强调生态与旅游，保护与开发的有机结合，即生态旅游的实质应是追求生态环境、社会文化、经济效益三者之间的协调发展，目标是实现旅游发展中生态、经济、社会三个方面效益的统一和综合效益最大化，保护当地自然、历史和文化资源，为旅游者提供高质量的旅游经历，带动当地经济发展。"若不保护资源，就无法满足旅游者的需求，也就没有旅游业；没有当地人的参与，就无法保护资源；没有动态的经济，就别指望当地人的参与"。❹ 因此，强调保护当地资源，维系旅游地人民生活，强调社区居民充分参与，从而带动贫困地区脱贫致富就是云南省发展生态旅游的核心内容。

生态旅游扶贫，即通过开发贫困地区丰富的生态旅游资源，兴办生态旅游经济实体，为贫困地区居民提供开发旅游资源、就业、经营和服务的机会，使

---

❶ 宁德煌. 云南旅游扶贫问题的思考 [J]. 云南师范大学学报, 2000 (6): 15.

❷ 卢云亭. 生态旅游与可持续发展 [J]. 经济地理, 1996 (3): 107.

❸ 袁书琪. 试论生态旅游资源的特征、类型和评价体系 [J]. 生态学杂志, 2014 (3): 109 – 113.

❹ 张建萍. 生态旅游理论与实践 [M]. 北京: 中国旅游出版社, 2001: 86.

生态旅游业形成区域支柱产业，实现贫困地区居民的脱贫致富和生态保护。❶
生态旅游扶贫既可以保护环境又可以发展当地经济，是生态环境建设与扶贫兼顾的选择模式。例如，云南省昭通市和曲靖市的部分地区属于天然林保护工程区，潜在的旅游资源十分丰富，通过旅游开发，变"穷山恶水"为"青山绿水"，化"穷乡僻壤"为"富土饶地"。以山地特色为载体，以政策支持为依托，"坐山靠山"，保护与开发并举。此外，云南省文山壮族苗族自治州丘北县大力发展乡村旅游休闲度假产业，创新"生态、旅游、脱贫"脱贫攻坚新模式，以生态旅游的大发展带动更多群众脱贫致富，让普者黑景区从一汪清水变成农户增收的"聚宝盆"。❷

2. 实践"样板"：丘北县生态旅游扶贫之经验考察

文山壮族苗族自治州丘北县位于云南省东南部。丘北县历史悠久，民族众多，区位独特，资源丰富。该地由于基础设施建设相对落后，工业不发达，产业结构不尽合理等诸多原因，因此经济总量相对较小，农民人均纯收入低，曾经是国家扶贫开发的重点县之一。自旅游开发以来，丘北县的旅游从无到有，发展成为文山壮族苗族自治州旅游产业龙头，旅游产业支撑经济社会发展的作用逐步显现，一个个落后贫穷的自然村走向富裕，成为有产业、有文化、村容整洁、有吸引力的景区示范带动村。丘北县大力发展生态旅游扶贫，结合普者黑国家5A级景区创建、普者黑水乡小镇和舍得景区开发建设，走出了一条景区带村、能人带户、大力发展乡村旅游，助推脱贫攻坚的旅游扶贫路。丘北县的主要做法如下。

一是围绕脱贫攻坚"一个中心"统领全县旅游产业发展，大力发展旅游产业，打造了一系列旅游精品路线，旅游产业覆盖面逐步扩大，带动群众脱贫致富的作用逐步凸显。

二是围绕景区带村总体思路，强化村庄规划。大力发展乡村旅游休闲度假产业，加快特色旅游村寨、美丽乡村建设步伐，打造了猫猫冲村、仙人洞村、

---

❶ 黄宗华. 生态旅游扶贫是践行绿色发展理念的创新实践 [J]. 中国党政干部论坛, 2019（6）：87 - 89.

❷ 王帮旭. 旅游 + 扶贫成乡村致富引擎 [EB/OL]. (2017 - 12 - 07) [2019 - 06 - 20]. http://f. china. com. cn/2017 - 12/07/content_50090644. htm.

菜花箐村等省级示范村。

三是围绕"三个重点",不断攻破旅游精准扶贫的难度。主要措施为:第一,实施美丽乡村建设,建设特色村寨发展旅游服务脱贫一批。出台民居改造奖励政策,出台有关免担保、免抵押的信用贷款。第二,鼓励就地创业和吸纳就业脱贫一批。以民居改造为基础,积极引导农户通过自主经营或转租餐饮、住宿、娱乐等服务业,实现稳定就业和增收。出台政策引导建档立卡户通过产业小额贷款扶持发展产业,实现户均年收入增加。第三,土地流转增加收入一批。结合有关生态保护、景观打造等工作需求,采取土地流转方式用于荷花种植等生态修复和生态景观打造,实现农民收入增加。第四,围绕项目建设,打造旅游扶贫示范点。实施乡村旅游扶贫项目、普者黑国家5A级景区创建项目、普者黑水乡小镇建设,形成项目带旅游产业发展,旅游产业发展推进项目建设良好局面。积极推进有关湖泊截污治污及生态修复工程。围绕项目建设,打造了一批在全国和全省范围内具有典型示范作用的特色村寨,景区带村成效凸显。第五,围绕民族文化挖掘,提升乡村旅游品质。在大力推进民居改造的同时,丘北县全力挖掘民族文化,以"花脸文化"作为支撑点,举办花脸节、辣椒节等系列活动,积极推进民族文化与旅游文化融合发展,通过"美丽乡村+旅游+文化+扶贫"模式,打造升级旅游文化产业。第六,围绕旅游产业,不断打造特色产业。着力推出观光农业、生态旅游、葡萄酒、食用玫瑰花、辣椒系列等乡村特色产业。依托有关喀斯特山水特点,打造高原训练基地。同时,发展以康体疗养、养生医药博览园等为主的特色大健康旅游产业,以得天独厚的资源条件推进景区范围内村庄旅游业发展。第七,围绕党建示范带动和能人带动,加快推进景区开发建设。第八,围绕脱贫标准,精准实施帮扶项目。通过景区发展有力带动景区范围内及周边贫困村寨的基础设施建设等各项工作的推进建设。

3. 实践"样板":玉龙县玉湖村生态旅游扶贫之经验考察

玉湖村位于玉龙雪山南麓,是云南省丽江市玉龙纳西族自治县下辖村。自开展扶贫工作以来,玉湖村坚持以"实现共同富裕"为出发点和落脚点,以构建"小康玉湖、生态玉湖、魅力玉湖、和谐玉湖"为目标,实施"生态立村、旅游富村、文化兴村",创新发展机制,通过盘活旅游业和发展养殖业,带领全体村民走上致富道路。玉湖村先后获得中国传统村落名录、中国美丽休闲乡村、中国宜居村庄、全国乡村旅游重点村等多项殊荣,成为丽江市"生态、文化、旅游、和谐"的示范村,吸引了众多的国内外游客。该村主要举措如下。

一是创新发展机制。玉湖村按照"依法、自愿、有偿"的原则,通过转让、出租、转包、入股、互换等方式,创新农村土地流转机制;鼓励农户以荒地入股、栽种时出力出肥,由村合作社投资苗木、管理经营,见效后农户按入股面积分红、合作社适当提成的方式,切实增加农民收入;通过成立旅游开发合作社,组织全体村民合作开发,共享旅游发展的成果。在收益分配上,把总收入按照适当比例划分为旅游促消费、个人所得、管理人员工资、办公经费、基础设施建设资金、教育基金、特困救济金和年底全员再次分配金,每家每户都参与旅游经营,全村形成"人人参与旅游,个个忙于做事,集中精力挣大钱,专心致志奔小康"的局面。

二是盘活旅游业。玉湖村充分发挥自然景观、民族文化资源优势,着力发展极具纳西古村落与纳西民族文化特色的乡村旅游,已形成特色民居建筑群、洛克旧居等文化旅游景点。辖区内乡村民宿发展较好,旅游产品体系日渐成熟,基础设施和公共服务不断完善,形成了以玉湖旅游合作社为主,以村民自发参与的旅游客栈、旅游餐饮、旅游购物为辅的旅游产业格局。

三是发展养殖业。玉湖村充分利用和整合草地和草坡资源,通过品种改良、草场建设、扶持专业大户等措施,大力发展牛、羊等畜牧养殖业;进一步做好"水文章",加强水源地保护和水源区水利设施建设,在建成玉湖水库、加紧建设文海水库的基础上,修建若干梯级小水库和小水塘坝、小围堰等,利用水质好、气候冷凉等特点,发展"红鳟鱼"等高端水产养殖业,并培育成重点产业。

玉湖村的经验与启示主要是坚持以实现共同富裕为根本出发点和落脚点,实施"生态立村、旅游富村、文化兴村",包括生态立村、旅游富村和文化兴村。

其一是生态立村。玉湖村加强生态环境保护,以环保制度、旅游发展、项目建设、绿色产业、整治村容村貌"五个带动"为重点，使玉湖村从生态文明建设中受益和发展。玉湖村结合自身实际，优先把改善乡村环境、提高群众生活质量作为建设重点，投入资金完成柏油路建设等，修建停车场、管理房、环保厕所、景观水系，实施全村人畜饮水工程，使村民都喝上清洁甘甜的自来水；补助实施庭院美化、厕所净化工程；新建村卫生室，由村集体出资，让每个村民参加新型农村合作医疗；以教育基金为保障，加大教育投入，创办农民夜校，开办多期旅游服务技能及种养实用技术等培训讲座，提高群众的旅游服务意识，丰富其技能知识。

其二是旅游富村。玉湖村以全村共同致富为目标，走合作开发新模式。玉湖村正确处理好人与人、户与户之间的关系，通过成立旅游开发合作社，组织全体村民合作开发，共享旅游发展的成果。重点开发"沿着洛克足迹，走进玉龙雪山"为主题的骑马徒步生态观光旅游，村民在合作社统一调度和安排下，以户为单位，轮流参与。在收益分配上，把总收入按照适当比例划分，每家每户都参与旅游经营，全村不分老幼均能参加年终分红。

其三是文化兴村。玉湖村梳理与重构纳西文化，从"生产生活、精神信仰、文化艺术"三大方面入手，打造"纳西文化＋"模式，推进文旅融合发展。用产业思维重塑特色、用目的地思维重塑吸引力，构建"1＋1＋4＋10＋X"乡村旅游体系，即1特色马经济（骑马体验、场景演绎、马术培训）＋1创意旅拍（全球旅拍第一目的地）＋4大导流项目（好好生活雪山音乐节、小小骑士茶马古道基地、低空飞行基地、自然博物探索基地）＋10大非遗院落（白沙细乐院、纳西婚俗院、东巴纸艺院、东巴木雕院、纳西小吃街、网红游客中心、沉浸式街区演绎、高端主题民宿、纳西风情民宿、野奢营地）＋X个旅游配套。

4. 实践"样板"："大滇西旅游环线"生态旅游扶贫之经验考察

2019年4月，云南省提出了"大滇西旅游环线"的概念，指出要优化完善滇西路网布局，将滇西丰富的高原峡谷、雪山草甸、江河湖泊、古城韵味、民族文化等独特旅游资源串联起来，推动滇西旅游全面转型升级。同时，通过推动人流、物流、资金流、信息流等经济要素自由流动，实现旅游、文化、科技、扶贫等多项功能叠加，释放辐射带动发展的乘数效应，把"绿水青山"变成"金山银山"。

怒江傈僳族自治州是云南省旅游扶贫示范州，其始终将"大滇西旅游环线"建设作为打赢深度贫困脱贫攻坚战、巩固脱贫成果的重要抓手，坚持旅游产业发展与脱贫攻坚、生态保护相结合，突出自然的原生态、多样性和文化的神秘感、独特性，通过"大滇西旅游环线"建设，着力突破交通瓶颈、加强基础配套、打造核心吸引、培育新产品新业态，全力将怒江傈僳族自治州建成生物多样、生态优美、文旅融合、路景一体、智慧友好的世界独一无二的旅游目的地，推动富民多元产业与旅游业的深度融合，解决易地搬迁农户的就近就地就业创业，巩固脱贫成果。怒江傈僳族自治州专门为"大滇西旅游环线"建设出台8条惠及文旅产业的招商引资措施，由地方政府负责文化旅游招商项目周边的生态修复和水、电、路、网等基础设施配套，全额奖补半山酒店项目征地费等，用真诚和实实在在的政策吸引投资。以怒江傈僳族自治州旅游业有关高质量发展行动计划为抓手，通过实施多个旅游项目，持续打造康养度假等高端化、差异化的旅游业态和精品旅游线路，示范带动美丽公路风景廊道休闲农业和乡村旅游跨越发展，打造"大滇西旅游环线"璀璨的明珠。坚持以节庆文化增强游客体验，非遗文化启发游客想象，餐饮文化打开游客味蕾，大力发展文化体验旅游产品。将散落在峡谷两岸的易地扶贫搬迁安置点打造成不同文化主题的旅游特色村寨，通过挖掘怒江傈僳族自治州独具魅力的民族文化，支撑"峡谷怒江·养心天堂"旅游品牌。通过乡村旅游帮扶，带火了一批公众比较熟知的特色村寨，涌现出一批乡村旅游"网红"，通过发展特色民宿、民族餐饮、土特产销售等产业，带动村民在家门口脱贫致富；通过先行先试，探索新的旅游扶贫模式，比如泸水市鲁掌镇三河村"扶贫车间＋科普基地＋护鸟协会＋农户"的生态旅游发展模式和贡山独龙族怒族自治县独龙江乡的"景区运营＋合作社＋非遗工坊＋农户"的乡村旅游发展模式等，让"绿水青山就是金山银山"的理念更加深入人心，借助"大滇西旅游环线"建设，既让当地农户分享了怒江傈僳族自治州旅游发展的红利，传承了民族文化，又保护了祖祖辈辈赖以生存的"绿水青山"，探索出了一条永续发展的旅游扶贫之路。

第三节　四川省生态扶贫的实践模式及典型经验

一、四川省生态环境与贫困的概况

四川简称"川"或"蜀"，位于中国西南部，地处长江上游，素有"天府之国"的美誉。四川省自然资源丰富，森林覆盖率高，生物资源丰富，保存了许多珍稀、古老的动植物种类，也是中国乃至世界重要的生物基因宝库。四川省还是长江上游重要的生态屏障和水源涵养地，肩负着维护我国生态安全格局的重要使命。近年来，四川省将建设长江上游生态屏障、维护国家生态安全放在生态文明建设的首要位置，不断筑牢长江上游生态屏障。❶

四川省曾经是全国六个扶贫任务最重的省份之一。截至 2013 年底，四川省建档立卡贫困人口有 600 多万人。❷ 四川省的贫困地区分布在甘孜藏族自治州、阿坝藏族羌族自治州、凉山彝族自治州、攀枝花市、乐山市、绵阳市、广元市、巴中市、达州市、南充市、广安市、宜宾市、泸州市等地，这些地区大部分地处高寒区域，植物生长缓慢，土地产出率低，相当部分地区被视为"生命禁区"，不适宜人类居住；此外，其生态破坏和退化较为严重，草原沙化、沼泽旱化、草场超载、湿地萎缩、湖泊水位下降、冰川缩小、生物种群减少等问题严峻，部分地区生存条件恶劣，生态环境脆弱。

二、四川省生态扶贫的思路和途径

四川省把扶贫开发作为一项全局性任务来部署推进，鲜明提出"四个好"工作目标（住上好房子、过上好日子、养成好习惯、形成好风气），把精准扶

---

❶ 四川省人民政府. 四川概况 ［EB/OL］. （2021 - 06 - 07）［2021 - 06 - 30］. https：// www. sc. gov. cn/10462/10778/10876/2021/6/7/3fb2c20b47e14ede9b62e28a6c1f8f4d. shtml.

❷ 宋豪新. 贫困发生率从 9.6% 下降到 0.3%　四川 6 年减贫 605 万人［EB/OL］. （2020 - 09 - 10）［2021 - 01 - 10］. http：//www. gov. cn/xinwen/2020 - 09/10/content_5542122. htm.

贫精准脱贫作为主攻方向，启动实施"四大片区扶贫攻坚行动"，扎实抓好实施生态扶贫等"五大扶贫工程"，制订推进生态扶贫工程实施计划，深入实施天然林保护工程、退耕还林和生物多样性保护等生态工程建设，提高贫困地区森林覆盖率和生态系统稳定性。生态扶贫工作深入开展，使得多数地方山青了、水绿了、田肥了、路通了、农民增收了、生存条件改善了，留住了青山、记住了乡愁，进一步促进了人与自然的和谐相处。

（一）生态扶贫实施的基本思路

四川省生态扶贫实施的基本思路主要是牢固树立"绿水青山就是金山银山"的理念，加大对重点生态功能区的投入，加快治理突出生态问题，筑牢贫困地区持续发展的生态本底。建立和完善生态补偿机制，提高公益林补偿标准，扩大湿地补偿范围，适度提高补助标准，重点向贫困地区倾斜。加快生态脆弱地区治理步伐，优先支持贫困地区天然林保护、退耕还林、退牧还草、土地沙化及石漠化治理和水环境治理。加强防灾减灾避灾，加大滑坡、崩塌、泥石流等地质灾害防治力度，重点抓好灾害监测预警、工程治理等综合防治措施。支持贫困地区农户直接参与重大生态工程建设，增加其生态建设管护收入。合理开发利用生态资源，促进生态资源转变为生态资本和经济效益。建立和实施党政领导干部生态环境损害责任追究办法，对造成生态环境损害负有责任的领导干部严肃追责。

（二）生态扶贫实施的主要途径

四川省生态扶贫实施的主要途径为：一是生态工程建设任务重点向连片贫困地区安排，加快治理突出的生态问题，避免因生态退化致贫返贫。完善项目实施方式，推动农民直接参与重点生态工程建设增加劳务收入。优化生态工程树（草）种配置，发挥生态、经济等多重效益，拓宽农民增收渠道。二是落实退耕还林还草、退牧还草、森林生态效益补偿、草原奖补等政策，将集体和个人所有天然起源商品林纳入森林生态效益补偿范围，扩大湿地生态补偿范围，逐步提高补偿标准，让农牧民从生态保护直接受益。三是创新生态建设资金使用方式，利用生态补偿和生态保护工程资金，将有劳动能力的贫困人口就地转为生态护林员，推动贫困人口通过生态保护直接脱贫。引导贫困群众组建森林草原管护队和防治队，参与政府购买服务增加收入。鼓励自然保护区、森林公园等生态保护与建设单位，与所在地贫困村开展社区共建，委托当地贫困农户承担巡山管护工作，或为其提供生态旅游等多种经营服务岗位，扩大农户就业促脱贫。四是鼓励贫困农户以森林和草地等资源要素加入专合社、家庭农林场、龙头企业等新型经营主体，让自然生态资源产生经济效益。科学利用彩林、红叶、花卉、森林、湿地、草地等生态资源和珍稀植物资源，大力发展生态旅游、森林康养，有序发展林下采集，推动"绿水青山"变为"金山银山"。五是积极探索和推进以"股权量化、按股分红、收益保底"为主要内容的森林和草原资源资产收益扶贫新机制，拓宽贫困人口收入渠道。在符合条件的贫困地区，探索建立征占用林地草地折价入股制度，将水、电、矿产资源开发项目占用农村集体经济组织所有的林地草地的土地补偿费作为资产入股水、电、矿产开发企业，每年按水、电、矿产企业的利润进行分红。

三、四川省生态扶贫的模式、成效及经验

(一) 林草生态扶贫工程建设的实践模式

1. 林草生态扶贫工程建设的模式、成效及经验

四川省是林业资源大省，贫困人口分布与林业生态建设保护重点区域高度重叠。在"1+N"专项扶贫规划中，原四川省林业厅（现为四川省林业和草原局）主攻生态扶贫专项工程，在推进林业脱贫攻坚中，立足特殊的省情、贫情及林情，在2014年出台了推进生态扶贫工程实施计划，计划分三个阶段，通过生态扶贫投资，实现林业生态扶贫近期、中期和远期目标。实施计划突出发展现代林业、建设生态文明，深入实施天然林保护工程、退耕还林和生物多样性保护等生态工程建设，提高贫困地区森林覆盖率和生态系统稳定性，充分发挥林业资源是贫困地区最重要的发展资源、林业行业直接面对服务贫困农户

的优势，大力实施林业生态扶贫，探索出一条山区贫困农户脱贫致富与生态环境改善相互促进、良性循环的共赢之路。❶四川省出台的《生态建设扶贫专项2017年度实施方案》提出：①安排生态扶贫专项计划资金，并继续执行从贫困户中选聘生态护林员的政策；②在生态资源开发利用方面，打通"绿水青山"与"金山银山"的联系，在贫困地区兑现森林、退耕还林、湿地、草原四类生态保护与建设补偿（补助）资金；③在涉林产业培育上，依托各贫困区资源禀赋，分区发展生态旅游及林下种养业。❷截至2019年，四川省生态扶贫在主要依托生态公益岗位设置、脱贫攻坚造林专业合作社和涉林涉草产业展开中，从建档立卡贫困户中选聘生态护林员、草管员，占全省贫困县公益性岗位总数的2/3。❸

2. 实践"样板"：凉山彝族自治州的"四位一体"生态扶贫经验考察

凉山彝族自治州地处长江上游，金沙江、雅砻江、大渡河三大干流穿越州内，生态区位十分重要，是长江上游生态屏障建设的重要组成部分，是四川省三大重点林区之一。截至2020年，凉山彝族自治州国土绿化覆盖率达80%，森林覆盖率达49%，其通过建立生态工程、生态就业、生态产业、生态补偿"四位一体"的生态扶贫模式，让该地贫困农户共享生态文明建设成果。❹截至2022年，其东西河飞播林区已成为全国保存面积最大、最成功的飞播林区之一；邛海国家湿地成为全国最大的城市湿地，荣获"国家生态文明教育基地""国家湿地公园"称号；其州府西昌市被命名为"国家森林城市"。此外，凉山彝族自治州还创建会理县仙人湖、金阳县百草坡自然保护区和德昌县角半沟森林公园四川最具潜力森林康养目的地。❺

---

❶　林川. 四川林业出台《推进生态扶贫工程实施计划》[EB/OL]. (2014 – 04 – 28) [2019 – 06 – 20]. http：//lcj. sc. gov. cn/scslyt/ywcd/2014/4/28/c7d6301f4cdb4341999a13ad5b0d5b20. shtml.

❷❸　王成栋. 四川：设置生态公益岗位带动33.5万人稳定脱贫[EB/OL]. (2019 – 04 – 02) [2019 – 06 – 20]. http：//www. gov. cn/xinwen/2019 – 04/02/content_5378949. htm

❹　何勤华. 凉山森林覆盖率达49%　绿色发展助推脱贫攻坚[EB/OL]. (2020 – 09 – 17) [2020 – 10 – 20]. https：//sichuan. scol. com. cn/ggxw/202009/57903434. html

❺　凉山彝族自治州林业和草原局. 凉山：生态扶贫　以"绿"富民[EB/OL]. (2020 – 09 – 03) [2020 – 10 – 16]. http：//www. lsz. gov. cn/jrls/gzdt/bmdt/202009/t20200903_1683463. html.

（1）践行"两山论"理念，完善生态扶贫保障措施

凉山彝族自治州的生态扶贫保障措施主要有以下四个方面：一是2016年印发的《凉山彝族自治州"1＋X"生态产业发展实施方案》，有力地推动了农户"脱贫奔小康"、增收致富。二是自2016年以来，凉山彝族自治州林业和草原局对生态建设扶贫专项高度重视，作为生态建设扶贫专项牵头单位，坚决落实脱贫攻坚重大决策部署，深入践行"绿水青山就是金山银山"理念，认真履行生态扶贫专项牵头部门职能职责，精心谋划，精准对接，充分发挥林业产业扶贫的基础作用。三是凉山彝族自治州依托天然林资源保护工程、退耕还林工程，以及森林抚育、低产林改造、石漠化综合治理等工程，牵头组织实施《凉山彝族自治州生态建设扶贫专项实施方案》，明确生态治理和脱贫攻坚路径。四是全面实施生态补偿政策，通过生态补偿政策，建立生态工程、生态就业、生态产业、生态补偿"四位一体"的扶贫模式。此外，组织编制《凉山彝族自治州生态建设扶贫专项实施方案》，明确分管领导、实施部门、重点工作和各相关单位的职能职责，为生态建设扶贫专项的顺利实施奠定了组织基础。

（2）以生态产业发展助力生态扶贫

依据《凉山彝族自治州"1＋X"生态产业发展实施方案》，凉山彝族自治州实施以核桃为重点的"1＋X"林业生态产业建设，兼顾培育花椒、华山松、油橄榄、板栗等特色产业，实现了"村村有致富产业，户户有致富门路"，稳步提高农民收入，为凉山彝族自治州脱贫攻坚产业发展打下了基础。

（3）实施生态工程补偿增收脱贫

凉山彝族自治州生态工程补偿增收脱贫措施主要有以下三个方面：一是实施草原保护和奖励补助工程（农牧民补助奖励工程），使贫困家庭受益，并实现稳定脱贫。二是以国有森林、林地资源管护为重点，通过购买服务、专项补助等方式，从建档立卡贫困人员中选聘生态护林员，按月发放劳务报酬。三是实施退耕还林生态效益补偿工程，巩固前一轮退耕还林工程建设成果。

（4）创新生态扶贫实现方式

凉山彝族自治州的创新生态扶贫实现方式主要有以下三个方面：一是坚持

政府投资为主、社会融资为辅建立多元化投资机制，引进有资金实力的企业和个人参与工程建设，通过公私合营（PPP）模式探索生态工程建设筹资渠道，充分发挥企业资金、科技、技术等优势，广泛吸纳民营企业参与生态工程建设。二是通过生态修复、生态产业发展等带动贫困人口增收脱贫模式，扩大生态护林（草）员草原等生态管护公益性岗位规模，优先吸纳符合条件的贫困劳动力作为生态管理护人员。在深度贫困县成立"脱贫攻坚造林专业合作社"，吸纳建档立卡贫困户参加造林，获得劳务收入，发挥示范典型作用。三是用好用活退耕还林（草）政策，把退耕还林还草、退牧还草与脱贫攻坚、生态环境治理等有机结合，实现生态效益、经济效益、社会效益的同步提升。

3. 实践"样板"：平武县的"1+5"生态扶贫经验考察

四川省绵阳市平武县是国家重点生态功能区，曾经属于秦巴山集中连片特困地区，该地持续探索实施自然保护小区生态扶贫、"平武中蜂＋"生态产业扶贫等生物多样性减贫模式，走出了一条生物多样性保护和经济社会发展"双赢"之路。2021年，由生态环境部提交的"探索生物多样性保护与减贫双赢模式——四川省平武县生态扶贫案例"入选第二届"全球减贫案例征集活动"获奖案例名单。平武县是川滇森林及生物多样性保护区的重要组成部分，面对特殊县情，平武县始终突出"绿色崛起"这一发展主线，聚力生态补偿、生态产业、生态项目、生态就业、生态公益五个主攻方向，真正让"绿水青山"成为"脱贫奔小康"的"金山银山"。❶

（1）聚力生态补偿

平武县将"绿色打底"作为县域发展绿色崛起的首要前提，全力巩固长江上游生态屏障。立足平武县山区耕地实际和贫困人口劳动力缺乏等特点，积极引导贫困户实施退耕还林工程，有力保障了贫困户的持续稳定增收。切实推动扶贫开发与生态保护相协调、脱贫致富与可持续发展相促进，使贫困人口从生态保护与修复中得到更多实惠，实现脱贫攻坚与生态文明建设的"双赢"。❷

❶ 绵阳市平武生态环境局. 平武"五个创新模式"助推涪江源头高质量发展 [EB/OL]. (2022 - 08 - 11) [2022 - 10 - 13]. http://sthjj.my.gov.cn/qxzc/xxgk/pwx/34228141.html.
❷ 刘仁喜，唐树君，王兴莉. 四川平武县1+5生态扶贫践行绿水青山变金山银山 [EB/OL]. (2018 - 08 - 29) [2019 - 06 - 20]. http://stzg.china.com.cn/2018 - 08/29/content_40479352.htm.

（2）聚力生态产业

平武县将绿色产业作为"脱贫奔小康"的着力重点，下大力气夯实"脱贫奔小康"和绿色崛起的产业基础。平武县创新生态扶贫方式，大力发展"森林＋"，有效提高生态旅游年收入，建成全国森林康养基地等，曾连续两年荣获"全国百佳深呼吸小城"称号，并通过全国森林旅游示范县省级评审。平武县成功探索"平武中蜂＋一级蜜源草本经济作物＋二级蜜源木本经济作物"的生态立体循环脱贫套餐产业模式，被授予"中国中蜂之乡"称号，"平武中蜂"成为 2018 年四川省公开推介的十大优秀农产品区域公用品牌之一；平武县还大力发展林果产业，培育核桃基地、厚朴基地以及其他干果林等基地，为林农持续增收致富奠定了坚实基础。

（3）聚力生态项目

平武县始终将项目建设作为夯实持续发展的重中之重，奠定绿色崛起的基础和条件。2017 年，平武县整合生态补偿资金用于林权所在乡镇（街道）、村（社区）社公共服务设施、基础设施建设和产业发展，助推全县精准扶贫精准脱贫，让农民特别是贫困农户共享"生态红利"。结合"平武中蜂＋"扶贫产业发展需求，大力发展毛叶山桐子种植，建成毛叶山桐子基地，帮助贫困村"脱贫奔小康"和增收致富。坚持每年组织开展"我为脱贫攻坚植棵树"活动，县乡干部、帮扶人员走村入户，帮助贫困户栽植毛叶山桐子等经济林木，待其 3—5 年投产后，可形成可持续的稳定收入来源。❶

（4）聚力生态就业

平武县将生态就业作为实现贫困户就地增收的重要抓手，努力推动"就业一人、脱贫一户"。致力解决森林资源管理粗放等问题，将有劳动能力的贫困人口就地转化为生态护林员，让建档立卡贫困群众在家门口就业脱贫。同时，明确天然林资源保护工程森林管护人员优先在贫困人口中选聘，切实帮助贫困人口脱贫。此外，积极推进脱贫攻坚造林专业合作社建设，引导造林大户、涉林专业合作组织等成立脱贫攻坚造林专业合作社，安排造林专业合作社

---

❶ 刘仁喜，唐树君，王兴莉. 四川平武县 1＋5 生态扶贫践行绿水青山变金山银山［EB/OL］. (2018 － 08 － 29)［2019 － 06 － 20］. http：//stzg. china. com. cn/2018 － 08/29/content_40479352. htm.

承接造林项目。

（5）聚力生态公益

平武县将探索创新作为生态扶贫的活力源泉，积极引进社会公益组织参与生态扶贫。一是构建"社会公益保护地模式"，引进四川省西部地区自然保护基金会，在老河沟区域实施摩天岭社会公益型保护地项目，建立摩天岭县级自然保护区，成为国际一流的具备生态监测、科学研究、生态教育和生态体验等综合功能，兼顾生态保护和可持续发展的新型保护地。二是构建"自然保护地认领管护模式"，2018年，阿里巴巴将平武县作为阿里扶贫模式首个试点县，阿里巴巴脱贫基金会、中国科学院生态环境研究中心、山水自然保护中心和桃花源生态保护基金会联合通过支付宝蚂蚁森林平台联合推出关坝自然保护地森林。三是构建"生态农产品网络预售模式"，通过阿里巴巴的生态体系、借助蚂蚁森林平台等多个渠道对农产品进行预售，开创了阿里生态扶贫的新起点，成为贫困地区特色农产品通过网络走向世界的成功范例。❶

此外，2020年平武县被纳入首批"大熊猫国家公园（四川）自然教育先行试验区"，王朗国家级自然保护区成功入选首批大熊猫国家公园自然教育基地。该保护区自然教育基地每年接待生态文明建设教育学习和科学研究，这将促进该地区的第三产业发展，为保护区居民提供了稳定的服务收入来源。

（二）"生态修复+产业发展"扶贫的实践模式

1. "生态修复+产业发展"的扶贫模式、成效及经验

四川省是全国典型的生态脆弱区。四川省深入贯彻落实习近平生态文明思想，牢固树立"山水林田湖草是生命共同体"理念，统筹推进山水林田湖草沙一体化保护和系统治理，加快实施重要生态系统保护和修复重大工程。一是以国土空间规划为指导，围绕有关生态修复总体格局，在第三次全国国土调查成果基础上，全面统一生态修复底数，准确识别生态修复问题，科学划定重点区域，统筹部署项目空间分布和时序安排，形成全省生态修复工作底图。二是

---

❶ 刘仁喜，唐树君，王兴莉. 四川平武县1+5生态扶贫践行绿水青山变金山银山 [EB/OL]. (2018-08-29) [2022-06-20]. http：//stzg. china. com. cn/2018-08/29/content_40479352. htm.

坚持"山水林田湖草是生命共同体"理念，按照自然地理单元的完整性、生态系统的关联性、生态要素的综合性，统筹考虑山上山下、流域上下游和左右岸，以重点区域、流域为单元，对分散和分割的生态修复内容进行科学整体设计，系统谋划项目布局和时序安排，打破行政管理、资金事权等分割因素，统筹解决区域、流域突出生态问题，实现各类自然生态要素的整体保护、系统修复、综合治理。三是将协调联动作为成功实施山水工程的关键，积极构建"省级统筹、市为主体、县抓落实"三级联动机制。省级层面高位统筹工作开展，横向协调各部门，纵向统筹各市县，及时调度工程进度，指导督促项目实施。市、县级层面建立组织领导机构，相关职能部门积极参与，强化部门协同，凝聚工作合力，切实保障项目实施。四是认真践行"绿水青山就是金山银山"的理念，在实施山水工程的过程中，对当地资源禀赋进行充分挖掘，将生态优势转化为资源优势，将资源优势转变为发展要素，增强与产业协同性，促进生态修复与现代农业、旅游康养等多领域深度融合，切实助推地方农户增收，实现生态惠民、生态利民、生态为民。

四川省树牢"绿水青山就是金山银山"理念，无论是推动经济发展，还是推进脱贫攻坚，都坚持把生态建设放在首位，坚持共抓大保护、不搞大开发，注重发展绿色经济，努力实现高质量发展。一是把有关贫困地区列入重点生态区、取消地区生产总值考核。从 2014 年开始，四川省对阿坝藏族羌族自治州、甘孜藏族自治州两个州不再考核地区生产总值等经济指标，重点考核贫困人口变化率、森林覆盖率等指标。二是加大生态补偿力度。每年投入足量的生态效益补偿资金，实施森林生态效益补偿，积极开展省级湿地生态效益补偿试点、重点区县生态补偿综合试点、岷江流域横向补偿试点，落实农牧民补助政策，增加当地农户的收入。三是大力发展绿色特色产业。积极推进有关风电清洁能源开发，建成一批大型的水电站；同时，对于先期无序开发小水电进行清理整顿，开展矿山生态环境问题整治；着力发展旅游服务业，大力推动打造九寨沟等一批著名精品旅游线路，把贫困地区美丽风光和资源优势转化为发展优势。四是建立健全生态保护长效机制。积极开展川西北生态示范区建设，探索建立一套充分体现绿色发展的指标体系，设置生态安全屏障、民生保障和改善、生态文明制度机制、高质量发展四大板块 30 多项指标，加强监测评估，推动川西北地区生态示范区保护和高质量发展。

2. 实践"样板"：华蓥市"生态修复＋产业发展"扶贫经验考察

华蓥市位于四川盆地东部，是一座因资源而生的城市，丰富的煤炭、石灰石资源曾经造就了这里的辉煌。20 世纪 90 年代，从观音溪镇向华蓥山深处绵延的矿山道路先后建立了多家矿山企业。2016 年，《国务院关于煤炭行业化解过剩产能实现脱困发展的意见》发布后，该市的煤矿成为第一批关闭的煤矿。2017 年底，"广安市华蓥山区山水林田湖草生态保护修复工程"作为全国 6 个项目之一（四川省唯一的项目），被成功纳入国家第二批山水林田湖草生态保护修复工程试点。

2017 年 8 月，《华蓥山区山水林田湖草生态保护修复工程实施方案》出台，正式拉开华蓥市山水林田湖草生态保护修复工程的序幕。其主要有以下三个方面做法和成效：一是坚持规划引领，系统构建保护修复格局。印发省级国土空间生态修复规划，构建相关生态修复格局，推动生态修复规划编制，引领"山水工程"实施。基于自然的解决方案开展保护修复，结合华蓥市自然地理单元连续性和生态系统完整性，构建华蓥山、铜锣山和明月山生态涵养区，西槽和东槽生态保护发展区，渠江产城核心生态保护区等"三山两槽一江"六大分区。针对矿山地质环境破坏、水体污染、水土流失及石漠化等生态环境问题，协同上下游、左右岸、干支流，系统谋划布局矿山生态修复、水环境综合整治等六大类工程，改变了过去"头痛医头、脚痛医脚"单要素治理模式，探索出统筹全域、全要素实施综合治理、系统治理、源头治理的新路径。二是强化制度机制建设，高质量推进项目实施。构建全流程工程制度管理体系，先后制定印发《华蓥山区山水林田湖草生态保护修复项目管理办法》等 10 余个制度性文件，构建涵盖立项审批、资金使用、质量管理、竣工验收等各环节制度体系。三是坚持"两山论"转化，发挥社会经济效益。积极探索市场化资金筹措机制，出台鼓励和支持社会资本参与生态保护修复的实施意见，明确规划支持、产权激励、指标使用、资源利用等政策措施，推进生态产业化、产业生态化，辐射带动周边农户脱贫增收。四是加强组织保障，构建协同推进机制。建立省、市、县三级"横向协调、纵向联动"推进工作机制，省级层面将广安山水工程纳入四川省生态保护与修复工作委员会日常协调事项，自然资源、财政、生态环境等省级部门密切配合，加强对地方工作督促指导，推动各地落实责任、开展工作。市、县成立由政府主要领导任组长的工作领导小组，相关部门为成员单位，协同推进项目实施，省、市、县三级加强衔接，形成上下联动、左右协调、齐抓共管的工作格局。

华蓥市在实施山水工程的过程中认真践行"绿水青山就是金山银山"的理念，坚持生态产业化、产业生态化，将生态保护修复与脱贫攻坚相融合，致力培育绿色经济，促进生态治理与利用相结合，环境整治与开发相结合，让生态财富变为发展的要素，为农户拓宽增收路径，探索出以下三种"生态修复＋产业发展"扶贫模式：一是"矿山修复＋旅游开发"模式。2018 年，该地启动高顶山片区地质环境恢复综合治理项目，地方政府按照项目建设一盘棋的思路，统筹自然资源、住建、生态环境、水务、煤管等部门生态保护与修复相关项目进行整体规划布局，在矿山地质环境恢复治理的基础上，结合地域文化、融入矿山遗迹，发展康养—休闲—户外体验相结合的生态、文化旅游产业。高顶山矿区已实现了从"矿山"到"公园"华丽转变。二是"森林修复＋产业发展"模式。华蓥市柏木山片区综合治理工程，采取对区内石漠化荒坡荒山进行科学治理和开发，形成了集油樟育苗、栽培、樟油提炼为一体的油樟产业链，昔日的荒丘变成了绿坡。基地通过搭建产业合作社，辐射带动周边农户入社，每户每年获得流转租金，同时农户也可以在基地通过采摘油樟树叶、樟油提炼服务等务工方式，获得人均月收入和股金收入，带领农户走上了一条生态致富之路。三是"土地整理＋现代农业"模式。华蓥市在推进前锋区观阁龙滩片区土地整治项目时，鼓励农户将撂荒地和荒山、荒坡流转给村集体进行连片开发，农户和村集体按一定比例分成获得产业收益。同时，探索建立"返租倒包"利益连结机制，当地农户采用"土地入股、投入量化、基地共建、利益共享"的发展方式，引进农业产业化企业投资，建设现代农牧种养循环产业园，以"节肥、节地、节水、节能"为特色的生态种养循环农业园，形成"山上种柑橘，山下搞养殖"的种养循环产业链，集中打造特色农业生态景观带，带动乡村旅游，促进周边农户持续、稳定增收。

第四节 重庆市生态扶贫的实践模式及典型经验

一、重庆市生态环境与贫困的概况

重庆市位于中国西南部、长江上游地区。重庆市是一座独具特色的"山城、江城"，地貌以丘陵、山地为主；长江横贯全境，与嘉陵江、乌江等河流交汇。旅游资源丰富，有长江三峡、"大足石刻"世界文化遗产等景观。重庆市作为我国西部地区直辖市，在国家区域发展和对外开放格局中具有独特而重要的作用。具有加快在推进新时代西部地区大开发中发挥支撑作用、在推进共建"一带一路"中发挥带动作用、在推进长江经济带绿色发展中发挥示范作用。❶

重庆市集大城市、大农村、大山区、大库区于一体，曾经是全国脱贫攻坚战的重要战场。截至2015年底，重庆市有14个国家级贫困县，贫困人口共有70多万人。❷曾经的14个国家级贫困县集中了重庆市绝大部分贫困人口。就贫困县地理位置分布而言，国家级贫困县主要集中在重庆的东北和东南地区，同时又分别处于重庆市重要的生态涵养发展区和生态保护发展区。鉴于其重要的生态地位，许多地区被划为了禁止开发区域（其中包括许多资源富集的地区）。重庆的东北和东南地区分别位于秦巴山区和武陵山区，其喀斯特地貌分布较广，自然地貌多为高山、石山、深山，人口多、资源少、生态差。由于环

❶ 重庆市人民政府. 重庆市情简介. [EB/OL]. (2023-02-10) [2023-06-20]. http://www.cq.gov.cn/zjcq/sqgk/cqsq/202302/t20230210_11593093.html.

❷ 李松. 重庆：大扶贫格局助推95.3万贫困人口越线脱贫 [EB/OL]. (2016-01-28) [2019-06-20]. https://www.sohu.com/a/56925935_115411；徐焱. 2015年重庆95.3万人脱贫 市对贫困区县补助649.4亿元 [EB/OL]. (2016-07-25) [2019-06-20]. https://www.163.com/news/article/BSRPV3SH00014AEE.html.

境闭塞、基础设施差、贫困问题突出，因此其东北和东南地区曾经是重庆扶贫对象最多、贫困发生率最高、扶贫工作难度最大的区域。

二、重庆市生态扶贫的思路和途径

重庆市坚持统筹好生态保护和脱贫攻坚的关系，保持加强生态文明建设，学好用好"两山论"，走深走实"两化路"。重庆市走"生态优先、绿色发展"的高质量发展新路子，不以牺牲生态为代价实施扶贫开发，在保护好生态的同时做好脱贫攻坚工作。重庆市出台《生态扶贫专项行动方案》和《重庆市脱贫攻坚总攻生态扶贫专项行动方案》等政策措施，努力实现生态美与百姓富的有机统一。

（一）生态扶贫实施的基本思路

重庆市生态扶贫实施的基本思路是深入践行"绿水青山就是金山银山"的理念，扎实走好产业生态化、生态产业化的路子，努力实现生态美、百姓富两者的有机统一。重庆市因地制宜、因势利导推进"两化"，深化农业供给侧结构性改革，大力发展山地特色高效农业，推动农业"接二连三"；用足用好生态与文化两个宝贝，促进文旅融合、农旅融合、城旅融合，打造旅游发展升级版；大力推进乡村振兴和城市提升，加快补齐基础设施和公共服务短板，推动城乡融合发展；坚持多管齐下，注重观念的转变、交通的改善、体制的改革和科技的创新，促进产业生态化、生态产业化。

（二）生态扶贫实施的主要途径

重庆市生态扶贫实施的主要途径包括以下四个方面。

一是实施生态工程扶贫，即支持有扶贫任务区县实施新一轮退耕还林、国土绿化提升行动，倾斜安排贫困乡村和农户，鼓励贫困人口就近参与工程建设；支持石漠化较严重的贫困区县实施岩溶治理，助推发展生态经济兼用林；推进有扶贫任务区县坡耕地、侵蚀沟治理和小流域综合治理，着力改善贫困乡村生态环境。

二是实施政策扶贫，即采取林地流转、收益分红等利益联结，推进国家储备林建设用地储备，在部分贫困区县启动国家储备林建设；落实森林生态效益补偿，向有扶贫任务区县足额拨付，督促及时兑付到农户；落实天然林停伐管护补助，督促及时拨付到村集体经济组织和林农；精准选聘和规范管理生态护林员，在建卡贫困户中精准续聘生态护林员、精准开发生态护林岗位。

三是实施产业扶贫，即结合国土绿化提升行动等生态工程建设和全市农业产业结构调整，支持发展柑橘、榨菜、中药材、茶叶、生态畜牧、生态渔业等特色产业，新建和改建核桃、花椒、笋竹、油茶等特色经济林；指导帮助受禁食野生动物影响的农户特别是贫困户调整转产，加快转变生产经营活动；推进生态与文旅、养生、养心、养老等产业的深度融合，发展多元化的生态旅游康养产品；支持创建国家森林旅游示范县、国家森林康养基地、国家森林乡村等林旅融合项目，指导发展森林人家；支持生态产业贷款贴息补助政策，优先帮助贫困地区相关企业恢复生产经营。

四是实施改革扶贫，即扩大森林生态横向补偿改革试点，促进更多贫困区县享受生态资源红利；深化非国有林生态赎买改革试点，增加试点贫困区县和面积；推进"三变"改革，完善"龙头企业＋合作社＋基地＋农户（贫困户）"扶贫带贫减贫利益联结机制，促进改革红利更多惠及贫困群众。五是实施科技扶贫，即加大林业科技扶贫力度，抓实"千名专家进千村技术服务"等科技扶贫行动，加大科技成果转化。

三、重庆市生态扶贫的模式、成效及经验

（一）高山生态扶贫搬迁的实践模式

1. 高山生态扶贫搬迁的模式、成效及经验

扶贫搬迁，让贫困农民从贫瘠高山向居住、生产条件较好的地区转移，是一种效果很好的脱贫方式。重庆市的东北和东南地区分别地处武陵山区和秦巴

山区，据 2013 年的调查统计，重庆市贫困人口较多生活在海拔 1000 米以上的高寒边远山区、深山陡坡区和石山区。❶ 生态移民搬迁是改善重庆市高山贫困人口生存发展环境，建立生态保护与农民增收长效机制的措施。根据实际情况，重庆市作出决定将居住在高寒偏远地区的贫困户搬迁到资源、基础设施等条件相对优越的区域，以达到扶贫和保护高山生态环境的目的。重庆市将高山生态扶贫搬迁作为集中力量解决突出贫困问题的头等大事和 22 件民生实事之首。2016 年 12 月，重庆市政府办公厅印发了《重庆市"十三五"高山生态扶贫搬迁实施方案》。❷

（1）坚持瞄准贫困，强化差异化补助政策

重庆市为帮助愿意搬迁的贫困户特别是深度贫困户搬出大山，坚持"群众自愿、贫困优先"原则，瞄准贫困人口搬迁这块最难啃的"硬骨头"，从对象认定、实施程序、安置方式、资金筹措、目标考核等方面作了明确规定，强化搬迁的"扶贫"宗旨和"精准"理念，防止"搬富不搬穷""搬近不搬远"问题。一是强化贫困户搬迁差异化政策。❸ 这些政策措施较好地扭转了贫困家庭"搬不起、参与难"的问题，使贫困群众也能真正搬下山。二是对贫困区县和贫困户搬迁宅基地复垦，优先备案入库、优先复垦、优先地票交易、优先直拨价款。建立贫困户复垦周转金制度。三是区县对口帮扶资金的一半以上精准用于特困户搬迁补助及集中安置点配套基础设施建设等。四是在差异化补助基础上，采取多元化的财政资金整合方式。例如对口帮扶、社会募捐等办法，切实解决深度贫困户搬得出问题。❹

（2）加强分类指导，因地制宜推进搬迁安置

重庆市一是根据搬迁户的客观条件和经济状况，选择最合适的安置方式，

❶ 李健. 重庆大力推进生态扶贫搬迁 ［EB/OL］. （2013 - 04 - 09）［2019 - 06 - 10］. http：//www. gov. cn/govweb/jrzg/2013 - 04/09/content_2373250. htm.
❷ 颜安. 高山生态扶贫搬迁：七十万群众搬离大山过上新生活 ［EB/OL］. （2017 - 06 - 19）［2019 - 06 - 20］. http：//cpc. people. com. cn/n1/2017/0619/c64387 - 29348855. html.
❸ 张瀚祥. 重庆高山生态扶贫搬迁：山里人"搬"出致富路（图）［EB/OL］. （2014 - 06 - 12）［2019 - 06 - 20］. https：//www. chinanews. com/sh/2014/06 - 12/6273145. shtml.
❹ 重庆市集中力量实施高山生态扶贫搬迁 ［EB/OL］. （2015 - 08 - 20）［2019 - 06 - 20］. http：//www. agri. cn/V20/ZX/qgxxlb_1/cq/201508/t20150820_4797354. htm.

逐一制定搬迁规划，落实搬迁资金，宜集中安置则集中安置，宜分散安置则分散安置，不搞形象工程、不搞一刀切。二是充分考虑深度贫困户搬迁后的生产、生活问题，以有地安置为主，加大产业扶持力度，做到搬迁户有一个相对稳定的产业收入项目。三是鼓励梯度安置，有闲置出来的农村二手房，搬迁户愿意的，通过购买二手房的方式实施梯度安置，乡镇、村协助购房户完善产权过户等相关手续，以减轻集中建房安置压力。四是鼓励统规自建，市级以上部分补助资金直接发放搬迁农户，支持其按安置区规划自主建房，降低成本。对贫困户占比超过50%的搬迁安置区，用地、建设等所涉规费给予减免。五是进一步完善户籍迁移政策，鼓励转户进城、非农安置，按不低于平均搬迁补助标准一次性发放补助资金。同时，符合条件的搬迁农户可在安置地申报登记为农村居民户口，也可本着自愿原则，在安置地申报登记为城镇居民户口。❶

（3）加强后续扶持，帮助群众安稳致富

重庆市将后续产业发展与扶贫搬迁同步规划实施，整合相关项目资金向集中安置点倾斜，因地制宜、因户施策，尽量使每个搬迁户都有一份"菜园地"、一个增收项目。加大对搬迁户创业就业技能培训力度，整合新型职业农民培训、阳光工程培训、农业实用技术培训等各种农村培训资源向搬迁农户倾斜，力争让搬迁农户每人掌握1—2门实用技术。大力发展农业产业、农产品加工、商贸流通、休闲农业与乡村旅游，支持搬迁农户自主创业，发展家庭农场、微型企业等，重庆市对发展特色产业、乡村旅游的贫困搬迁户分别给予资金扶持。坚持将搬迁与其他专项扶贫工作相结合，整村扶贫资金、产业发展资金、小片区开发、培训资金等重点向搬迁任务重的区县和贫困村倾斜；建立扶贫创业资金，打造高山扶贫移民创业园，帮助搬迁户就近就业创业；会同团市委实施大学生扶贫接力志愿服务行动，在集中安置点组建居民学校，加强对搬迁户的教育培训，引导他们转变思想观念和生活习惯。❷

---

❶❷ 重庆市集中力量实施高山生态扶贫搬迁［EB/OL］.（2015 – 08 – 20）［2019 – 06 – 20］. http：//www. agri. cn/V20/ZX/qgxxlb_1/cq/201508/t20150820_4797354. htm.

(4) 加强政策配套与支持，形成扶贫搬迁合力

2013年1月，《重庆市人民政府关于加快推进高山生态扶贫搬迁工作的意见》发布，标志着新一轮高山生态扶贫搬迁正式启动。2016年12月，重庆市政府办公厅印发《重庆市"十三五"高山生态扶贫搬迁实施方案》等，整合各方资源，相继制定和采取了一系列政策措施强力推进。例如，重庆市将高山生态扶贫搬迁纳入"区县经济社会发展实绩考核指标"进行考核；重庆市政府召开全市性会议、市级部门联席会议等研究部署推进工作；《关于加快完善市级高山生态扶贫搬迁集中安置点用地手续的通知》《关于明确高山生态扶贫搬迁有关政策的通知》《关于支持高山生态扶贫搬迁工作的意见》《高山生态扶贫搬迁集中安置点用地手续办理指南（试行）》等发布，从搬迁补助、土地房屋、户口迁移、产业发展、贫困人口差异化补助、安置点配套设施建设等方面强化扶贫搬迁政策。重庆市还建立部门领导分片联系制度，由相关市级部门负责人对口联系区县，至少每季度进行一次全面督查，深入扶贫搬迁重点区县检查指导扶贫搬迁工作，及时研究解决搬迁工作中的问题，就后续产业发展、特困户搬迁、户口迁移、安置点用地及房屋产权手续办理、相关项目资金整合等研究出台了针对性的解决办法措施。

2. 实践"样板"：武隆区高山生态扶贫搬迁＋生态旅游扶贫经验考察

武隆区位于重庆市东南部、乌江下游，曾经是国家扶贫开发工作重点县之一。全县大部分的土地为坡耕地，但生态优良、风景绝佳，拥有除大海和沙漠以外的所有自然景观类型，景区景点密布全境，特别是喀斯特生态奇观得天独厚，被誉为"世界喀斯特生态博物馆"。由于高山上的农户居住过于分散，而扶贫修路、架电线耗资巨大，且收效甚微，反而容易造成地表破坏，因此保护生态的同时实现脱贫的最好方法就是搬迁。

武隆区将高山边远贫困地区的生态搬迁作为农业农村工作的重中之重。2017年3月，重庆市武隆区人民政府办公室印发《武隆区进一步加快高山生态扶贫搬迁工作实施方案》。在集中安置为主，分散安置为辅的原则下，武隆区高山生态扶贫搬迁推行三种模式，实施多元安置：一是集中梯度安置。对愿意继续从事农业生产的，充分利用有关场镇、原撤并乡镇、村民活动中心以及

公路沿线的基础设施，在邀请清华大学建筑学院深入考察研究渝东南传统民居风格以及特色元素的基础上，统一规划设计了具有武隆特色的新农村农房风貌，发动老百姓"拆旧建新"缓解土地指标难题，打造了长坝、桐梓、后坪、接龙、庙垭、白马等多个高山生态移民集中安置点。二是转户进城安置。鼓励进城务工以及有稳定收入来源的高山生态扶贫搬迁对象举家转户进城安置或投亲靠友安置，按照"农转城"系列政策享受低保、职业教育与就业培训、子女入学、中职就学免费等相关待遇，特别是通过公租房、廉租房建设以及购房补助，帮助群众实现了融入城镇的梦想。三是特殊群众保障安置。通过新建有关县城养老院和改扩建乡镇敬老院，对居住在高山边远贫困地区危旧房中的孤寡老人和五保户全部实行集中供养。

搬迁只是手段，让群众稳定长久地增收致富才是最终目的。经过深入研究，武隆区立足学好用好"两山论"，走深走实产业生态化、生态产业化"两化路"，依托良好的生态环境和丰富的旅游资源，按照"深耕仙女山、错位拓展白马山、以点带面发展乡村旅游"思路大力发展全域旅游，把山区变为景区、田园变为公园、农房变为客房、产品变为礼品，实现"旅游做到哪里，那里的老百姓就脱贫致富"。在旅游业带动下，武隆区于 2017 年 11 月正式退出国家扶贫开发工作重点县行列，并成为全国少有的同时拥有世界自然遗产地、国家全域旅游示范区、国家级旅游度假区、国家 5A 级旅游景区的地区之一。武隆区生态旅游扶贫的做法成效先后两次入选"世界旅游联盟旅游减贫案例"。武隆区的主要经验和做法如下。❶

一是聚焦"山水"发展全域旅游，让"山区"变为"景区"。武隆区坚持把全境作为一个大景区、大公园，突出全景式打造；设立旅游发展资金，出台系列扶持政策，引导发展小加工、小手工、小养殖等涉旅"十小企业"，鼓励各类市场主体组建旅行社、酒店、旅游服务公司等，引导全社会参与，加快旅游服务国际标准化建设，为游客提供全方位、人性化的服务，实施全球化营

---

❶ 万难. 学好用好"两山论"走深走实"两化路"：重庆市武隆区旅游扶贫案例［EB/OL］.（2022 – 04 – 14）［2022 – 06 – 20］. https：//mp. weixin. qq. com/s?__biz = MjM5NzM0MTYyMw ＝ ＝ &mid = 2650521988&idx = 4&sn = 36ba98a7b27b4032762c968b718e7047&chksm = bed4115c89a3984a692d8b4d5dea9069b75fd6302b14130b54b4c0d9e16e6e4dbf342c707603&scene = 27.

销。这样既不断提升"绿水青山"的"颜值"又努力做大金山银山的"价值"。

二是聚焦"旅游+"推进融合发展,让"产品"变为"产业"。深化旅游业供给侧结构性改革,大力发展"旅游+文化""旅游+体育""旅游+工业""旅游+农业"融合产业,丰富产业业态、延伸产业链条,加快从"门票经济"向产业经济转型升级,提高旅游业对农户脱贫增收的辐射效应。

三是聚焦"共享"创新增收模式。始终坚持"旅游扶贫的一切努力都是为了老百姓收入增长"的宗旨,积极探索创新增收带动模式,努力让老百姓实实在在享受到旅游发展带来的红利。

四是聚焦价值转换、资源联通,走生态产业化、产业生态化发展之路。加快推动旅游国际化,着力创建"国家文化产业和旅游产业融合发展示范区",打好"自然遗产、休闲度假、人文历史、乌江画廊、美丽乡村"五张牌,创优国际化产品体系、加大国际化营销力度,全力建设世界知名旅游目的地;积极培育生态工业,全面推行"生态+""+生态"发展新模式,严格招商引资项目环境准入底线,坚决摒弃对"绿水青山"可能造成破坏和影响的落后产能和高污染、高耗能企业,加快培育发展太空太阳能电站等产业项目,积极构建以清洁能源、旅游商品、智能装备制造等产业为主导的生态工业体系,探索绿色生态的工业发展道路,打造绿色工业经济;大力发展山地特色高效农业,调整优化农业产业结构,着力构建高山蔬菜、高山茶叶和特色水果、中药材、生态畜牧、生态渔业、特色粮油、特色经济林等"2+6+N"现代山地特色高效农业产业体系,推进生态价值向经济价值转换、生态资源和发展资源高效联通,加快构建具有武隆特色的绿色产业体系,努力提供更多的优质生态产品。

五是聚焦以人为核心的新型城镇化建设,走城乡互动型发展之路。提升基础设施建设水平,推进产、城、景融合发展,坚持以产兴城、产城一体、城景互动,东部山区打造"产城景融合发展示范区",西部丘陵片区打造"凤来新城产城景融合发展拓展区",辐射带动全域产城景融合发展,落实城市更新行动,加快提升城市经济品质、人文品质、生态品质、生活品质,打造宜居宜业宜游的"特色山水·滨江休闲"旅游城市;建设生态美丽乡村,开展"三清一改"为重点的村庄清洁行动，推进农村路网提升改造、生活垃圾收储运分类试点，全力打造全国"农村人居环境整治示范区"，开展农村村容村貌提升行动，打造"精品类""示范类"美丽宜居村庄，深入开展以"孝、贤、洁、序"为重点的公序良俗建设，努力培育文明乡风、良好家风、淳朴民风，努力建设"生态美、生活美、人文美"的高品质生活宜居地，加快打造成为重庆乃至全国高品质生活示范承接地。

（二）林业生态扶贫的实践模式

1. 林业生态扶贫模式、成效及经验

重庆市积极发挥林业在生态扶贫中的生力军作用，大力实施林业工程建设、林业产业发展、森林生态效益补偿、生态护林岗位开发、林业政策、林业改革、林业科技、深度贫困乡镇林业扶持等 8 项林业扶贫举措，以生态助扶贫、以扶贫保生态，使"绿水青山"源源不断地变成"金山银山"。[1] 2020年，重庆市的《生态扶贫专项行动方案》出台，明确要求全市不少于 60% 的重点生态工程指标安排到贫困区县，并允许向有条件实施的贫困乡村和贫困户倾斜，以提升决战决胜态势向脱贫攻坚发起总攻，确保如期完成脱贫攻坚目标任务，全面建成小康社会。该生态扶贫专项行动要求 2020 年内支持有扶贫任务的区县开展营造林、岩溶治理、水土流失治理，选聘使用生态护林员，推动非国有林生态赎买试点。主要实施生态工程扶贫，即支持有扶贫任务区县实施新一轮退耕还林、国土绿化提升行动，倾斜安排贫困乡村和农户，鼓励贫困人口就近参与工程建设；支持石漠化较严重的贫困区县实施岩溶治理，助推发展生态经济兼用林；推进有扶贫任务区县坡耕地、侵蚀沟治理和小流域综合治理，着力改善贫困乡村生态环境。[2]

"十三五"时期，重庆市林业部门先后制定出台《深化林业脱贫攻坚实施意见》《重庆市推进生态扶贫工作实施意见》《统筹解决生态保护和脱贫双赢

❶ 左黎韵. 重庆森林覆盖率排名首进全国前十［EB/OL］.（2022 - 07 - 08）［2022 - 07 - 20］. https：// cqrb. cn/content/2022 - 07 - 08/1248176_pc. html.
❷ 重庆市乡村振兴局. 重庆市脱贫攻坚总攻"十大"专项行动方案目录［EB/OL］.（2020 - 05 - 27）［2020 - 06 - 20］. http：//fpb. cq. gov. cn/zxgz_231/zcxc/202005/t20200527_7490363_wap. html.

的指导意见》《关于建设"四好农村路"使用林地有关事宜的通知》等文件，全市有扶贫任务的区县落地实施了林业生态工程建设、林业产业发展、森林生态效益补偿、生态护林岗位开发、解决脱贫攻坚"两不愁三保障"突出问题使用林地政策、林业改革、林业科技、深度贫困乡镇林业扶持等 8 方面 23 项林业扶持政策。重庆市还对有扶贫任务的区县投入市级以上林业补助资金，这些资金投入和相应林业扶贫政策及其叠加的应用，激活了"绿水青山"的富民效应，惠及建卡贫困户。初步统计，通过大力推进林业生态扶贫，全市带动大量贫困户增收，有效兼顾了生态建设与脱贫攻坚的"双赢"。实施的相应林业扶贫政策具体内容如下。❶

第一，在营造林工程扶贫方面，向贫困地区倾斜支持退耕还林工程建设、天然林资源保护工程公益林建设、长江防护林三期建设、石漠化综合治理工程和其他国土绿化等林业生态工程建设计划及其政策举措。

第二，在林业产业扶贫方面，大力支持贫困地区发展特色经济林、林下经济、笋竹产业、森林旅游与生态康养、国家储备林与木竹产品加工、林业消费扶贫等林业产业及其政策举措。

第三，在林业生态效益补偿方面，支持贫困地区实施森林生态效益补偿（含天然商品林停伐补助等生态效益补助）政策。

第四，在生态护林岗位开发方面，对建档立卡贫困户开发并选聘生态护林员（含天保工程护林员），以及支持参与造林专业合作社等政策举措。

第五，在解决"两不愁三保障"突出问题方面，积极支持以扶贫为目的的林区"四好公路"建设使用林地、扶贫项目建设使用林地、统筹自然保护区与脱贫攻坚双赢使用林地等扶持政策。

第六，在林业改革扶贫方面，探索并实施横向森林生态补偿、非国有林生态赎买，以及林地流转与林业"三变"改革等扶持政策。

第七，在林业科技扶贫方面，推进林业产业技术指导培训服务、林业科技扶贫示范等扶持政策。

---

❶ 重庆市林业局. "十三五"时期共带动超过 45 万户贫困户增收：重庆林业生态扶贫激活青山富民效应［N］. 重庆日报，2020 - 10 - 17（T06）.

第八，在支持深度贫困乡镇林业帮扶方面，主要支持深度贫困乡镇林业项目资金及其相应指导、协调和服务工作。

2. 实践"样板"：重庆市城口县林业生态扶贫经验考察

重庆市城口县，地处大巴山南麓，位于长江上游地区、重庆东北部，因境内有城口山、城口河而得名，山高坡陡，地势偏远。由于特殊的地理环境，城口县森林生态资源禀赋优越。但良好的森林资源却处于"沉睡"状态，没能给当地农户带来经济收益。为变森林资源优势为产业优势，城口县牢固树立和践行"绿水青山就是金山银山"的理念，按照"共抓大保护，不搞大开发"要求，坚持生态产业化、产业生态化发展思路，探索林业产业扶贫新路子，发展林下种植、林下养殖、林下相关产品采集加工，实施国家储备林建设，探索横向生态补偿机制，发展乡村旅游等，走出了一条农户增收致富的新路。城口县的经验和做法如下。

一是推进立体林业特色产业发展模式，带动农户增收。城口县按照"念山字经、写林字文、打资源牌、走特色路"总体要求，着力推进"树上挂果、林地种药、林下养鸡、林间养蜂"的立体林业特色产业发展模式，同时结合退耕还林政策、国土绿化、经济林项目建设，因地制宜发动农户栽种既有生态效益又有经济效益的中药材、核桃等作主要增收来源的树种，同时通过"公司＋合作社＋村民"利益联结模式，采取林下套种等形式，带动农户增收。为壮大中药材、核桃等特色产业，2018年，城口县启动了"七大农业产业扶贫行动计划"，将中药材、核桃定位为扶贫主导产业。同时，围绕脱贫增收致富这一目标，城口县投入产业扶持资金，全面落地实施中药材产业扶贫基地、中药材种苗基地、初加工厂、精深加工建设项目和市场销售品牌建设，进一步提振乡镇、企业、种植户的发展信心，形成以中药材、核桃等为主的"生态产业"。

二是"唤醒"生态资源，推进林旅融合。城口县依托丰富的自然资源，通过林旅融合着力打造旅游业升级版，重点聚焦"巴山原乡·生态城口"精准发力，深入挖掘"原乡、原味、原生、原貌"内涵，让游客走进城口，"住森林人家、享清新空气、吸负氧离子、听巴山夜雨"成为城口县乡村旅游独一无二的体验。通过林旅融合，城口县农户以林地资源和森林生态环境为依托，在茫茫林海中发展林下种植业、养殖业、采集业和森林旅游业，实现了多渠道增收，目前开办大巴山森林人家上万家，实现人均增收数千元目标。

三是深化林业改革，推动绿色"变现"。城口县深化林业改革，实施横向生态补偿指标交易，与九龙坡区签订横向生态补偿森林面积指标购买协议，九龙坡区向城口县支付横向生态补偿资金，使"绿水青山"置换成"绿色银行"变成了现实。城口县作为国家储备林试点示范县，开展林地经营权收储，流转林地，兑付林农流转资金，带动农民增收。

第五节　陕西省生态扶贫的实践模式及典型经验

一、陕西省生态环境与贫困的概况

陕西简称"陕"或"秦"，地处中国中部黄河中游地区，南部兼跨长江支流汉江流域和嘉陵江上游的秦巴地区。陕西省地势南北高、中间低，有高原、山地、平原和盆地等多种地形。❶ 陕西省地处我国黄土高原腹地和秦巴山区，是黄河、长江两大流域淡水资源补给的重要区域，被列为全国生态环境建设重点治理区。陕西省重点开展了黄河水土保持生态工程、长江流域上游水土保持综合防治工程、无定河流域国家水土保持重点建设工程、大规模的退耕还林（还草）工程等，有力推动了全省水土保持生态建设的全面发展。

陕西省曾是全国贫困面积较大、贫困人口较多、贫困程度较深的省份之一。陕西省贫困人口大多分布在生态脆弱、灾害频发、交通不便且发展相对滞后的地方，这些地方脱贫成本高、难度大，返贫问题比较突出。

---

❶ 陕西省人民政府. 地貌气候 [EB/OL]. (2022 - 11 - 10) [2022 - 12 - 20]. http://www.shaanxi. gov. cn/sq/sxgk/dmqh/202011/t20201120_2046831. html.

二、陕西省生态扶贫的思路和途径

陕西省把扎实推进生态扶贫作为精准扶贫的重要举措之一。2018 年，陕西省印发《陕西生态脱贫攻坚三年行动实施方案（2018—2020 年）》，通过实施生态护林员政策、推进贫困地区生态建设、发展贫困地区林业产业、兑现公益林生态效益补偿、加大退耕还林实施力度、开发公益性岗位、开展林业扶志、扶智工作、做实驻村联户结对帮扶工作等八大举措精准落实生态脱贫行动，生态脱贫工作成效显著。

（一）生态扶贫实施的基本思路

陕西省生态扶贫实施的基本思路是牢固树立"绿水青山就是金山银山"的理念，把生态保护放在优先位置，扶贫开发不能以牺牲生态为代价，以解决贫困地区农户长远生计为核心，以美丽乡村建设为切入点，以绿色城镇化发展为载体，把贫困地区生态文明建设与贫困人口脱贫致富相结合，加大对贫困地区生态补偿支持力度，探索生态脱贫新路子，让贫困人口从生态建设与修复中得到更多实惠。推进扶贫开发与生态系统保护修复紧密衔接，全面提升各类自然生态系统稳定性和生态服务功能，筑牢生态安全屏障。

（二）生态扶贫实施的主要途径

陕西省生态扶贫实施的主要途径包括以下七个方面。一是创新生态扶贫机制，政府投资建设的重大生态建设工程，吸纳一定比例的具有劳动能力的贫困人口参与工程建设。二是推广造林专业合作社、村民自筹等模式，采取以工代赈等方式，组织贫困人口参与生态工程建设，获得劳务收入。三是完善公益林生态效益补偿机制，确保及时、足额兑现补偿资金。四是进一步加大贫困地区新一轮退耕还林还草力度，在确保耕地保有量和基本农田保护任务前提下，将25 度以上坡耕地、陡坡梯田、移民搬迁撂荒耕地、严重污染耕地纳入新一轮退耕还林范围，对符合退耕政策的贫困村、贫困户实现全覆盖。五是开展生态公益性岗位扶贫，落实生态护林员政策，选聘符合条件的建档立卡贫困人口转化为生态护林员，带动贫困人口稳定脱贫。六是引导森林公园、林业管护站等基层林业单位开发公益性岗位，聘用贫困人口参与管护。七是在加强生态保护的前提下，深化贫困地区集体林权制度改革，鼓励贫困村、贫困户将林地经营权入股新型林业经营主体，充分利用贫困地区资源优势，积极发展特色经济林、林下种植养殖业、森林旅游和苗木花卉产业，带动贫困人口持续增收。

三、陕西省生态扶贫的模式、成效及经验

（一）林业生态扶贫的实践模式

1. 林业生态扶贫的模式、成效及经验

陕西省绝大多数建档立卡贫困人口依山脱贫、因林致富的任务艰巨。为帮助林区贫困户脱贫致富，陕西省出台《陕西林业精准扶贫实施方案》，采取多种措施为贫困人口开启了"生态脱贫通道"。陕西省林业局积极落实各类林业投资，精准落实生态脱贫"八大举措"，惠及大量贫困人口，为陕西脱贫攻坚贡献了林业力量。❶

一是精准落实国家生态护林员政策。陕西省精准落实国家生态护林员政策，在贫困地区将符合条件的建档立卡贫困人口就地转化为生态护林员，既加强了生态资源保护，又实现了就业增收脱贫。

二是精准兑现公益林生态效益补偿。实施公益林生态效益补偿是国家加强生态建设，改善区域生态状况，维护国家生态安全，促进地方经济社会全面协调可持续发展的重要举措，也是增加林区贫困群众收入的普惠性政策之一。

三是大力实施退耕还林助推脱贫攻坚。退耕还林可以加快贫困地区生态建设，实现国土增绿，增加贫困人口政策补助性收入，实现增收脱贫的重要举措。2014年以来，陕西省通过优先落实贫困地区扩大退耕还林规模的政策，

---

❶ 段承甫. 陕西生态扶贫惠及贫困人口238.61万人［EB/OL］.（2020 – 12 – 06）［2021 – 06 – 20］. http：//www. shaanxi. gov. cn/xw/sxyw/202012/t20201206_2132450_wap. html.

将符合退耕还林条件的集中连片贫困地区和重点贫困县全部纳入实施范围，在年度任务安排上，优先向贫困地区、贫困人口和贫困户倾斜等措施，安排贫困地区退耕还林，同时选聘身体状况良好的贫困人员为护林员，给予一定的经济补助。

四是广泛吸纳贫困人口参与生态建设。陕西省大部分集中连片特困县为林业重点县，其他地区贫困人口大多集居在山区林区沙区。通过林业倾斜安排贫困地区天然林保护、"三北"防护林建设等工程项目，不断加大贫困地区林业重点工程建设，将吸纳贫困人口参与各项生态工程建设作为助力脱贫攻坚的一项有效措施。

五是开发扶贫公益性岗位助推脱贫攻坚。开发扶贫公益性岗位有利于解决贫困劳动力就业问题，在脱贫攻坚过程中，部分贫困劳动力因各种特殊原因无法外出务工，直接影响贫困户脱贫增收。陕西省林业局坚持立足行业实际，积极开发公益性岗位，在全国创新启动实施"五个一批"开放工程❶，在森林公园、国有林场、花木园、林业管护站、生态教育基地等 247 个林业基层单位，开发扶贫公益性岗位、帮助贫困户就近就业增收，助推脱贫攻坚工作。

六是深入开展林业技术培训助推脱贫攻坚。坚持扶贫与扶志、扶智相结合，线上线下共同发力，全面加强林业实用技术培训工作，加快贫困群众增收脱贫。线上创办全国首档脱贫攻坚扶志扶智栏目《林业生态脱贫大讲堂》，线下针对扶贫干部、新型经营主体业务骨干、林区群众等广泛开展林业实用技术跟踪服务和现场培训。

2. 实践"样板"：延安市吴起县退耕还林扶贫经验考察

吴起县位于陕西省延安市西北部，地处毛乌素沙漠南缘农牧过渡地带。吴起县曾是黄河中上游地区水土流失最为严重的县之一。以 1998 年吴起县启动实施"封山退耕、植树种草、舍饲养羊、林牧主导、强农富农"的逆向开发为起点，退耕还林多年来，吴起县的生态扶贫效果显著。为了让贫困人口从退

---

❶ "五个一批"开放工程，是指向贫困户开放一批森林（湿地）公园、一批国有林场、一批牡丹（花木）园、一批林业管护站、一批生态文明教育（森林体验）基地，吸收贫困人口参与林业生产，开展多种经营，增加收入促脱贫。

耕还林参与生态保护建设中获得实实在在的收益，吴起县把生态建设与精准脱贫紧密结合，依托劳务造林和林业项目为脱贫人口提供机会，依托生态管护和生态补偿为脱贫人口拓宽渠道，依靠发展林业产业和家庭林场为脱贫人口提供支撑，坚持不懈抓退耕还林，矢志不移促脱贫攻坚，让贫困人口共享"生态红利"、分享"绿色福利"。❶

（1）多项政策措施合力促进生态扶贫

2013 年，吴起县启动新一轮退耕还林工程，并且将扶贫工作与深化林业改革、加快生态建设、培育富民产业相结合，采取林业项目倾斜脱贫、劳务造林优先脱贫、生态补偿帮助脱贫、护林管护扶持脱贫等五个方面的 20 项帮扶措施。❷

一是林业项目向扶贫倾斜。结合新一轮退耕还林工作，优先安排自愿退耕的贫困户，并支持营造以山杏、山桃等为主的经济林；将国家林业重点工程的大部分任务安排在贫困村，将符合条件的贫困村现有林地优先纳入国家或地方公益林地，保证享受森林生态效益补偿金；按照产权明确、谁造补谁的原则，每年落实中央财政造林补贴，贫困户优先进行申请；每年落实森林抚育面积和资金，对贫困户抚育所承包林地的，经验收合格每亩给予补贴；将贫困户国家退耕还林补助期满的重点生态林纳入公益林补偿范围，将集体公益林承包给贫困户管理管护，每亩每年给予补贴。

二是生态管护及护林扶贫。积极争取国家生态护林员指标，优先将符合条件的贫困人口聘为护林员，从贫困户中选聘天然林保护工程护林员。

三是造林绿化劳务扶贫。在组织实施"三北"防护林建设工程、天然林保护工程、中幼林抚育工程等国家林业重点工程和相关林业工程项目时，优先聘用有劳动能力的贫困人员参与工程建设，实现劳务增收。结合资源变资金、资金变股东、农民变股东的"三变改革"，着力构建以家庭承包经营为基础，以林业专业大户、家庭林场、农民林业专业合作社、林业龙头企业和专业化服

---

❶ 刘露霏. 整体推进精准脱贫［EB/OL］.（2018－11－29）［2019－06－20］. https：//www. forestry. gov. cn/main/72/20181129/100600972330287. html.

❷ 吴起：全国退耕还林第一县　壮丽七十年　三秦谱新篇［EB/OL］.（2019－08－19）［2021－06－20］. http：//www. sx－dj. gov. cn/ztzl/zl70nfjxsd/1619963396352901121. html.

务组织为重点，鼓励贫困农户通过流转集体林地经营权、林木所有权量化或作价入股、劳务入股等形式参与发展增加收入。

四是林业生态产业扶贫。大力发展干杂果经济林产业，鼓励引导动员具有劳动能力和有条件的贫困户建设山地苹果、楸子、仁用杏、长柄扁桃等经济林长效产业；加强吊干杏等新品种的引进和推广，提高产量，做好林木抚育管理技术服务工作，积极提供市场服务信息，拓宽群众增收渠道。大力发展沙棘产业，积极与陕西海天制药有限公司、延安圆方（集团）公司等企业合作，鼓励贫困群众参与沙棘产业园的建设，结合"三变改革"，采取"企业＋基地＋专业合作社＋贫困户"的模式，增加贫困群众收入。积极鼓励发展苗木花卉产业，适度引导贫困户培育投资小、好销售的苗木，对贫困户的滞销苗木，实施的林业重点工程在同等条件下优先使用，确保贫困户在苗木培育方面的收入不减。积极鼓励发展林下经济，鼓励有条件的贫困户依托林地资源大力发展种植、养殖、食用、药用、菌类、林产品加工等林下经济。加快发展森林旅游业，依托退耕还林森林公园开展休闲和健康养生旅游活动，通过整合优势资源、挖掘文化内涵、积极发展形式多样、特色鲜明的森林生态旅游业，优先聘用贫困人口。

五是创新林业服务机制。推行乡镇基层林业站委托代办制度，贫困农户申请办理林木采伐、森林植物检疫等行政许可事项，可就近委托基层林业站全程代理代办，对于老弱残等群体可采取上门服务的方式优先予以办理；对贫困户的林业项目贷款和农民林业小额贷款，优先安排中央财政贴息；成立县林业投资公司，加强林业融资和方便进行碳汇交易开发；面向贫困农户，加强林业实用技术培训，手把手为贫困户教技术、教管理，确保每户至少有一个会经营、懂技术、善管理的能人。

（2）创新"家庭林场"扶贫方式

"家庭林场"是以家庭为基本经营单位，进行以林业为主的商品生产的经济主体，是在林业承包责任制的基础上发展起来的一种林业生产经营形式。2015年，一方面为巩固退耕还林成果，另一方面为结合精准扶贫工作实际，吴起县开始培育以"家庭林场"和林业专业大户为重点的新型林业经营模式，将生态建设和扶贫工作相结合，鼓励一部分有头脑、有实力、有能力、群众信得过、热心公益事业的农村致富带头人，采取农户自办、专业合作社、企业性和公益性等灵活多样形式，创办"家庭林场"。通过他们的致富经验，带动和吸引贫困户和低收入户由农民变为林场工人，实现共同富裕。要求每一个"家庭林场"必须带动一定数量的贫困群众和低收入户，通过签订林地林木流转合同和劳务用工合同，保障农户的合法权益。"家庭林场"实行自主经营、自负盈亏，建设资金由家庭林场自主承担，三年成林后政府通过"买林"的方式予以补贴。同时积极推进土地承包经营权、林权抵押、担保贷款，支持"家庭林场"开展多渠道融资。通过"家庭林场"，不仅缓解了水土流失、改善了当地气候环境，而且辐射带动困难群众增收，让昔日的"砍树人"变成了如今的"看树人"，让林子成为村民的"摇钱树"，让林业产业成为群众的"聚宝盆"。

3. 实践"样板"：安康市宁陕县"生态＋"扶贫经验考察

宁陕县位于秦岭南麓，曾集贫困地区、重点林区、主体生态功能区、引汉济渭库区、南水北调中线水源地于一身。宁陕县森林覆盖率较高，高山湿地、峡谷瀑布等自然景观丰富。但由于耕地稀少、交通不便等原因，宁陕县曾经的贫困人口较多。脱贫攻坚战以来，宁陕县立足森林资源优势，依托"绿水青山"的生态优势，把资源优势和生态优势变成全县最大的脱贫资和发展资源，把生态资源优势转化为经济优势，努力推动生态建设与脱贫攻坚深度融合，坚持走绿色脱贫之路，通过激活释放生态红利把"绿水青山"变成"金山银山"，积极探索"生态＋"扶贫的实践样板，打造群众脱贫致富的"金饭碗"。宁陕县的主要经验和做法如下。

一是实施"生态＋旅游"，让"绿水青山"变成"金山银山"。宁陕县坚持从实际出发，不断创新"生态＋旅游"模式，打造全域发展的"蒿沟模式"、社区性开发的"皇冠模式"、"协会＋农户"的"元潭模式"、股份制开发的"漫沟模式"、景区带动型的"八亩模式"五种特色旅游模式，把全县的"绿水青山"通过全域旅游打造成广大农户的"金山银山"，积极探索核心景区直接带动、乡村旅游创业带动、资源资产入股带动、旅游商品开发带动四种旅游带动脱贫攻坚新路径。

二是实施"生态＋产业",促进农民长期增收。宁陕县把产业扶贫作为脱贫攻坚的治本之策,大力推动生态农业、特色农业和休闲农业发展,带动全县农民增收和农户脱贫,实现环境美丽、产业发展和农民增收的良性循环,生态与产业、农业与农民的"双赢"和"共富"。

三是实施"生态＋就业",让农民在生态保护中就业脱贫。宁陕县在强化生态文明建设、保护生态资源过程中注重让农民参与,充分调动农民生态保护积极性,率先在全省探索贫困户就地转化生态护林员的扶贫路子,创新构建了林业、国土、水利和环保"四位一体"生态环境网格化监管体系,通过政府购买服务的方式,按照县管、镇聘、村用的原则,从建档立卡贫困户中择优吸纳有劳动能力的贫困人口担任生态管护员,带动贫困户增收,实现生态资源得保护、农民就业增收促脱贫的"双赢"目标。

四是实施"生态＋改革",以生态红利助力农户增收脱贫。宁陕县深入推进林业综合改革,对全县集体林地产权全部确权落实到户到村,通过租赁收益、入股分红和二次分红等形式让资源变成农户收益的资产,增加农民资产性收入;在各项林业重点生态工程项目建设中优先向贫困村和贫困户倾斜覆盖、优先聘用贫困劳动力,增加贫困人口工程性收入;完善公益林补偿投入机制,增加补偿性收入,实现"不砍山上树、百姓也能富"的良性发展局面,开创了一条"生态环境得保护、农民能脱贫致富"的林业生态改革新路子。

五是实施"生态＋搬迁＋改造"安置,实现生态宜居"双赢"。针对部分农户生活生产偏远、生态保护压力大、公共服务和基础设施投入大、自然灾害威胁大等情况,有序将农户从"一方水土养不好一方人"的地方实施易地搬迁,让搬迁农户分享改革发展红利,实现搬迁与脱贫同步,生态与宜居双提升。在抓好移民搬迁的同时,以农村危房改造为接入点,以贫困村和贫困户为重点,深入推进农村人居环境综合整治。坚持项目捆绑、资金整合,创新出台"八改"(改房、改厨、改厕、改圈、改院、改路、改水、改生活垃圾和污水处理)、"四清"(清垃圾、清杂物、清残垣断壁和危房、清庭院)、"四化"(绿化、美化、亮化、净化)综合整治标准,全面提升村容村貌档次和公共服务设施配套水平，着力把贫困村打造成为生态、宜居、宜游、乐业、文明的美丽乡村。

（二）生态旅游扶贫的实践模式

1. 生态旅游扶贫的模式、成效及经验

陕西省把助力脱贫攻坚作为重要政治任务，将旅游生态扶贫纳入全省旅游工作的统一部署，按照"省负总责、市县抓落实"的思路，以全域旅游示范省创建为抓手，通过编制实施《陕西乡村旅游扶贫实施方案》《陕西省"十三五"旅游扶贫行动计划》，持续推动旅游示范县建设带动脱贫一批、旅游景区建设带动脱贫一批、文化旅游名镇建设带动脱贫一批、旅游扶贫试点村建设带动脱贫一批、汉唐帝陵旅游带发展带动脱贫一批、旅游土特产生产销售带动脱贫一批"六个一批"，系统实施精准扶贫研判、旅游规划覆盖、基础设施建设、旅游项目建设、市场营销推广、旅游人才培训、扶贫工程示范、强化规范管理"八大行动"，全力推动"万企万村"帮扶，有力助推全省脱贫攻坚。陕西省在乡村生态旅游发展及旅游产业脱贫方面，探索总结了一系列创新脱贫模式。

一是重点突破带动全局提升。以创建全域旅游示范省为抓手，推进扶贫工作实现新突破。结合关中、陕南、陕北旅游禀赋，通过全域旅游示范区、省级旅游示范县以及旅游特色名镇、乡村旅游示范村创建，推动重大旅游项目落地，有效拉动贫困地区旅游业的投资与消费，让老百姓得到实实在在的旅游业发展效益，实实在在地分享了乡村旅游发展带来的红利。留坝旅游扶贫的"量身定制"模式成为全省的样板，宁陕县"以全域旅游发展为引领创新秦巴山区旅游脱贫模式"受到原国务院扶贫开发领导小组办公室、文化和旅游部肯定。

二是强化合作提升扶贫实效。旅游扶贫是一个系统性工程，单打独斗不行，必须握紧拳头。陕西省通过强化部门合作，推动旅游扶贫实现纵深发展。大力实施"万企万村"帮扶，发出倡议，动员涉旅企业对结对帮扶，吸引专业化的市场主体参与景区（村）一体开发，实现旅游企业与贫困人口"双

赢"。采取"走出去"与"请进来"相结合的方式，对扶贫重点村的村干部进行培训，为贫困村培养了致富带头人。

三是"六个一批"实现全域覆盖。在贫困地区集中实施精品景区倍增计划，培育景区依托型旅游乡村，形成"景村一体化"合作共赢格局。用好省级文化旅游名镇各类专项资金，做好重点扶贫范围内省级文化旅游名镇建设工作，拓展文化扶贫，让文化遗产惠及民生。优先培训旅游扶贫试点村，引导扶持贫困户通过参与旅游经营活动脱贫致富。依托汉唐帝陵大遗址保护、文物旅游发展乡村旅游，带动旅游扶贫重点村贫困人口实现增收。推动建设乡村旅游后备箱工程示范基地和乡村旅游扶贫电商示范村，研发具有鲜明特色且能满足游客需要的土特产品，成功打造风味食品、中草药、工艺美术等十大类乡村旅游土特产品，带动农产品和手工艺品的销售。

四是典型示范带动科学发展。发挥旅游扶贫先进典型引领作用，挖掘培育全域旅游带动扶贫典型、乡村旅游带动扶贫典型、景区带村扶贫典型、能人带户扶贫典型、"企业＋农户"扶贫典型、"合作社＋农户"扶贫典型、"电商＋农产品"企业村游网等一批旅游扶贫先进典型，通过报纸、网络、电台等媒体进行宣传，在全社会营造关心、支持旅游扶贫的良好氛围。中国杨凌农业高新科技成果博览会期间举办"陕西旅游扶贫高峰论坛"，邀请旅游扶贫先进典型，通过旅游实现脱贫的群众，与现场群众面对面分享旅游扶贫经验，达到教会贫困户干、领着贫困户干、帮着贫困户干的目的。

2. 实践"样板"：安康市石泉县生态旅游扶贫之经验考察

石泉县位于陕西南部，曾是陕西南部集中连片贫困山区县之一，林地面积较大。石泉县依托丰富的林业资源大力发展生态旅游产业，以建设"三宜"（宜游、宜业、宜居）石泉为目标定位，坚持"全域规划、龙头引领、彰显特色、打造精品、系统配套、整体提升"的全域旅游发展总方针，把旅游产业作为"调结构、惠民生、带脱贫、促增收"的支柱产业来抓，以建设核心景区、发展乡村旅游、开发旅游商品、打造龙头企业、丰富旅游业态、促进旅游消费等为重点，以发展全域旅游"四带"（旅游景区景点建设带动脱贫一批、旅游扶贫试点村建设带动脱贫一批、旅游土特产生产销售带动脱贫一批、旅游企业劳务用工带动脱贫一批）促脱贫为抓手，通过全力主抓、全景打造、全员参与、全民共享的全域旅游发展格局推动旅游扶贫工作向纵深发展，助力脱贫攻坚。石泉县的主要经验与做法如下。

一是坚持全域统筹，实现科学有序发展。石泉县成立县委书记、县长为组长的全域旅游示范县创建领导小组，实行"一把手"工程，按照"多规合一"要求编制《石泉县全域旅游规划》，设立旅游产业发展基金并建立逐年增长机制。石泉县出台"一事一议"政策为旅游企业配置土地、资产等资源；出台《石泉县促进旅游产业发展奖励办法》和"引客入石"激励政策；出台水、电等基础设施配套政策；出台发展上规模、业态上精品、服务上水平给予现金奖励或贷款贴息政策等。石泉县突破编制制约灵活人才政策，聘请多名国家级行业专家学者提供智力支持，建立"投入、资源、激励、融资、用地、人才"等配套政策体系。

二是创新扶贫模式，帮助农户脱贫增收。根据旅游生产、供给、消费、服务需要，石泉县充分挖掘旅游产业链上的增收潜力，创新推行旅游"四带"促脱贫促增收实践，通过抓基础设施配套、产业项目建设、激励政策落实、技能学习培训，收到"景区兴、乡村美、消费旺、企业活、村民富"的实效。按照全域景区（点）建设要求，相继建成一批旅游景区景点，成功创建国家4A级景区、3A级景区、省级旅游示范村、省级旅游特色名镇，以及国家级森林公园、国家级湿地公园、省级地质公园，对全县贫困村实现有效覆盖和辐射带动。石泉县对全县旅游扶贫示范镇、示范村、示范户和国家乡村旅游扶贫重点村实行一对一帮扶，通过整合资金扶持旅游村镇，完善乡村旅游配套设施，加强乡村旅游扶贫培训，推进乡村旅游与电商扶贫相结合，初步形成了富有地域特色"农旅融合促脱贫""茶旅融合促脱贫"等乡村旅游扶贫品牌。同时，重点扶持发展一批骨干农业合作社、致富带头人，通过"能人＋合作社＋贫困户""产业大户＋贫困户"发展模式，让能人、大户奖补与贫困户收益紧密挂钩，合作社（能人、大户）带动贫困户一起发展产业，一起发家致富。石泉县围绕开发销售汉剧脸谱及服饰等为主的系列文化旅游纪念品；开发推广"石泉食美"精品菜肴、"汉江河鲜"鱼宴、"鎏金铜蚕"蚕桑宴、陕南腊肉宴；开发销售石泉县农家干菜、野菜等土特产，重点打造绿色生态品牌、地域文化品牌，采取线上线下同步销售推广，发动陕西省内外包联机关单位和爱心企业开展"扶贫义购""团购认捐"等活动，石泉县旅游产品（农副产品）还远销北京、江苏等地。鼓励旅游开发公司、服务企业、产业园区、农业合作社、农家乐等经营实体优先接收、安排有劳动能力的贫困人口上岗上班，使贫困人口就近就地就熟实现很好就业。

三是全面激活要素，扩大旅游扶贫成果。石泉县把全域旅游作为重点工作，全面激活旅游"建、管、服、吃、住、行、游、购、娱、赏、宣、享"全部要素，推行"旅游＋N"发展模式，充分发挥旅游在带贫益贫、兴村兴业、富民强县中的带动和促进作用。

第六节　甘肃省生态扶贫的实践模式及典型经验

一、甘肃省生态环境与贫困的概况

甘肃省地处我国西北地区，是黄河、长江上游重要的水源涵养区，是腾格里沙漠、巴丹吉林沙漠、库木塔格沙漠等沙漠汇合南移的阻挡区，是西部地区乃至全国重要的生态安全屏障，在全国生态安全格局中具有举足轻重的地位；也是生物多样性最丰富的省份之一。❶ 同时，甘肃省生态的复杂性、脆弱性特征明显，大部分地区属于限制开发区和禁止开发区；不少地方极度干旱，植被覆盖稀疏，是我国水土流失最严重的地区之一。甘肃省土地沙化荒漠化极为严重，主要表现为荒漠化沙化面积大、类型多，是我国荒漠化沙化的主要分布区之一，全省荒漠化土地面积接近一半。甘肃省沙化土地涉及耕地、林地、草地、未利用地四大类型，同时还存在湿地退缩、草场退化、土壤侵蚀严重和水资源短缺等生态环境问题。作为全国生态最脆弱的地区之一，甘肃省超过

---

❶ 甘肃省发展和改革委员会. 甘肃省生态保护与建设规划（2014—2020 年）［EB/OL］.（2019 - 11 - 26）［2020 - 06 - 20］. https：//www. gsei. com. cn/html/1312/2019 - 11 - 26/content - 259848. html.

50%的地区位于自然灾害高发易发区。❶

甘肃省经济社会发展水平在全国排名靠后，而生态脆弱性居全国前列。❷生态脆弱与深度贫困叠加，使生态保护和脱贫攻坚成为甘肃省重要的基础性、底线性任务。甘肃省曾经是全国最贫困的地区之一，有"陇中苦瘠甲于天下"的说法。20世纪80年代初，联合国专家来到陇中地区考察，认为"这里不具备人类生存的基本条件"。1982年，国家在甘肃启动"三西"❸ 扶贫开发计划，首开中国乃至人类历史上有计划、有组织、大规模"开发式扶贫"的先河。经过多年艰苦卓绝的努力，甘肃省结束了"一方水土养活不了一方人"的历史。然而，甘肃省的贫困区域较大。❹ 2011年底，全省城乡居民收入水平全国倒数第一，人均地区生产总值全国倒数第三。直到2020年11月21日，甘肃省宣布最后8个贫困县脱贫摘帽。至此，甘肃省75个贫困县全部退出贫困县序列，取得了脱贫攻坚战全面胜利。❺

二、甘肃省生态扶贫的思路和途径

甘肃省将生态扶贫作为"绿水青山就是金山银山"理念的具体实践，先后出台《甘肃省深度贫困地区脱贫攻坚生态扶贫实施方案》《甘肃省深度贫困地区脱贫攻坚林业扶贫实施方案》《甘肃省林业厅关于〈中共甘肃省委 甘肃省人民政府关于打赢脱贫攻坚战三年行动的实施意见〉的落实方案》等政策措施，坚持精准扶贫基本方略，将脱贫攻坚与生态建设融合推进，精心组织实施生态扶贫重点项目，推进生态扶贫取得明显成效。

---

❶ 陈发明. 呵护绿水青山 壮大生态产业：甘肃筑牢国家西部生态安全屏障［EB/OL］.（2022 - 09 - 22）［2022 - 10 - 20］. https：//baijiahao. baidu. com/s?id=1744597169385620601&wfr = spider&for = pc.

❷ 张龙生，李萍，张建旗. 甘肃省生态环境脆弱性及其主要影响因素分析［J］. 中国农业资源与区划，2013，34（3）：55 - 59.

❸ 甘肃省定西市、河西地区和宁夏回族自治区西海固地区简称"三西"地区，这里曾是中国最贫困的地区之一。

❹ 甘肃日报编辑部. 伟大奇迹中的甘肃印记：甘肃脱贫攻坚纪实［EB/OL］.（2022 - 06 - 30）［2022 - 08 - 20］. http：//topic. gansudaily. com. cn/system/2022/06/30/030583967_01. shtml.

❺ 宋喜群，王冰雅. 甘肃最后8个贫困县脱贫［N］. 光明日报，2020 - 11 - 22（3）.

（一）生态扶贫实施的基本思路

甘肃省生态扶贫实施的基本思路是坚持扶贫开发与生态保护并重，处理好生态保护与扶贫开发的关系，加大贫困地区生态保护修复力度，实施新一轮退耕还林还草工程、退牧还草工程、天然林资源保护工程、"三北"防护林建设五期工程、水土流失综合治理专项工程、沙化土地封禁保护区建设工程、农牧交错带已垦草原综合治理工程7项贫困地区生态保护工程，落实禁牧补助、草畜平衡奖励等新一轮草原生态保护补助奖励政策，提升可持续发展能力，建立健全生态补偿机制，增设生态公益性岗位，使贫困人口通过参与生态保护增加收入，探索生态脱贫新路子，实现产业强、群众富、生态美，让贫困人口从生态建设与修复中得到更多实惠。

（二）生态扶贫实施的主要途径

甘肃省生态扶贫实施的主要途径包括以下九个方面。一是完善落实《精准扶贫生态环境支持计划》，在生存条件差但生态系统重要、需要保护恢复的地区，结合生态环境保护和治理，探索生态脱贫的新路子。二是实施退耕还林还草、天然草原保护与建设、草原鼠虫害防治、天然林保护、重点公益林补偿、防护林建设、防沙治沙、湿地保护与恢复、坡耕地综合整治、退牧还草、水生态治理等重大生态工程，在项目和资金安排上进一步向贫困县倾斜，提高贫困人口的参与度和受益水平。三是支持具备条件的贫困县大力发展兼顾脱贫与生态效益的经济林、木本油料、林下经济和森林旅游，扩大贫困县区退耕还林（还草）面积。四是加大贫困地区生态保护修复力度，将贫困县高深山区易地搬迁后退出的坡耕地调整为非基本农田，全部纳入国家和省新一轮退耕还林还草工程范围。五是优先支持移民搬迁迁出区宅基地复垦，复垦后的土地作为生态建设用地。六是增加重点生态功能区转移支付，创新生态资金使用方式，利用生态补偿和生态保护工程资金使当地有劳动能力的部分贫困人口转为护林员、草管员、湿地管理员等生态保护人员。七是开展贫困地区生态综合补偿试点，健全公益林补偿标准动态调整机制，完善草原生态保护补助奖励政策。八是大力开展贫困县国土综合治理，加强农田水利和梯田建设，推进沙化土地封禁保护，采取小流域综合治理、淤地坝建设、坡耕地整治、生态修复等措施，有效防治水土流失。九是加强地质灾害隐患治理工程建设，开展贫困地区国家级生态乡镇创建工作，实施规模化畜禽养殖企业污染治理项目。

三、甘肃省生态扶贫的模式、成效及经验

自 2016 年以来，甘肃省落实生态扶贫重点项目资金，有力改善了贫困地区生态环境和生产生活条件，并实施生态扶贫项目带动贫困群众脱贫致富。甘肃省以生态扶贫方式助力精准脱贫，取得了显著的成效。

（一）生态环境治理综合扶贫的实践模式

1. **生态环境治理综合扶贫的模式、成效及经验**

甘肃省分布着库木塔格、巴丹吉林和腾格里三大沙漠和毛乌素沙地，荒漠化面积较大、分布较广、危害严重。"三北"防护林工程启动以来，甘肃省将防沙治沙纳入社会经济发展全局，作出"打好全省防沙治沙阵地战"的重大部署，提出构建河西祁连山内陆河、陇中陇东黄土高原地区、甘南高原地区黄河上游、南部秦巴山地区长江上游生态屏障和中部沿黄河地区生态走廊"四屏一廊"生态安全屏障，用系统思维统筹森林、草原、湿地、荒漠生态保护和修复，加强治沙、治水、治山全要素协调和管理，深入推进"三北"防护林等重点生态工程建设，坚持因地制宜、因害设防、适地适树，宜林则林、宜草则草、宜沙则沙，乔灌草相结合，不断增加沙区林草植被覆盖度。随着"三北"防护林等各类防沙治沙工程的持续实施，"十三五"期间，甘肃省累计完成造林、沙化土地综合治理、种草面积大幅增加，生态环境实现了"整体遏制、局部好转"的重大转变，森林覆盖率、草原植被盖度持续提高，沙尘暴强度明显降低、次数明显减少，沙区环境显著改善，保证了人们的生存和发展空间。甘肃省大力推进河西走廊、黄河流域、黄土高原等重点区域生态治理和修复，效果显著：一度干涸的青土湖再现碧波，河西走廊多个曾经的沙区

也是绿意盎然；祁连山生态环境治理、修复持续推进，受损的生态系统得以休养生息，雪豹、白唇鹿等珍稀物种频繁现身。第六次全国荒漠化和沙化土地监测结果显示，甘肃省荒漠化和沙化土地面积实现连续4个监测期持续"双缩减"，已成功遏制荒漠化扩展态势，多个曾经的沙区已绿意盎然。

甘肃省将防沙治沙与沙产业开发有机结合，建立完善"企业＋合作社＋基地＋农户"利益联结机制，带动林沙产业向规模化、集约化、优质化方向发展；创新"治沙＋发电＋种植＋养殖＋扶贫"的生态光伏产业模式，形成板上发电、板下种植、板间养殖、带动乡村振兴的立体产业发展模式。全省初步形成了以中药材、灌草饲料、经济林果、日光温室、特色种植养殖、产品加工、沙漠生态旅游等为主的沙区特色产业，开发出药品、保健品、食品、饮料、果品等一大批沙产业产品，涌现出一大批专业种植户、育苗大户、龙头加工企业，吸纳了大量农村富余劳动力，助推精准扶贫，有力促进当地经济结构调整、生产方式转变、农民增收致富和经济社会可持续发展。民勤、古浪、敦煌等地更是形成了人沙和谐、沙为人用的良好局面。甘肃省坚持治沙与治穷并重，促进了农户增收致富和沙区协调发展，走出一条生态建设与经济社会发展互促共赢的路子。

2. 实践"样板"：武威市古浪县生态环境治理综合扶贫经验考察

古浪县地处河西走廊东端，是甘肃省武威市下辖县，以其因地制宜的生态扶贫措施完成了扶贫任务，成为甘肃省扶贫地图上的亮点。古浪县依据该县自然条件和生态环境实际，牢牢守住脱贫攻坚和生态保护两大底线，提出了"南护水源、中调结构、北治风沙"的生态环境治理主线，在生态建设、环境修复和自然资源开发中实施生态移民搬迁、生态补偿脱贫和生态产业扶贫的综合方式。

（1）生态补偿式脱贫

古浪县整个县域的地形是以山地为主，海拔较高，山区面积多，且大部分地区属于半干旱的高山地，除了一些保存下来的天然森林资源，整个南部山区的水土流失面积较大。古浪县南部山区作为全县的水源涵养地，是重点生态保护区，需要进行生态建设和环境治理修复。古浪县从多种渠道争取资金，保证按时按质完成保护生态资源的任务。例如，古浪县水利部门通过争取小流域面积的水土治理项目，对于水土流失严重的小流域整改，在有条件的区域种植以柠条、山杨为主的水源涵养林。❶ 古浪县通过生态护林员等管护岗位的招聘，实现森林生态资源效益和贫困户增收目标双增长。在中央生态补偿脱贫政策及资金支持下，古浪县出台有关古浪县建档立卡贫困人口生态护林员选聘实施方案，在整个县区范围之内选聘生态护林员，优先选聘贫困人口。2019 年，古浪县生态护林员项目已经覆盖了全县区贫困村庄。同时，古浪县重点的生态公益林面积较之前大幅增长，生态森林绿化面积上升，贫困人口的人均可支配收入提高，贫困发生率得到降低。

（2）生态移民搬迁＋产业扶贫

20 世纪开始，古浪县政府就已经将生态脆弱地区的民众进行生态搬迁作为一项重要的扶贫脱贫措施。由于极其脆弱的自然生态环境和落后的经济发展状态，该县向县内外开展生态移民安置。古浪县生态移民扶贫实践，整体上以生态资源的修复为基础前提，让百姓脱离不适宜生存的生态环境脆弱区，在新区为了实现可持续发展的目标之下，通过生态产业帮扶进行科学化、可持续化的脱贫攻坚战。

2019 年底，古浪县的贫困村庄区域已经全部完成了拆迁。对于居民搬迁的区域级项目——黄花滩生态移民项目和绿洲小镇项目，政府也采取了多方面的补助措施。为了防止已经脱贫的搬出家庭再返贫，政府在充分实地调查生态条件之后，提出了对搬出地，也就是在古浪县南部山区进行生态修复，通过退耕还林、牧草种植等亲和大自然生态环境的方式让山区的生态环境得到改善。而在搬入地则进行基础设施，可以发展新型的产业，形成产业链，同时结合新农村的项目建设，着手改善移民群众的生活，完成与新环境的融合，助力贫困人口实现可持续发展的富裕之路。例如黄花滩区的产业培育扶贫，首先根据黄花滩当地的自然生态环境、特色优势，进行长远的产业发展规划，其次因地制宜地进行特色产业的发展，进而解决人民贫困的难题，还能实现产业可持续发

---

❶ 杨永盛. 古浪县南部山区生态建设做法与建议［J］. 甘肃农业，2019（6）：67 - 69.

展的目标。

黄花滩区的产业培育扶贫方式主要有以下两个方面。一是通过研究产业的新型发展模式，将甘肃省武威市的供给侧结构性改革政策，充分运用到生态扶贫措施之中，持续推进搬迁区的民众通过土地流转的方式来盘活无暇顾及的闲置土地，利用"资源变资产，资金变股金，农民变股东"的方式，增加贫困人口的收入。在政策方面加大了对当地产业的投资力度，以黄花滩移民区各个村庄的实际发展情况选择合适的产业谋求生态产业扶贫，通过政策支持一些新型经营主体的发展，实现了这类型对于贫困人口的致富带动，在这一过程中完善贫困人口与各类组织之间的利益关系问题，保护搬迁区贫困群众的合理收入，鼓励大家自主投入扶贫的队伍中。二是黄花滩区远离古浪县的工业污染区，在农业种植区域昼夜温差极大，太阳光光热充足，闲余土地面积广阔的条件下，催生出了特色的林果产业以及日光温室产业来推动当地扶贫。其中，在日光温室产业扶贫方面，采取了"日光温室＋公司＋农户"的发展模式，在2019年，新建了大量的农产品生产基地，比如古浪县吉瑞农牧专业合作社引进的多个"华美105"优质辣椒农业基地，这些农业基地的落成，不仅帮当地解决了市场的销售问题，而且提供多个就业岗位，提高了当地贫困人口的人均收入。在黄花滩区的种植户参与方面，对于没有种植经营能力的贫困人口，经过政府与公司的协商，贫困户在每个日光大棚每年可以获得一定的收入；对于能够自己种植经营的贫困户，由当地政府给予资金补助，由合作社按照统一的标准提供苗种，在技术方面进行协助，尽早实现产业化发展。❶ 生态日光温室产业的迅猛发展，成为助力当地贫困人口脱贫的特色产业，不仅带来了良好的经济效益，成为古浪县强力的经济增长点，解决了大量剩余劳动力问题，减轻了政府的压力。而且因为日光温室产业的集群化发展，客观上扩大了这片土地的绿化面积，通过对于土地、水源、光热能源的调动，减少了水土的流失，既保护了农田，也改善了生态环境，实现了人与自然的和谐发展。

此外，参照《甘肃省深度贫困地区脱贫攻坚生态扶贫实施方案》，生态扶

---

❶ 李文春，李皓. 古浪县生态移民区日光温室产业发展调研报告［J］. 农业科技通讯，2021（3）：244－245.

贫项目还包括实施退耕还林项目，增加生态护林员岗位，增加生态补偿修复公益林项目，对于已经存在的生态森林资源启动天然林保护工程项目，推动当地特色林果产业的发展；面对土地沙化的威胁，继续推动"三北防护林"工程实施。在生态扶贫措施中实施六个精准，即有退耕还林精准到户、林果产业发展精准到户、生态护林员精准到户、生态效益补偿精准到户、帮扶力量精准到户、国土绿化精准倾斜等措施。

3. 实践"样板"：武威市民勤县沙漠化生态治理扶贫之经验考察

民勤县隶属甘肃省武威市，地处河西走廊东北部、石羊河流域下游，东西北三面被巴丹吉林和腾格里两大沙漠包围，是全国有名的沙漠县，沙化和荒漠化土地较多，两大沙漠一直在吞噬着绿洲边缘，脆弱的生态环境成为制约群众脱贫致富的主要因素之一。民勤县将脱贫攻坚和生态保护紧密结合起来，坚持治理与发展、保护与建设并举，聚焦贫困片区生态环境精准发力，实现了生态环境持续改善和贫困村社脱贫发展的双赢。

为保护绿洲，民勤县把防沙治沙的重点放在风沙前沿，设置三道保护防线。在绿洲外围，荒漠植被覆盖度较高的宜林荒沙滩地进行封育，强化生态防护功能，构筑第一道防护屏障；在老虎口、西大河、西沙窝等风沙口重点治理，大规模实施工程治沙，连片营造防风阻沙林带，构筑第二道防护屏障；在绿洲边缘，严重沙化耕地区实施综合治理，促进生态自然修复，构筑第三道防护屏障。为了解决老百姓的生存问题，民勤县在老虎口、四方墩、西大河等风沙危害区相继启动实施大规模治理工程，与甘肃省治沙研究所、兰州大学、中国林业科学研究院等科研单位合作，探索出"沙障＋梭梭"模式压沙造林、滩地造林和封沙育林等治沙措施，老虎口风沙线逐渐被稻草、黏土、尼龙网等各式材料编制的方格沙障牢牢锁住，区内沙丘顶部土壤结皮初步形成，周边生态逐渐恢复，并拦阻了两大沙漠合龙。民勤县严格执行"五禁"决定，划定林地和森林、湿地、沙区植被、物种"四条红线"，大力保护石羊河国家湿地公园、黄案滩、青土湖三块湿地，加快推进梭梭井国家沙化土地封禁保护区建设，严厉打击破坏林地、湿地和沙区植被等林草资源和野外放火、游牧放牧行为，全力保护生态建设成果。同时，着力强化草原保护，依托草原生态奖补政策和退牧还草工程，在贫困片区全面落实草原禁牧、草畜平衡措施，向农牧民发放牧草良种补贴和牧民生产资料综合补贴，引导贫困群众种草养畜，有力促进了生态环境持续好转。

民勤县所处纬度是世界公认最适宜农作物生长的纬度。这里隔离条件好、日照时间长、昼夜温差大、病虫危害轻，发展天然绿色农业的条件得天独厚。民勤县大力培育特色优势产业，积极引进培育龙头企业，持续拓宽致富增收渠道。民勤县把产业发展放在打赢打好脱贫攻坚战的首要位置，深入基层调研、聘请专家把脉，经反复研究论证后，围绕精准扶贫、精准脱贫，立足自身优势，对产业发展布局进行顶层设计。依托高等院校、科研院所以及产业专家团队，民勤县规划设计编制了《民勤县推进绿色生态产业发展规划》等产业发展规划；加快构建绿色有机现代农业产业体系，明确农业绿色发展和可持续发展目标定位，积极创建绿色农业发展先行区，促进农业增产、农民增收、农村发展。同时，民勤县按照"村村产业有特色、户户致富有产业"目标，采取外引内育和村企联合等方式，积极培育农业新型经营主体，推行"园区＋基地＋合作社＋贫困户"的产业扶贫模式，园区驱动、基地带动、农户联动，把大力发展优势产业作为加快农村产业融合发展和壮大村集体经济的重中之重，因地制宜，强力推进。全县以蜜瓜、肉羊、茴香、蔬菜等优势产业为重点，建成"8＋N"现代农业产业园区，打造粤港澳大湾区菜篮子、特色产业、饲草料三大基地。建成"八一沙葱""官沟韭黄"等一批万元田，有效带动贫困群众稳定增收。

按照"人无我有、人有我优、人优我特"的理念和有机农业发展思路，该县从基地建设、技术支撑、产销对接三个方面培育壮大绿色有机农业，"奥翔沙葱"远销北京、上海、广东广州、内蒙古呼和浩特、新疆乌鲁木齐等地。通过连续举办蜜瓜节，与知名电商平台、供应链联合打造电商民勤模式，实行蜜瓜全网发售，线上线下齐发力，让生长在沙漠里的民勤蜜瓜爆红网络，受到国内外消费者喜爱。民勤县依托农业产业、自然风光、民俗风情、农耕文化等特色优势资源，按照"生态＋""旅游＋"模式，打造连片成带、集群成圈、沿线成廊的创意休闲农业格局，聚力提质增效，构建产业集群，通过引导农民由种庄稼转向"种风景"，培育壮大村级集体经济，富民产业蓬勃发展。

(二) 东西部协作生态扶贫的实践模式

1. 东西部协作生态扶贫的模式、成效及经验

东西部扶贫协作和对口支援，是推动区域协调发展、协同发展、共同发展的重点，是实现先富帮后富、最终实现共同富裕目标的重大举措，为西部地区脱贫作出重要贡献。1994 年，国务院在《国家八七扶贫攻坚计划》中首次提出"东西扶贫协作"构想，并于 1996 年正式付诸实施，确定 9 个东部省市和 4 个计划单列市与西部 10 个省区开展扶贫协作，其中确定天津市与甘肃省结对帮扶。同年 10 月，中央扶贫开发工作会议进一步作出部署，东西部扶贫协作正式启动。2016 年，党中央、国务院出台《关于进一步加强东西部扶贫协作工作的指导意见》，对结对关系进行优化调整，明确了东部 9 个省（直辖市）结对帮扶西部 14 个省（自治区、直辖市），东部 13 个城市结对帮扶西部 20 个市（州），其中确定由山东省青岛市协作帮扶甘肃省陇南市，确定由福建省福州市协作帮扶甘肃省定西市，福建省厦门市协作帮扶甘肃省临夏州；2017 年，又确定由天津市武清区与甘肃省静宁县、泾川县建立结对协作关系。党的十八大以来，东西部协作帮扶工作在甘肃省取得丰硕成果，助力甘肃省构建了多元业态产业体系，拓宽了农民增收渠道，打造了扶贫典型样板。例如，福州定西生态林建设 2019 年成功入选联合国全球最佳减贫案例。

2. 实践"样板"：东西部协作生态扶贫的"定西样板"之经验考察

定西市位于甘肃省中部，通称"陇中"，地处黄土高原、青藏高原和西秦岭交会地带，素有"兰州门户、甘肃咽喉"之称，是古丝绸之路、唐蕃古道的重要通道和"一带一路"、西部陆海新通道的重要节点城市，已成为兰西城市群、关中天水经济区的重要辐射区和中国西部交通的重要交会点。回望过去，由于自然、社会等原因，让定西逐渐成为全国最贫困的地方之一。联合国粮农组织专家曾在考察定西后认为这里"不具备人类生存的基本条件，为不适合人类居住的地区"。❶ 定西市作为深度贫困地区的典型代表，曾是甘肃省

---

❶ 郑志晓，王兆斌，吴晓迪，等. 深度贫困地区有条件有能力与全国一道迈入全面小康社会：关于甘肃省定西市推进精准扶贫精准脱贫的调研与思考 [J]. 红旗文稿，2017 (20)：19 – 22.

乃至全国脱贫攻坚的主战场之一,7 个县区都是国家扶贫开发重点县,列入六盘山连片特困地区,脱贫攻坚任务十分繁重。

1983 年,随着国家"三西"建设号角的吹响,定西人民拉开了扶贫开发的历史性序幕。2016 年 10 月,中共中央、国务院确定由福州市对口帮扶定西市,定西市与福建省福州市签订了《东西部扶贫协作框架协议》,形成了"456"东西部扶贫协作模式和"1+5+2"协作协议,积极开展各领域、多层次、全方位的务实合作。聚焦定西贫困,福建省福州市与定西两市党委、政府充分践行习近平生态文明思想,结合福建龙岩市长汀县水土流失治理经验,探索了"通过植树造林方式实现地区减贫"的生态扶贫模式,主要以福州·定西东西部地区协作水土流失综合治理(生态林)项目为载体,在定西市同步做好"生态改善和脱贫攻坚"两篇文章。

定西万亩生态林建设是东西部地区扶贫协作中福建省福州市帮扶甘肃省定西市的生态扶贫工程,是两市践行"绿水青山就是金山银山"理念和实施生态立市的重点生态工程,项目建设按照打造"集生态、旅游、观光、休闲、示范、科研"六位一体的森林公园标准,高起点规划,高标准实施。该项目的实施不仅打造了集生态保护、科研科普和旅游观光于一体的生态景观,改善了生态环境,而且增加了群众收入,实现了精准脱贫与生态建设的"双赢",为定西市生态建设总结了一整套可复制、可推广的成功经验和生态扶贫模式。福州定西生态林建设 2019 年成功入选联合国全球最佳减贫案例。项目沿着"适宜群落构建→改善水土流失→发展生态产业→生态保护与精准扶贫耦合→生态扶贫"这一主线,通过将贫困户引导到参与技术培训、植树造林、森林抚育以及林下套种等环节,吸纳贫困劳动力就业,增加劳务收入;通过采购贫困户或以贫困户为主成立的育苗合作社的苗木,发展苗木产业,增加贫困户的经济来源。

(1)政府主导下的社会多元参与

该项目在福州、定西两地政府领导下,共同确立项目选址、实施规模;福州市林业局负责项目规划设计、全程参与工程实施;福建农林大学参与科研试验、提供技术咨询;福州市水利局提供水务工程设计,解决用水问题。定西市政府协调农民做好退耕还林工作；定西市林业和草原局作为项目主管单位，保证项目实施和质量监督；定西市安定区林业和草原局等负责组织项目招投标和项目实施；中标企业（施工方）负责招收建档立卡贫困户参与工程建设。

（2）精准扶贫目标明确

该项目着眼于改善定西市干旱缺水、土壤贫瘠以及水土流失严重等生态问题和人口贫困问题，通过开展植树造林，增加森林植被覆盖，治理水土流失；培育具有地方特色的森林群落结构，减少土壤侵蚀，改善当地小气候；同时培育发展林果业、森林旅游以及林下套种农作物（中药材）、林下养蜂等林下经济。该项目立足当前，着眼长远，精准识别贫困户的贫困成因，以不同的方式吸纳群众特别是建档立卡贫困户参与到项目建设过程以及项目建成后的生态产业链中。

（3）资金项目化精准投入

在资金使用精准、项目到户精准的要求下，将有限的扶贫资源集中于生态林建设项目，避免"撒胡椒面"式的做法。为保证专款专用，福州·定西扶贫协作前方指挥部出台相关扶贫资金使用管理办法，要求项目实施单位（各县区林业部门）根据项目进度，向项目主管单位（定西市林业和草原局）提出申请，项目主管单位审核后，向前方指挥部申请资金，项目实施单位根据招投标约定向中标施工队发放工程款，项目主管单位对资金进行中期、后期监管。

（4）规划设计定位清晰

该项目规划有四个功能定位。一是集试验、示范、推广于一体，建成高标准试验示范林。二是集水土流失治理、森林景观、旅游、观光、科普于一体，为后期建设万亩森林公园打下基础。三是建成定西生态文明教育基地。四是建成生态建设与贫困人口增收有机结合的生态扶贫样板工程。

（5）生态扶贫和产业扶贫的有机结合

在生态林建设初期，退耕还林补助款较低，贫困户退耕后增收能力较弱，因此其积极性并不高。为此，福州、定西两市通过打造规模小、见效快的林下"菜篮子"等传统农业，或者鼓励其参与造林项目，保证退耕贫困户的短期增收，并通过长短结合，为造林项目实施以及贫困户的长远增收创造条件。一是发展特色林下经济，如林下套种蚕豆、黄豆、胡枝子、黄芪和党参，不仅能够增加土地利用效益，而且实现了以耕代抚和"沃土工程"。二是发展林蜂产业，生态林种植了如山毛桃、山杏、刺槐等植物，可提供用于蜜蜂养殖。三是发展林果业，在其花期、果期可发展观光旅游和采摘。四是发展森林旅游，以带动贫困户就业和增收，同时发展集生态保护、科研、科普和旅游观光于一体的森林旅游项目，把生态林培育与林下经济等产业扶贫有机结合起来，有效实现项目区的农民增收。

（三）生态旅游扶贫的实践模式

1. 生态旅游扶贫的模式、成效及经验

甘肃省乡村地域广阔、生态美好、民风淳朴，原始纹理保留完整，发展乡村旅游具有得天独厚的自然禀赋、韵味独具的乡土文化、生态完整的后发优势。甘肃省积极打造丝绸之路经济带文化、枢纽、技术、信息、生态"五个制高点"，加快推进绿色发展崛起。甘肃省紧紧围绕全省大局，大胆探索"文旅繁荣丝路、美丽战胜贫困"发展路子，探索出了一条美丽战胜贫困的甘肃特色乡村生态旅游发展之路。

甘肃省高规格召开了全省旅游产业发展大会、全省乡村旅游和旅游扶贫大会，研究出台了《关于加快建设旅游强省的意见》《关于加快乡村旅游发展的意见》。其文化旅游部门配套制定了《甘肃省乡村旅游助推脱贫攻坚实施方案》《甘肃省推动乡村旅游提质升级行动方案》等一系列政策措施，为乡村生态旅游优质发展提供政策保障。围绕产业扶贫重大任务，严格落实各类资金向有关深度贫困地区倾斜的要求，加大文化旅游扶贫财政性投入，形成文化旅游多元化投入机制；实施乡村旅游规划公益扶贫行动，为有关贫困村编制乡村旅游发展规划并全力组织实施；制定了《甘肃省乡村旅游建设指引》，为全省特别是贫困地区推进旅游专业村及农家乐建设提供了技术指导和支持。深入实施乡村旅游提质升级行动，全省筛选确定乡村旅游示范村集中建设，打造示范标杆，并委托高校、旅行社和媒体组成第三方督查评估和咨询服务组，对乡村旅

游示范村进行绩效评估，对项目建设、业态培育、产品开发、运营管理给予技术指导和咨询服务。在《甘肃日报》开辟专栏，对乡村旅游示范村和扶贫重点村进行系列宣传推广；由西北师范大学、兰州文理学院和旅游智库以旅游扶贫和乡村旅游为主题分别组织专家撰稿，对全省乡村旅游发展进行集中指导；由旅行社组队对乡村旅游示范村和扶贫重点村进行产品线路开发设计，策划推出乡村旅游精品产品、线路。积极探索乡村生态旅游发展的产品布局模式，全省基本形成了景区带动型、城镇辐射型、通道景观型、产业依托型、乡村休闲型、创意主导型等 6 种旅游扶贫模式。

2. 实践"样板"：陇南市退耕还林后的生态旅游扶贫之经验考察

陇南市，地处甘陕川三省交界，境内高山峻岭与峡谷盆地相间，地形复杂，地势西北高、东南低，独特的地理位置造就了陇南优越的自然环境。这里植被茂密、水资源丰富、各类生物和谐共生，被外界誉为"陇上江南"。陇南市曾是全国区域性整体贫困的典型代表。

自国家实施天然林资源保护工程和退耕还林工程后，陇南市开始大力实施退耕还林工程。2014 年，陇南启动实施新一轮退耕还林工程，持续推进退耕还林工程建设。针对农村大部分青壮年劳动力外出务工、一些地方土地无人耕种的现状，在充分尊重农民意愿、保障退耕农户合法利益的前提下，陇南市鼓励支持能人大户、合作社、企业与群众协商，合法流转农户土地实施退耕还林，大力培育家庭林场、专业大户、专合组织、龙头企业等新型经营主体，推动适度规模经营。积极探索造林新方式，对农村劳动力充足的，由乡镇村社组织农民进行造林，对农村青壮年大量外出，劳动力严重缺乏的，采取招投标制、承包等方式，大力推行专业队造林，把造林质量责任以合同的形式落实到施工主体。按照"谁造林、谁管护，谁负责、谁受益"的原则，与退耕农户签订退耕还林合同，明确管护主体，落实管护责任。将政策兑现与管护效果直接挂钩，督促农户落实抚育管护义务。

通过持续努力，陇南市许多荒山秃岭、生态脆弱区都披上了绿装，特别是 25 度以上非基本农田坡耕地，在退耕还林后，水土流失状况得到了有效遏制，土壤侵蚀量明显减少。规模化实施退耕还林工程，使陇南市局部区域基本实现了水不下山、泥不出沟，长期超负荷运转的生态系统得到休养生息，局部生态状况明显改善。退耕还林已由局部地区的生态植被恢复变为推进生态文明建设的重要举措。为解决养殖与封禁、种植与退耕之间的矛盾，巩固退耕还林成果，陇南市针对区域特点，结合群众需求，因地制宜选择与生态保护紧密结合、市场相对稳定的特色产业，大力发展花椒、核桃、油橄榄等特色主导产业，积极培育发展苹果、茶叶、苗木等区域优势产业，建设了一批绿色标准化种植养殖基地和示范点，同时实施补链延链强链行动，扩大无公害、绿色、有机食品基地规模，初步形成"一乡一品、一县一业、一县一园、连乡成片、跨县成带、集群成链"的现代农业发展新格局。同时，重点做好"山、水"文章，大力培育白酒酿造、农特产品加工、现代制药等优势产业，形成了一批绿色、有机、无污染的农产品品牌，进一步提升了绿色经济发展效益，有效解决了生态效益与农户增收、农业结构调整的问题，进一步夯实了富民增收的基础，有效巩固了退耕还林工程的建设成效，实现退得下、还得上、能致富、不反弹的目标。

如何深入挖掘陇南得天独厚的资源禀赋，把"绿水青山"变成口袋中的"金山银山"，成了摆在陇南市面前的一道考题。陇南市坚守发展和生态两条底线，深入贯彻落实"绿水青山就是金山银山"发展理念，坚持"有所为有所不为，扬长避短，后发赶超"的工作思路，积极推进生态文明建设，着力实施生态旅游扶贫，将资源优势转变为发展优势，精准破解贫困难题，做到了"生态美""环境优""百姓富"。陇南市依托良好的生态资源优势，抢抓美丽新农村建设机遇，整合资源，探索创新，把"风景"变成了"产业"、将"美丽"转化成了"生产力"，探索出"公司＋合作社（协会）＋农户"的花桥模式、"双联单位＋支部＋公司＋农户"的凤凰谷模式、"合作社（协会）＋农户"的鹿仁模式、经营大户带动的草河坝模式四种乡村旅游助推精准扶贫的陇南模式。陇南市还基于优良的生态、产业等资源禀赋和多年发展凝聚的基石，积极推动文化旅游康养产业发展，提升拓展文化旅游康养基地，谋划文旅康养项目，提升打造文旅康养特色商品。

此外，陇南市的每个县区都结合自身特色，不停探索"两山论"转化的

— 131 —

不同途径。例如，陇南市两当县正按照"全域化布局、全要素构建、全产业融合、全季化体验"思路，大力发展生态游、红色游、康养游等旅游品牌，形成处处有景致、村村有特色、户户能待客的全域旅游格局，游客能够赏美景、看繁星、深呼吸、慢生活。

第七节　青海省生态扶贫的实践模式及典型经验

一、青海省生态环境与贫困的概况

青海省位于我国西部地区，在世界屋脊青藏高原的东北部，因有国内最大的内陆咸水湖——青海湖而得名，简称"青"。青海是长江、黄河、澜沧江的发源地，故被称为"江河源头"，又称"三江源"，素有"中华水塔"之美誉。青海省地大物博、山川壮美，具有生态、资源、稳定上的重要地位。❶ 青海省是典型的高原山地省，大部分地区高寒缺氧，自然条件艰苦，是西部地区生态环境非常脆弱的地区之一。

在国家曾经划分的 14 个特困区中，青海省就占了两个。青海省大部分贫困地区高寒干旱、生态脆弱，经济基础薄弱，农牧业产业结构单一，扶贫产业选择难、培育难、见效慢，贫困群众可持续发展能力不强、稳定增收渠道不宽。青海省林草资源分布区域交通不便、地广人稀，曾经是集中连片深度且特殊贫困地区。

二、青海省生态扶贫的思路和途径

青海省牢固树立"绿水青山就是金山银山，冰山雪山也是金山银山"发展理念，将生态保护脱贫工作纳入重要议事日程，出台了《青海省生态保护

---

❶ 青海省地方志编纂委员会. 青海省总体概况［EB/OL］. （2018 - 06 - 27）［2019 - 11 - 02］. http://www.qinghai.gov.cn/dmqh/system/2016/11/08/010239493.shtml.

与服务脱贫攻坚行动计划》，制定了年度生态保护脱贫实施计划，将年度任务分解到所辖贫困县（市、区），充分发挥贫困地区生态资源优势，大力发展绿色、低碳、循环生态产业，努力把生态优势转化为产业资源。

（一）生态扶贫实施的基本思路

青海省生态扶贫实施的基本思路主要是坚持生态保护优先，统筹协调，着力在一个战场上打赢保护生态和脱贫攻坚两场攻坚战役，大力发展特色种养业、现代服务业、生态文化旅游业、民族特色手工业和新能源等"五大扶贫主导产业"，实现生态保护、扶贫开发、改善民生多赢。

（二）生态扶贫实施的主要途径

青海省生态扶贫实施的主要途径主要包括以下五个方面。

一是坚持生态保护优先，建设生态文明先行区，积极探索生态保护脱贫的新路子。

二是加快实施三江源生态保护和建设二期、环青海湖地区生态保护和环境综合治理、祁连山和柴达木水源涵养地、河湟地区生态环境治理等重大生态工程，在重大生态工程建设项目实施中，提高贫困人口的参与度和受益水平。确保在三江源、祁连山等重点生态功能区内具备条件的贫困农牧户，每户有人从事生态公益性管护工作。对农区重点林区、牧业乡村草场面积较大地区的贫困户，适当增加生态管护岗位。力争有生态保护任务的地区每个贫困户有生态管护员，以保生态增就业，实现稳定脱贫。

三是在稳定现有生态补偿政策的基础上，健全完善湿地、草原、公益林等生态补偿机制，加大重点生态功能区转移支付力度。

四是新一轮退耕还林还草工程项目要向贫困村、贫困户倾斜。五是进一步完善草原生态保护补助奖励政策。

三、青海省生态扶贫的模式、成效及经验

青海省依托林草及生态资源优势，通过生态保护、生态建设、生态产业、

生态补偿四套组合拳，形成了一条以生态保护助力脱贫攻坚、以脱贫攻坚促进生态保护的"生态脱贫"之路，实现了生态保护、脱贫攻坚和民生改善多赢。例如，近5年来，青海省通过天然林保护、森林生态效益补偿、草原保护与建设等项目，进行大规模国土绿化带动农牧民群众在家门口务工增收。将生态资源管护同生态公益性岗位开发紧密结合，在符合条件的建档立卡贫困户中选聘贫困人口从事林草资源管护。此外，青海省还通过生态工程带动170多万人次参与，并建立造林（种草）专业合作社300多个。❶ 同时，青海省林业和草原局在严格保护的基础上，科学合理发挥贫困地区林草资源丰富优势，大力支持发展经济林、生态旅游、森林康养和林下经济等绿色产业，提高林草产业年产值，带动多人就业；建成森林公园、湿地公园、森林康养等生态旅游基地90余处，以生态旅游助力脱贫。2020年1—11月，青海省累计接待国内外游客3000多万人次，带动大量贫困人口脱贫致富。❷

（一）生态保护扶贫的实践模式

1. 三江源地区生态保护扶贫的模式、成效及经验

三江源地区位于我国青海省南部，是世界上高海拔生物多样性最集中的地区之一，也是世界上水资源最为丰富的地区之一。作为亚洲乃至世界上孕育大江大河最集中的地区之一，三江源地区每年为流域提供大量优质淡水，是数亿人的生命之源。三江源生态系统的健康与否，事关全流域生态安全，其所具有的生态地位无可比拟。曾经因气候变化和人类活动，导致三江源生态退化、恶化，河流频频断流，湖泊大量消失，三江中下游旱涝灾害，威胁中下游地区生态安全。我国高度重视三江源生态保护工作，经过多年的生态环境治理，不仅带动了当地贫困地区的人口脱贫，而且整个三江源地区也逐渐焕发出绿色发展的勃勃生机。

一是着力破解"九龙治水"制约。随着《三江源国家公园体制试点方案》

---

❶ 贾丰丰. 青海生态扶贫带动农牧民增收 [N]. 人民日报, 2021 - 01 - 25 (13).
❷ 青海：生态旅游助脱贫 [EB/OL]. (2020 - 12 - 31) [2021 - 06 - 1]. https：//m. gmw. cn/baijia/2020 - 12/31/34509558. html.

的印发，青海省坚持优化整合、统一规范，突破条块分割、管理分散、各自为政的传统模式，于2016年成立了三江源国家公园管理局，下设长江源、黄河源、澜沧江源三个园区管委会，并派出治多管理处、曲麻莱管理处和可可西里管理处，明确权责关系，从根本上解决了职能交叉、职责分割等的管理弊端。同时，还整合果洛藏族自治州玛多县，玉树藏族自治州治多县、杂多县和曲麻莱县的林业、国土、环保、水利、农牧等部门的生态保护管理职责，设立生态环境和自然资源管理局，整合林业站、草原工作站、水土保持站、湿地保护站等设立生态保护站，国家公园范围内的乡镇政府挂保护管理站牌子，增加国家公园相关管理职责，积极开展自然资源资产管理体制试点，组建成立三江源国有自然资源资产管理局和管理分局，积极探索自然资源资产管理与国土空间用途管制"两个统一行使"的有效实现途径，将三江源国家公园全部自然资源统一确权登记为国家所有。在此基础上，还在园区整合森林公安、国土执法、环境执法、草原监理、渔政执法等机构，组建园区资源环境执法局，并与青海省人民检察院、青海省高级人民法院共同建立生态保护司法合作机制，在玉树市人民法院挂牌成立三江源生态法庭，开展环境资源案件审判工作。原来"九龙治水"的局面被打破，执法监管"碎片化"问题得到彻底解决，自然资源所有权和行政管理权关系被理顺，走出了一条富有青海特色的治水之路。

二是统筹山水林田湖草系统治理。2005年《青海三江源自然保护区生态保护和建设总体规划》公布，在此之后，青海省相继实施以"生态治理、生态补偿、草原恢复"等为重点的三江源一期和二期生态保护建设工程，以大工程促进大保护，在大保护中促进大修复。通过退牧还草、禁牧封育、草畜平衡管理、黑土滩治理、草原有害生物防控等措施，构建了遥感监测与地面监测协同的"天空地一体化"监测体系，建立了青海省生态环境监测数据服务平台，探索形成了具有青海特色的人工造林、围栏封育和禁牧、沙漠化土地治理相结合，草原灭鼠、禁牧减畜、黑土滩治理相结合的综合治理示范雏形，"三江源智慧生态畜牧业平台建设"项目为三江源草地畜牧业可持续发展构建了全新的智慧生态畜牧业新模式，黄南藏族自治州"拉格日模式"以合作社为单位集中建设生态畜牧业基础设施，进一步提高了资源利用率。

三是推动牧民从生态利用者转变为生态管护员。注重在生态保护的同时促进人与自然和谐共生，准确把握牧民群众脱贫致富与国家公园生态保护的关系，在试点政策制定上将生态保护与精准脱贫相结合，与牧民群众充分参与、增收致富、转岗就业、改善生产生活条件相结合，充分调动牧民群众积极参与国家公园建设。创新建立了"一户一岗"生态管护公益性岗位机制，牧民转变身份成为生态管护员，捡拾垃圾、巡护山水、保护野生动植物，守护三江源，户均年收入明显增加。同时，积极探索生态保护和民生改善共赢之路，将生态保护与精准脱贫相结合开设了"三江源生态班"，招收三江源地区农牧民子弟开展为期三年的中职学历教育，对园区内外开展民族手工艺品加工、民间艺术技能、农业技术等技能培训，并积极开展特许经营试点，在澜沧江源园区昂赛大峡谷开展生态体验项目特许经营试点。还积极促进社区发展，基本完成玛多县擦泽村、杂多县年都村、治多县马赛村、曲麻莱县红旗村及索南达杰保护站"4＋1"生态保护示范村站项目建设，走出了一条新型社区建设路子。2018 年，三江源生态保护和建设二期工程规划实施中期评估结果显示：三江源地区生态系统退化趋势得到初步遏制，生态建设工程区生态环境状况明显好转，生态保护体制机制日益完善，农牧民生产生活水平稳步提高，生态安全屏障进一步筑牢。

2. 实践"样板"：玉树藏族自治州生态保护扶贫之经验考察

玉树藏族自治州位于青藏高原腹地，然而，美丽的风景与严酷的生存环境共存。该地生态环境脆弱、自然灾害频发，集生态高地、重建之地、深度贫困等特殊性于一体，曾是青海省贫困发生率最高、贫困程度最深、脱贫难度最大的地区之一。作为青藏高原的生态屏障，玉树藏族自治州在整个三江源地区生态环境保护与建设中处于主体地位。玉树藏族自治州坚持"绿色感恩、生态报国"的理念，将生态保护与民生改善相协调、与扶贫工作有机结合，推动生态生产生活的融合发展，打生态牌、走生态路、吃生态饭，走出一条高原脱贫的新路子。

玉树藏族自治州持续推进三江源国家公园的园区基础设施和生态修复项目，加强可可西里世界自然遗产地的科学规范管理，开展河湖"清四乱"专项行动，在长江源头沱沱河、楚玛尔河和通天河段开展渔业环境资源监测和鱼种资源保护等工作，促进大江大河干流水质整体稳步提升。该州抢抓三江源国家公园体制试点和可可西里申遗机遇，科学划定生态保护区红线，健全绿色政绩考核制度，强化生态保护优先的绩效评价体系，建立和完善生态效益补偿长效机制，将生态管护公益岗位设置与精准脱贫相结合，全面落实了园区生态管护"一户一岗"政策，构建了基层党建＋生态管护＋精准脱贫＋社会治理＋民族团结"五位一体"的网格管理模式，设立生态管护岗位享受公益性岗位补助，配备生态管护员巡护摩托、发放巡护着装，集中开展管护员业务培训，管护员持证上岗完成了从牧民到国家公园守护者的转变，走上就业岗位吃上"生态饭"。

在产业发展方面，该州以生态统领经济社会发展，坚持"生态产业化、产业生态化、生活绿色化"，把玉树产业转型的主攻方向瞄准做强生态畜牧业、做实文化旅游业、做活商贸流通业，撬动产业转型升级，推动高质量发展。该州不搞工业，不搞大开发，始终坚持"绿水青山就是金山银山、雪山冰川也是金山银山"的理念，遵循在保护环境的前提下适度发展原则，推动旅游业发展，一手抓文化旅游基础设施建设，一手抓旅游线路产品落地，以发展乡村旅游带动深度贫困地区精准脱贫为目标，在深入调研摸底全州文化旅游资源的基础上，制定《玉树州旅游扶贫工作实施方案》，整合乡村旅游资金和扶贫资金，通过举办特色赛马节、马术表演、歌舞表演等活动，培育旅游扶贫示范点，突出文化元素，全面探索建立唐蕃古道、游牧、古村落等文化体验区，积极引导旅游投资者建成一批集民俗风情、民族餐饮、休闲娱乐、特色购物于一体的高档次、高品位的文化旅游度假基地，建立起贫困群众与文化旅游产业的利益连接机制，旅游产业发展得风生水起，越来越具有国际范儿，吸引着世界越来越多的目光。

（二）生态修复型光伏产业扶贫的实践模式

1. 生态修复型光伏产业扶贫的模式、成效及经验❶

青海省土地资源丰富，荒漠和戈壁相对集中，全年日照时间较长，适合开

---

❶ 马骅．盛宗毅：生态修复型光伏扶贫的青海实践［EB/OL］．（2021－06－24）［2021－12－20］．http：//cn.chinagate.cn/news/2021－06/24/content_77584179.htm.

发太阳能清洁能源，并具有得天独厚的太阳能产业发展优势。青海省把"产业脱贫一批"作为脱贫攻坚的主攻方向，安排财政专项扶贫资金，构建到县、到村、到户的扶贫产业体系，大力发展牦牛、青稞、光伏、乡村旅游、民族手工艺"五大"特色产业。其中，光伏扶贫产业作为优势主导产业，纳入"清洁能源示范省"建设布局，成为贫困群众持续稳定增收的新引擎。青海省以"清洁能源示范省"建设为载体，大力发展光伏产业，持续打造"绿电特区"，促进经济发展、生态保护和改善民生"多赢"。

（1）多元化的创新光伏产业的建设模式

多渠道争取容量指标，有效整合资金、土地等资源，创新建设模式，形成多元发展格局。一是企业投资先期试点。争取国家光伏扶贫试点项目容量指标，采取"企业全额投资、贫困县落实用地、贫困户直接收益"模式，选择条件相对较好的贫困县建设分布式光伏电站。二是统筹村级电站模式。争取国家"十三五"村级光伏扶贫项目容量指标，按照贫困人口数量等因素，分配到全省贫困村，采取"政府投资、联村建站、量化到县、确权到村"模式，对三江源、青海湖等生态保护任务重的地区，采取州级统筹、跨县建设模式，进行项目统筹和资源整合，并建设了多个村级光伏扶贫电站。三是政企共建模式。落实全省"十三五"光伏建设规划指标，采取"政企投资、共建共享"模式，在海南藏族自治州建设集中式光伏扶贫电站。四是社会帮扶模式。国家电网有限公司投入帮扶资金，采取"跨县建设、帮扶地区收益"模式，帮扶援建扶贫电站，用于青海省果洛藏族自治州玛多县脱贫攻坚。

（2）运用大数据技术，降低光伏产业的运维成本

青海省在全国率先建成光伏扶贫大数据集控平台，对全省光伏扶贫电站进行智能化管理、集中式管控、专业化运维，探索建立电站"无人值班、少人值守"运行模式。每个电站减少运维人数，以降低运维成本。开发有关 App，通过手机客户端对项目运营情况进行全天候管理。通过省、市、县三级组建光伏扶贫项目管理工作机构，专职负责光伏项目资产管理、后期运维和收益分配使用管理，做到电量全额消纳、电费及时结算、补贴及时转付，使扶贫光伏电站真正成为贫困群众收益长期稳定、获得感强的"阳光存折"。

（3）实施"两分法"分配光伏产业的收益

青海省将有关项目收益资金的大部分作为村集体经济，主要用于产业发展、基础设施维修维护、农牧民教育培训、临时救助等；小部分作为扶持资金，通过设立公益性岗位、以工代赈、以奖代补等形式，帮助贫困人口、边缘人口增收。

（4）光伏产业扶贫的成效及意义

光伏产业不仅助力青海省打赢脱贫攻坚战，而且还具有以下四点意义。

一是为贫困村的可持续发展提供了资金保障。青海省光伏扶贫收益的大部分作为村集体经济，使有关贫困村实现村集体经济"破零"，并长期服务于乡村振兴战略。光伏收益有效解决了贫困村"两委"班子"有心作为、无钱办事"的难题和窘境，基层向心力、凝聚力、战斗力进一步增强，成为加强基层组织建设的重要支撑。

二是巩固脱贫成果，提升了乡村的全面治理能力。光伏收益的小部分作为扶持资金，扶持贫困人口、边缘人口增收。每村设立公益性岗位，通过以工代赈、以奖代补等形式，充分调动群众的生产积极性。公益性岗位在预防返贫、巩固提升方面作用凸显，解决了乡村环境卫生治理、治安巡逻、纠纷调解、灾难风险排查、防火防盗防汛、易风易俗监督等公共服务问题，提升了农村公共服务水平。

三是以生态修复治理提升生态脱贫效益。青海省是国家重要的生态安全屏障，其在项目实施过程中，始终坚持生态优先理念，电站选址有效利用戈壁荒漠、黑土滩和荒山荒坡，采取高支架农光互补、牧光互补模式，在节约后期管理成本的同时，实现综合利用土地叠加效应。实践证明，光伏方阵区内生态得到快速修复，光伏电站成为优质牧场，"光伏羊"成为贫困群众的致富新产业。电站维护过程中，贫困户参与光伏阵区种草、道路维修维护、季节性清洗光伏组件等工作，在获得劳动收入的同时，增强了对光伏扶贫电站的直观认识。

四是为全球生态贫困治理贡献了"青海方案"。青海省在国际社会上分享光伏扶贫等方面取得的成功经验，为国际生态保护，新能源开发，贫困治理等领域贡献青海智慧，提供青海方案。青海省进一步发掘其在发展清洁能源产业、生态保护与消除贫困的潜力与独特优势，以"飞地模式"与国际社会以及国内其他兄弟省份合作发展光伏扶贫电站。

2. **实践"样板"：海南藏族自治州共和县生态修复型光伏扶贫之经验考察**

共和县位于青海省东北部，是青藏高原的东门户，素有"青藏咽喉"之称，位于青海湖之南。该地的地形以高原山地为主，干旱少雨，气候温凉，日照充足，昼夜温差大。由于该地海拔高，空气稀薄，干燥少云，空气洁净，日照充足，因此蕴藏着极为丰富的光能资源，大部分地区可开发利用太阳能和风能资源。该地曾一度被广阔的戈壁沙漠所覆盖，长期受到风沙困扰，存在干燥、贫氧、土地贫瘠等生态问题。该地积极探索"光伏＋治沙＋产业"发展新模式，充分利用光伏发电园区，发展光伏产业链，探索出生态治理、新能源产业发展、贫困户增收有机结合的"生态扶贫"模式。

青海省发展和改革委员会为助力全省脱贫攻坚安排的普通光伏指标——海南藏族自治州100兆瓦集中式光伏扶贫电站的场址选在了光伏发电园区内。该项目采取政府与社会资本力量合作的模式，由国新融智基金管理（北京）有限公司和青海省扶贫开发投资有限责任公司共同出资成立了青海济贫光伏新能源有限公司。双方签署合作框架协议，国新融智基金管理（北京）有限公司负责组织项目实施管理及后期运维；青海省扶贫开发投资有限责任公司负责项目建设的监督、协调和收益分配管理。该工程于2018年开工建设竣工并网投产运行。该项目可优先带动全省建档立卡贫困户，作为村级光伏电站的补充，重点向全省深度贫困地区及无（弱）劳动能力的非建档立卡贫困村贫困户倾斜。同时，在太阳能光伏板的遮挡下，光伏园区土壤涵水能力较强，野草生长迅猛，一定程度影响了光伏板吸收太阳能的效率，该地把羊群放入园区，便成为两全之策。板上发电、板下牧羊，在光伏园区放养的藏羊吃掉了生长茂盛的杂草，不仅节省了牧民的饲料成本，而且减少了光伏园除去杂草的人工成本，实现了光伏企业和农牧民双向受益。此外，通过羊粪施肥、养膘出栏，更好地保持了园区生态良性循环发展，当地农牧民养殖藏羊的收益也得到了提高。

该地立足资源禀赋，依托地形优势和光照条件，借助光伏发电产业，建立

"牧光互补＋水光互补"新发展模式，大力发展"板"下经济，探索出一条光伏生态园和藏羊养殖产业发展相结合，绿色、低碳、循环发展的新路子，为青藏高原乃至全国同类地区生态高效治理与经济高质量发展提供了经验和样板。

（三）生态畜牧业扶贫的实践模式

1. 生态畜牧业扶贫的模式、成效及经验

青海省是农业农村部确定的全国草地生态畜牧业试验区，是我国五大牧区之一。以牦牛、藏羊为主的草地畜牧业是青海最具特色、最具潜力、最具发展前景的产业，是广大贫困地区牧民脱贫增收的依托。按照《关于开展生态畜牧业建设试点工作的意见》，青海省首先选择多个纯牧业村开展试点，为生态畜牧业建设探索路子、积累经验。2019 年扶持试点扩大，该省通过试点探索、示范推广、全面提升"三步走战略"，贯彻草场承包到户使用权不动摇、牲畜作价归户所有权不动摇、实行合作社经营的路子不动摇"三个不动摇"理念，制定了"四证三章一文"合作社建设标准，创造性提出的 6 大体制机制任务、3 大模式、8 项制度、100 个试点社的"6381"试验区建设方案，探索出"股份制、联户制、代牧制"等建设模式，实现了"资源变资产、资产变资金、资金变股金、牧业变产业、牧民变股东、社员变职员"的 6 个转变，走出了一条符合青海实际的草地生态畜牧业发展新路子。其中，与贫困群众建立稳定的利益联结机制，作为组建生态畜牧业合作社的重要内容，给予充分考虑，形成了"3211"利益联结模式，"3"即合作社集约化生产，释放大量富余劳力，通过技能培训实现在县城及乡镇就地就近就业；养殖能手、经营能手参与合作社生产，成为合作社职员；合作社通过发展第二、第三产业，进一步拓宽就业渠道，牧民群众实现再就业。"2"即生产资料入股合作社保底分红和生产经营销售利润二次返利分红。"1"即确保牧民群众草场和牛羊收益不低于个人经营收益。"1"利用政府扶持资金和项目，对贫困户进行额外配股，提高贫困户配股比例，更多地享受到股权收益，实现了稳定脱贫。

青海省先后推出草地生态畜牧业"拉格日模式"，生态、生产、生活"三生"共赢的"梅隆模式"，修复、保护、发展并重的"甘德经验"等典型样

板，多个合作社被认定为"全国草地生态畜牧业试验区建设创新示范基地"，"6381"试验区建设方案在广大牧区全面推广。农业农村部多次派专门调研组进行实地调研，总结提炼经验做法，为全国草地畜牧业发展拓展了思路，提供了青海样板。

2. 实践"样板"：泽库县拉格日村生态畜牧业扶贫之经验考察

黄南藏族自治州泽库县拉格日村平均海拔超过 3500 米，干旱少雨，人均草场少，植被环境差，曾是一个典型的重点贫困村。2010 年以前，当地大多数牧民通过增加牲畜数量来增收，但始终未能解决畜牧业产业发展的"内卷化"，极大地影响了当地畜牧业的发展，导致村落经济单一、无支柱型产业，人均纯收入较低。2011 年，拉格日村牧民开始加入专业合作社，并首次成立生态畜牧业专业合作社。2012 年，拉格日村村委会将扶贫资金以入股形式作为合作社周转资金，进一步扩大合作社经营规模。2012 年底，当地牧民首次获得了合作社的分红，在政府的积极宣传引导下，草场入股和牧户入股数量大幅增加。2014 年初，在泽库县政府的带领下，其以"生态与经济双赢"为主要目标，整合全村资源，拉格日生态畜牧业专业合作社成功转型。特别是与精准扶贫政策相结合，合作社取得了较好的发展态势。随着拉格日生态畜牧业专业合作社的发展和利润返还金额的逐年增加，牧民积极参与合作社。为了拉格日生态畜牧业专业合作社的标准化和规模化，在当地政府的支持和帮扶下，现代化畜牧业发展理念融入生态畜牧业专业合作社运行机制。在多年的发展过程中，结合当地传统放牧的实际，拉格日生态畜牧业专业合作社不断优化产业结构和牲畜品种，加强生态效益和经济效益，促进现代化畜牧业发展。

该地的主要经验和做法如下：一是加强牲畜高效养殖及良种繁育。为了增加拉格日生态畜牧业专业合作社收入，从 2021 年开始，拉格日生态畜牧业专业合作社按照划区轮牧方式，合作社牦牛分为多个牧业组，牧业组聘请专门的挤奶和放牧员工，按月支付薪酬。其中，放牧组"以草定畜、草畜平衡"为理念，科学规划草场载畜量，通过严格执行草场放牧顺序，核定放牧周期分区安排放牧时间，以季度为节点合理安排轮牧模式，最大限度地保护了草地生态。同时结合技术示范，大力推广了牦牛一年一胎的养殖方式。在藏羊养殖方面，以划分养殖小组的方式，利用租赁的草场，分冬、夏两季轮牧，以两年三胎技术推广进行高效养殖，同时配备专业养殖人员，打破传统的按月支付的薪酬模式，以每年每只羊为标准支付薪酬。二是拓宽就业渠道，增加牧民收入。牧民草场和牲畜等家产为了充分利用年轻力壮的剩余劳动力，通过统一的技能培训，对剩余劳动力进行分工，以个人特长分别从事销售、交通运输等行业，以此增加牧民收入。2014 年，拉格日生态畜牧业专业合作社拓展合作社经营种类和范围，以推动第二、三产业，增加牧民收入为主要目标，积极筹措资金，利用草原奖励补助资金注册公司、开办合作社下设餐饮酒店业进行酥油、曲拉和牛肉干等有机畜产品直销店，并以各经销店为平台解决了拉格日村青年剩余劳动力的就业问题。三是提升合作社技术服务水平和能力。在拉格日生态畜牧业专业合作社发展过程中，拉格日生态畜牧业专业合作社主动与有关部门签订合作协议，县级有关部门也高度重视合作社的发展前景，积极安排部署强化落实责任。例如，当地农牧科技部门的技术人员与合作社建立联点帮扶，利用先进技术精确核算天然草场面积和牲畜数量，科学规划轮牧放牧及载畜量的统筹管理。兽医站以合作社牲畜疫病防控为主，积极推广牲畜高效养殖技术和品种繁育技术，在传统养殖业基础上改良品种，增加牛羊出栏率的专业化和规模化发展路径，合作社良种牛羊类型进行分群放牧的现代化畜牧业，对合作社进行全方位帮扶，在拉格日生态畜牧业专业合作社长期发展中起到了重要作用。

（四）生态旅游扶贫的实践模式

1. 生态旅游扶贫的模式、成效及经验

青海省独特的地质地貌与高原气候孕育出形态各异的峡谷景观、湖泊河流、高原草地、沙漠等各类景观资源，人文旅游资源与自然环境的相互融合相得益彰，各民族的繁衍生息与青海特殊自然生态环境息息相关，在漫长的历史过程中，与高海拔、高寒等自然环境相互磨合，形成独具高原特色的建筑风貌、民间艺术、地方习俗与饮食习俗。青海省人文与自然生态资源的相互交织、和谐共生，构成了相互映衬、相互突出的整体系统格局，是我国生态旅游资源最丰富的省份之一，具有独特的自然风光和文化特色。青海省挖掘生态旅

游的自然人文潜能，把突出生态旅游亮点、打造生态体验线路、发展民族文化产业、保护历史文化遗存等作为建设青海国际生态旅游目的地的重要路径，着力打造以西宁市为中心、以青海湖生态旅游圈为环、东南西北多带的"一芯一环多带"生态旅游发展新格局，更有效推进生态旅游发展和民族地区文化繁荣与和谐稳定。碧波荡漾青海湖、"天空之镜"茶卡盐湖、多彩翡翠湖、祁连山下好牧场、门源花海等都享誉国内外，大美青海、山宗水源的品牌越来越响。

一是依据生态功能定位，打造青海国际生态旅游目的地系列品牌。依托优良生态旅游资源，以生态保护为引领，开发重点区域生态旅游项目建设，开发经典生态体验文化创意产品，注重市场宣传推广，打造青海国际生态旅游目的地系列品牌。深入挖掘青海高原原生态文化的潜力，突出绿色生态、民族特色、历史文化三大亮点，积极发展大美青海的环境教育之旅、神奇青海生态体验之旅、文化青海溯源之旅，以高原文化博大精深和大自然的原真魅力吸引更多旅客，提升青海国际生态旅游目的地品质。

二是打造多元文化一体的人文生态旅游线路。进一步强化青海湖、塔尔寺、茶卡盐湖、门源花海、日月山等经典生态旅游景点品牌效应，构建景区景点的生态旅游线路网，实现生态旅游纵深发展。充实线路生态内容、丰富线路内涵、增强线路体验，突出沿线独特的高原风光、自然地质地貌，设置停留体验区。打造以河谷田园、高原森林、雪山冰川、湿地草原立体原生态山水环境为主题的生态旅游景观线路，以景区景点沿线的自然风光和浓郁的民族风情为主的生态体验线路，融入红色文化、民族文化等多元文化为一体的人文生态旅游线路。

三是强化政府为主导的多元化生态旅游基础设施投资机制。发挥政府投资先导作用的同时，建立多元化的生态旅游投入体制，把发展生态旅游与改善生态环境、发展文化产业结合，加强交通、环保、卫生等配套基础设施建设，提升区域内通信、宾馆、餐饮等服务水平，积极推进观光型旅游向度假型、运动型、体验型生态旅游转变。结合国家公园建设，丰富生态旅游项目，增加居民和来访者参与性，提升旅者体验感，扩展生态旅游目的地，使之成为青海经济发展新增长点。

2. 实践"样板"：海北藏族自治州祁连县生态旅游扶贫之经验考察

祁连县因地处祁连山中段腹地而得名，县城北邻古丝绸之路的首要通道甘肃河西走廊，故有青海"北大门"之称。近年来，祁连县紧紧围绕"旅游发展帮带扶贫开发，扶贫开发增进旅游发展"的思路，大力发展生态旅游，推进第一、第二、第三产业融合发展，初步形成了"旅游+"扶贫开发模式，让"美景"战胜贫困。

该县的主要经验和做法如下：一是确立全县旅游布局，整合发展规划。祁连县提出了以卓尔山核心景区带动，开桥山、八宝风景区、拉洞峡、鹿场等景区为引领，以峨堡为旅游服务镇，阿柔、默勒为民俗体验乡，八宝镇为旅游集散地和目的地，扎麻什、野牛沟、央隆三乡为极地体验乡的旅游布局和发展思路。同时，以"旅游先导，多规融合"理念，整合县内林业、水利、土地、城镇等各类专项规划，与各相关规划"嵌入式对接"，解决长期制约旅游发展的"政策、资金、土地"三大根本难题，助推"大旅游、大产业"目标的实现。二是投资建设森林旅游扶贫项目。祁连县投入旅游扶贫资金，相继实施了扎麻什乡聚宝瓶旅游扶贫项目及八宝镇营盘台、拉洞、麻拉河三个村的旅游扶贫生态园项目，扶持贫困户增收。三是创建生态园"扶贫"模式。该县投资建设了集地方特色餐饮，住宿于一体的旅游扶贫生态园，采用招商的方式对外承包，承包户须每年帮助村里的贫困户，为他们无偿提供补助。旅游生态园建成后，通过建立双帮机制，引导贫困劳动力到生态园务工，并且让生态园经营者优先使用贫困户自产食材，以增加贫困户收入。

（五）生态扶贫财政支持的模式、成效及经验[❶]

生态环境不仅要为人类活动提供必要的空间和场所，而且要提供必不可少的物质条件。人们的生活、生态、生产空间（"三生"空间）紧密相连，理想状态下"三生"空间的循环是良性互动的，即生态服务于生产生活，生产支

---

❶ 覃凤琴. 构建生态扶贫的财政支持机制分析：以青海为例 [J]. 地方财政研究，2021（11）：86-92.

持生活，生产生活不对生态环境造成污染和破坏，从而达到生产发展、生活富裕、生态良好、美丽和谐的状态。但是贫困地区生存发展压力巨大，而且贫困地区的自然资源禀赋优势较大，其他的生产要素（资本、人才、技术等）都相对匮乏，这些地区要发展，生产生活都得靠环境，从而导致对自然资源的过度利用，造成环境超载和环境退化，再加之有些贫困地区的生态环境本身很脆弱，而过于依赖于生态的生产生活则难以为继，生产生活条件也会恶化，贫困状况会进一步加剧。这样就形成了贫困地区常常陷于"生产发展—生态破坏—生活贫困"的恶性循环之中。青海省属于生态脆弱地区、重点生态功能区与贫困地区高低重合的地区，在生态扶贫解决地区贫困过程中，探索出了一条生态扶贫财政支持的新路子以解决扶贫财政薄弱的困境。

财政是国家治理的基础和重要支柱，在治理生态贫困实现生态扶贫中理应发挥其重要作用。财政政策可以通过收入和支出实现对公共资源的配置，调整"三生"循环互动。其中，收入端的工具主要是税费和税收优惠，征收税费会对人们的生产和消费行为起到矫正和抑制作用，如环保税对负外部性的矫正作用会促使人们考虑其污染行为的社会成本，从而减少对高消耗、高污染产品的生产和消费；税收优惠是政府通过放弃本该收取的那部分收入鼓励和引导某一活动向着生态扶贫的目标方向发展。支出端的工具主要包括两类：一是通过财政支出形成公共产品和公共服务，如环境保护、扶贫、基础设施建设、社保等，这些支出既可以通过生态扶贫公共服务直接作用于生态和贫困问题，也可以通过影响生产函数的各个要素（如人力资本和物质资本）进而影响生产，间接作用于生态和生活贫困问题；二是补贴，即针对企业和个人的转移性支出，如绿色补贴、对低收入人群的补助等，生态环境领域的补贴支出会鼓励正外部性的生产活动。青海省创新财政支持机制，为生态扶贫提供了有力的资金保障，具体做法如下。

1. 财政收入端

青海省是生态环境保护的重点区域，当地强化重点税源监控，进一步优化税源结构，大力支持和培养"绿色税源"，为打造生态强省打下了坚实的基础；征收排污费（2018年1月1日后改为环境保护税）等相关的费用，抑制污染型的生产活动；对绿色产业减免税会使节能环保型的产业得到大力发展，从而增加当地收入，达到减贫效果。

2. 财政支出端

青海省在财政支出端主要是通过预算安排财政资金支持与生态扶贫相关的项目，如节能环保支出、扶贫支出以及相关补贴等。一是节能环保支出呈增长趋势。二是设置生态管护员岗位，安排建档立卡贫困人口从事生态公益管护工作，达到基本覆盖所有贫困户，基本实现了三江源地区的贫困户脱贫。三是实施草原生态保护奖补政策，包括天然草原禁牧补助政策和草畜平衡奖励政策，更多牧民获取更多的收入，起到了减贫作用。同时也大大改善了青海省的自然资源环境，水、土、草等自然资源得到了较大程度的修复和保护。

3. 财政转移支付端

青海省在财政转移支付端方面分为一般转移支付和专项转移支付。转移支付端包括可再生能源发展专项资金、水污染防治资金、排污费支出、天然林保护工程补助经费、退耕还林工程财政专项资金、江河湖泊治理与保护专项资金、财政专项扶贫资金、林业保护补助资金等，这些专项资金更加有针对性，直接作用于环境保护或者扶贫开发，直接提高了青海省生态脆弱区的收入水平，实现了一部分贫困户的脱贫。此外，当地还利用财政资金主导或引导设立了专门用于生态环境保护的基金，例如由财政部推动设立的国家和区域绿色发展基金、青海省设立的中国三江源生态保护发展基金等，投资绿色生态产业，体现国家对绿色投资和政策的引导作用。

4. 财政支持的长效机制

财政是解决生态保护和扶贫开发的重要手段之一，青海省构建一套能够促进生态扶贫的长效机制：一是推进税制创新，完善与生态扶贫相关的税种、完善税收优惠政策、以法律、法规的形式规范生态补偿收费的征收。二是进一步完善生态扶贫资金筹集机制，并且强化资金的使用与管理，建立生态恢复专项资金，同时接受财政、审计部门的监督检查。三是完善财政纵横转移支付制度，平衡贫困地区和生态脆弱地区发展的机会成本。

第八节　五个自治区的生态扶贫实践模式及典型经验

我国省级行政区中的内蒙古自治区、新疆维吾尔自治区、广西壮族自治区、宁夏回族自治区和西藏自治区五个自治区在经济区域划分上同属于我国西部地区。因具有生态环境脆弱、贫困程度较深、社会经济发展相对滞后的共同特质，这五个自治区在打赢脱贫攻坚战中积累了生态保护脱贫的共同经验。这五个自治区少数民族人口较多。习近平强调，"全面实现小康，少数民族一个都不能少，一个都不能掉队"。在生态扶贫的实践进程中，这五个自治区依据各区的生态环境实际与自然资源禀赋，不断创新生态扶贫机制和方法，实现了减贫脱贫与生态文明建设的"双赢"目标。

一、生态扶贫的实践及成效

在林业生态扶贫实践中，内蒙古自治区在《内蒙古自治区林业生态扶贫三年规划（2018—2020 年）》中规定了关于大力发展内蒙古林业生态以求进一步实施生态扶贫策略的方针，并要求坚持全面责任制度，实行层层负责制；坚持转变作风，务求实效原则；坚持创新机制，调动群众保护修复家乡生态环境的积极性；坚持因地制宜，科学发展，走生态保护与扶贫开发共赢的发展路子。"十三五"期间，内蒙古自治区多措并举创新生态扶贫机制，使当地贫困人口在生态补偿、国土绿化、林草产业中受益，实现了贫困地区生态环境改善和贫困人口增收的"双赢"。❶党的十八大以来，新疆维吾尔自治区依托退耕还林工程、退耕还草工程、退牧还草工程、"三北"防护林体系建设工程、沙化土地封禁保护区建设工程、湿地保护与恢复工程等重点生态项目，开展生态工程建设，其深度贫困地区生态环境改善和增收取得了巨大成效。❷广西壮族自

---

❶ 李晗. 生态扶贫让我区 29 万贫困人口受益［N］. 内蒙古日报，2021 - 01 - 07（8）.

❷ 国家林业和草原局. 实现脱贫攻坚与生态文明建设"双赢"：自治区林业和草原局生态扶贫工作综述［EB/OL］.（2020 - 11 - 24）［2022 - 12 - 20］. https：//m. thepaper. cn/baijiahao_10119132.

治区大部分贫困人口分布在山区，山多耕地少，广大山区群众脱贫致富的潜力在山、希望在林。广西壮族自治区将生态建设与扶贫开发紧密结合，以生态扶贫提升贫困地区可持续发展能力。"十三五"期间，广西壮族自治区选聘续聘生态护林员多人，林业发展带动大量贫困人口稳定脱贫、稳定增收。❶

在生态产业扶贫实践中，宁夏回族自治区出台《宁夏生态扶贫工作方案》，根据当地资源拥有量，产业基础和贫困人口的脱贫意愿，大力发展生态扶贫产业。通过发展特色林、特色牧草业、特色林经济和生态旅游四大重点生态产业，立足当地资源特色，促进农村第一、第二、第三产业的综合发展，形成突出的主营业务，多行业发展，与每个行业、产业扶贫相结合的发展特征。2020年，当地贫困县（市、区）枸杞、葡萄、文冠果、山桃山杏等木本油料和林果，以及中药材种植面积得到扩大；肉牛、肉羊、生态鸡饲量大幅度上升；建立多个生态建设扶贫专业合作社，吸纳大量贫困人口参与生态工程建设；新增加生态管护员岗位多个；通过发展生态产业，带动大量贫困人口实现增收。

在生态补偿脱贫实践中，西藏自治区在《西藏自治区"十三五"时期生态补偿脱贫实施方案》中设立了林业生态保护、草原生态保护、水生态保护（含村级水管员）、农村公路养护、旅游厕所保洁、村级环境监督员、地质灾害群防群测等生态补偿脱贫岗位，引导有劳动能力的贫困人员就地转为生态保护人员，参与生态环境保护和建设，实现贫困人口通过劳动增收绿色脱贫。为进一步精准生态补偿脱贫岗位管理，激发贫困人口脱贫致富内生动力，西藏自治区印发《进一步规范生态补偿脱贫岗位管理工作通知》。在"十三五"期间，拉萨市通过生态补偿建设项目使多名农牧区贫困人口实现了脱贫，大量天然草地植被得到恢复，依靠人工栽种的树木存活率也有所提高。❷

---

❶ 庞革平，王勇. 广西：林业直接带动 120 万人口稳定增收［N］. 人民日报，2020 – 10 – 09（16）.

❷ 卢文静. 拉萨市"绿色 + 扶贫"走出生态致富新路［EB/OL］.（2021 – 03 – 26）［2022 – 06 – 20］. http：//xz. people. com. cn/BIG5/n2/2021/0326/c138901 – 34642773. html.

二、生态扶贫的典型经验

(一) 内蒙古自治区治沙扶贫经验考察

在内蒙古自治区，有着我国第七大沙漠——库布其沙漠。该沙漠周围居住区域的居民时刻受到沙尘暴以及土地沙漠化的威胁。在亿利资源集团有限公司的参与下，库布其沙漠的沙尘暴的发生频率有所降低。因亿利资源集团有限公司治沙模式的成果显著，2015 年 7 月，亿利资源集团有限公司获得联合国防治荒漠化公约颁发的"2015 年度土地生命奖"。[1]

亿利资源集团有限公司在库布其沙漠开创"治沙 + 发电 + 种植 + 养殖 + 扶贫"模式，带动当地居民脱贫。1998—2017 年，亿利资源集团有限公司坚持通过把"绿起来"和"富起来"相结合、生态与产业相结合、企业发展与生态治理相结合的方式，让多名当地居民脱贫致富。2017 年 9 月 11 日，联合国官方发布的《中国库布其生态财富评估报告》，向"一带一路"合作伙伴乃至全球推广中国库布其治沙扶贫模式。在 2020 年的"华夏公益财经大奖"颁奖仪式上，亿利资源集团有限公司荣获"2020 年度精准扶贫贡献奖"。库布其治沙扶贫模式的核心是通过治理沙漠改善生态环境，通过发展生态产业带动居民脱贫。在库布其治沙扶贫过程中，亿利资源集团有限公司通过发展生态修复、新能源、沙漠旅游和现代养殖等产业，在促进地方经济增长的同时，带动当地农牧民以"沙地业主、产业股东、旅游小老板、民工联队长、产业工人、生态工人、新式农牧民"的"七种新身份"脱贫致富，沙区贫困农牧民成为最大参与者和受益者。[2]

在治理库布其沙漠的整个过程，亿利资源集团有限公司创新性地运用了多种方法与技术，完成了改善沙漠的任务。例如开创了"灌木为主体、乔草为

---

[1] 矫月，马宇薇. 亿利集团打造光伏产业样本 绿富同兴实现生态扶贫［EB/OL］.（2020 - 12 - 29）［2021 - 06 - 20］. http：//www. zqrb. cn/gscy/gongsi/2020 - 12 - 29/A1609207247822. html.

[2] 亿利集团推动"双十万人"生态产业精准扶贫获殊荣［EB/OL］.（2017 - 10 - 19）［2020 - 06 - 20］. https：//news. ifeng. com/c/7faH4gHFNdN.

补充"的治沙模式，构建了沙旱生灌木拳头种子技术治沙、风向数据和微创水汽法植树治沙、数字化智能化治沙和立体生态光伏治沙等核心技术。该公司使用现代科技的风向数据造林技术，不仅节省了资金，也节省了人力，保持了土壤的不变性。在初步完成治沙任务，并取得一定效果之后，亿利资源集团有限公司通过引进企业进行投资，形成生态修复推动生态健康、生态价值产品输出、生态光伏等综合性产业链，多种产业融合发展，实现扶贫脱贫任务，让当地居民过上富足生活。2017 年，在《联合国防治荒漠化公约》第十三次缔约方大会上，库布其沙漠作为中国防沙治沙的成功实践被写入联合国宣言，成为全球防治荒漠化典范，在将"荒漠沙丘"变成"绿水青山"到"金山银山"的伟大实践中，库布其沙漠治理生动诠释了"绿水青山就是金山银山"的理念，走出了一条经济发展和生态建设全面融合的绿色发展新路子。

1. 大力种植耐寒、耐旱植物，进行特色生态产品的输出

沙漠中种植沙柳、胡杨、甘草等沙漠作物无疑是最合适的，库布其治沙团队在库布其沙漠治理中心指挥团队的帮助下建立了全球第一所沙漠研究院，形成了西北地区最大的种质资源库，拥有多项生态种植技术，培养了多种适宜沙漠特征下种植的生态产品；库布其沙漠周边的生态多样性增多，降水量也逐年增加，最终带领周边居民共创财富，并提高财富中的生态与社会效益。

沙棘是防沙治沙的最好树种之一，不仅可以改善当地的恶劣水土，而且可以促进气候条件的好转，最终反哺生态环境。同时，沙棘还可以作为药材，用于现代的保健、营养和绿色产品之中。对于沙棘产业的扶持，不仅是"绿水青山就是金山银山"理念的实践，而且是把沙漠治理和扶贫脱贫的双重目标进行结合，有利用产业带动资源整合、转化，实现富裕目标。2019 年，当地依托"蚂蚁森林"项目宣传而推出的"MA 沙棘"饮料开售，作为一款生态饮料产品，通过蚂蚁森林平台实现畅销，把沙棘的生态效益与经济效益完美结合在一起，成为我国脱贫攻坚战中独具创新性的扶贫手段之一。当地依托海量的互联网用户，一方面利用蚂蚁森林"能量"的方式种植沙棘，帮助贫困区域改善生态环境，实现生态的可持续发展；另一方面，对这一资源以现代产品的

理念进行技术包装与宣传，为贫困人口创造更多的就业机会，实现脱贫致富。❶当地通过把企业与贫困人口的资源进行结合，逐步引导贫困人口建立自己的致富模式，依靠自己的力量进行脱贫，实现脱贫不返贫。

2. 治沙与光伏产业相结合的生态扶贫方式

新能源的发展一直是国家重视的领域。库布其沙漠地区正好位于光照充足地区，拥有极为丰富的太阳能资源。在绿色新能源与沙漠治理结合互补发展的政策之下，经过与内蒙古自治区政府双方的积极论证，亿利资源集团有限公司最终在库布其沙漠地区依照"绿水青山就是金山银山"的理念，规划了有关生态太阳能光伏光热治沙发电综合示范的项目。2017年，国家能源主管部门联合林业部门将此地列入"林业与光伏产业互补项目"的治沙产业示范基地。2018年，其太阳能发电项目被列入北京和天津的风沙源补贴项目，这对于库布其沙漠光伏产业的发展给予最大的助力，同时在政策上给予库布其沙漠以治沙消纳，以期望减少弃光率，增加上网的电量。库布齐沙漠的光伏项目建设完成之后，不仅年发电量有所提升，而且还能高效完成二氧化碳减排任务。在治理沙漠方面，一方面，用于固定光伏面板的基柱可以固沙，面板本身可以起到遮蔽阳光的作用，为植物生长提供良好的条件，使得治沙效率大大提升；另一方面，利用植物治沙可以减少风沙的侵蚀，从整体上降低光伏项目的维护成本。因此，国家联合亿利资源集团有限公司等新能源公司在建设过程中，投资建立治沙基金，用于固沙障、种植防护林和经济作物。2019年，一期项目完工有关生态绿化工程建设，光伏面板之下种植黄芩、黄芪等中草药，条件更好的区域还种植了红枣等经济林。❷

库布其沙漠的光伏产业在生态扶贫方面取得了惊人的效果，实现了"光伏+"的治理模式：一是光伏式发电站的建成，所占地尽可能地利用当地贫困人口家庭的未利用荒沙地，为贫困农牧民的致富作出了贡献。二是利用承包制模式，鼓励贫困农牧民参与发电站相关运营知识的培训，最终经过选拔使其

---

❶ 华青剑. 支付宝开启"沙棘生态脱贫模式"［EB/OL］.（2019 - 12 - 19）［2021 - 10 - 26］. http：//finance. ce. cn/home/jrzq/dc/201912/19/t20191219_33927190. shtml.

❷ 安路蒙. "光伏+治沙"内蒙古库布其沙漠创新生态治理新模式［EB/OL］.（2019 - 11 - 20）［2021 - 11 - 26］. https：//www. chinacourt. org/article/detail/2019/11/id/4645418. shtml.

加入新能源公司在当地的发电站办事处,从事运营工作,最终实现当地贫困农牧民致富。

(二)新疆维吾尔自治区阿克苏地区的绿色脱贫经验考察

在新疆维吾尔自治区出台的《自治区生态扶贫工作方案》指导下,阿克苏地区把"金山银山"和"绿水青山"结合起来协同发展,将生态扶贫作为脱贫攻坚的重要举措,大力弘扬"柯柯牙精神",把植树造林、退耕还林、退牧还草作为脱贫攻坚的重要抓手,充分调动社会各界的积极性、主动性,推动经济发展与环境保护协调发展,闯出一条"经济发展、生态良好"的新路子。❶

1. 荒漠植绿发展林业经济,实施生态造林工程

20世纪60年代,阿克苏地区的柯柯牙环境较差,沙尘肆虐。为遏制风沙,改善环境,1986年开始,阿克苏地区大规模植树造林。毗邻柯柯牙的红旗坡绿化基地,是新疆红旗坡农业发展集团有限公司按照当地工作部署,自2017年开始在荒漠上种植的经济林,为当地贫困人口提供稳定就业岗位以及季节性、临时性岗位多个。阿克苏地区大力弘扬柯柯牙精神,相继完成阿克苏河流域百万亩生态治理工程、渭干河流域百万亩生态治理工程和空台里克百万亩荒漠绿化工程,通过合理布局、优化结构、不断完善生态系统功能和林业产业体系,兼顾林业经济发展和农民收入,实现生态环境保护和脱贫攻坚"双赢"。

位于阿克苏地区的柯柯牙荒漠绿化工程围绕森林质量精准提升,提质增效并持续开展生态扶贫工作。建成集多种生态林、经济林于一体的"绿色长城",在其近年的生态造林工程中,阿克苏地区大部分的造林工程为经济林,实现了从最初单纯建设防风林,到"以林养林"保证生态效益,再到治理中实现"绿水青山就是金山银山",使亘古荒原、风沙之源变成了生态屏障、绿洲果园。

---

❶ 王金山. 生态扶贫走出绿色脱贫路 [EB/OL]. (2020 – 10 – 18) [2021 – 06 – 20]. https://www.xjkunlun.gov.cn/labgz/xyfc/84677.htm.

2. 增绿与增收的"双赢"发展模式

阿克苏地区践行"绿水青山就是金山银山"理念,从单纯种植生态林探索出经济林,结合退耕还林大规模种植核桃、苹果、香梨、小白杏、红枣等林果,并不断提高林果管理水平,走出了一条生产发展、生活富裕的绿色发展道路。在阿克苏地区的桑树林业种植发展中,桑树皮可造纸;桑叶可成为养蚕的主要饲料;桑木可制造农业生产工具,还可用于家具、乐器、雕刻等;桑葚不但可以食用,还可以酿酒。为进一步创新产业发展模式,阿克苏地区积极采取"公司+基地+合作社+农户"模式,协议保底价收购,消除农民的后顾之忧。桑树是药食同源的植物,全身是宝,除了药用价值,还有更多的经济价值。阿克苏地区新和县依其艾日克镇加依村的地理位置优越,是新疆富有地方民族特色的民间手工维吾尔乐器制作传承地,这里的桑树有别于其他地方,其木质紧实致密,年轮纹理美丽,更适合制作乐器。当地乐器合作社通过手工乐器制作有效提升产业总销售额。

3. 绿色福利的创新发展

公益性岗位开发,是阿克苏地区帮扶安置各类困难群体特别是建档立卡贫困户就业增收的重要举措。为了让生态释放更多红利,阿克苏地区通过选聘一批生态护林员,加大森林资源管护。同时,为建档立卡贫困人口探索生态脱贫的路子,带动贫困人口脱贫增收。阿克苏地区温宿县柯柯牙镇塔格拉克村位于天山第一峰托木尔峰自然保护区边缘,依托天山托木尔国家3A级旅游景区发展乡村生态旅游,吸纳多名农牧民稳定就业,大部分村民通过旅游直接受益。

(三)广西壮族自治区石漠化山区的生态脱贫经验考察

石漠化被称为"地球癌症"。曾经是全国脱贫攻坚战主战场之一的广西壮族自治区,土地石漠化严重。党的十八大以来,广西壮族自治区一手抓石漠化综合治理,一手抓生态经济、绿色产业发展,在一个战场打两场"硬仗",石漠化扩展趋势得到有效遏制,山区生态环境逐渐好转,许多荒山荒坡变为产业"绿洲",石山披"绿装",荒山变青山,在统筹推进脱贫攻坚与生态保护过程中,提高石漠化山区特色产业扶贫的覆盖率,山区群众也逐步摆脱了贫困,迈

向幸福新生活。❶

1. 坚持生态优先，发展特色产业

地处滇桂黔石漠化区的罗城仫佬族自治县，曾是广西壮族自治区河池市贫困县。该地缺水缺土，毛葡萄因根系发达，可防止水土流失，是治理和预防石漠化的理想生态经济植物。毛葡萄产业已成为当地主要扶贫产业之一，有大量贫困户参与该产业种植，并形成种植、销售、加工产业链，带动酿酒、饮料等产业发展。在石漠化治理过程中，广西还探索出"竹子＋任豆""任豆＋金银花"等多种混交造林模式，建设了多个石漠化综合治理示范点。

2. 坚持因地制宜，发展生态产业

广西壮族自治区河池市都安瑶族自治县东庙乡的群众改变传统的养殖方式，利用荒山坡地和石山下的水泡地种植牧草，发展肉牛养殖，打造生态循环农业。该县还通过创新实施"贷牛还牛、贷羊还羊"和粮改饲等项目，带动贫困户增收。广西壮族自治区石漠化山区发展林下经济、长寿养生、生态农业、生态旅游等多种特色生态产业，实现脱贫目标。

3. 坚持护绿增绿，筑牢生态脱贫的"靠山"

广西壮族自治区生态护林员重点向石漠化山区倾斜，基本实现"聘用一人护林、带动一户脱贫"。在河池市选聘建档立卡贫困人口担任生态护林员中，带动和巩固多人脱贫，提高全市森林覆盖率，裸露的石山已较少见。广西壮族自治区通过着力实施生态补偿脱贫，推进新一轮退耕还林、珠江流域防护林体系建设等重点生态工程后，岩溶地区生态环境明显改善，石漠化扩展趋势整体得到遏制，石漠化土地面积逐年缩减。通过聚焦大石山区、深度贫困地区，加快发展县级"5＋2"、村级"3＋1"扶贫产业，通过产业帮扶措施实现脱贫增收。在脱贫攻坚过程中，广西的八桂大地的生态环境持续向好，森林覆盖率大幅提高，植被生态质量和改善程度也有所改善。

（四）宁夏回族自治区同心县的"生态＋富民"脱贫经验考察

宁夏回族自治区吴忠市同心县干旱少雨，土地贫瘠，生态环境脆弱，曾是

---

❶ 王念，何伟，黄浩铭. 绿色正在唤醒石漠山区：广西生态扶贫新观察［EB/OL］.（2020－05－29）［2022－06－20］. https：//www. gov. cn/xinwen/2020－05/26/content_5515152. htm.

集"老、少、边、穷"为一身的国家扶贫开发重点县和六盘山集中连片特困区核心贫困县之一。

根据宁夏回族固原市原州区的自然生态环境的实际情况，该地提出了六种生态扶贫模式，有效增加了农民收入并如期实现脱贫。这六种模式为加快退耕还林项目的推广力度、大力发展森林产业尤其是经济林、推广"公司＋合作社"、开发苗木产业市场、增加生态护林员岗位招聘和保护本地区苗木市场。而同心县在借鉴原州区六种生态扶贫模式的基础上，以生态扶贫为核心，以富民为关键，努力把高原干旱的劣势化为优势，以减轻贫困的压力，将之转化为动力，开拓创新，在"生态＋富民"（例种植枸杞等中药材）的扶贫模式基础上，以宁夏享誉海内外的枸杞为特色和优势产业，大力开创"公司＋基地＋合作社＋农户"的发展模式，增加了全县农民的农业收入。

同心县不仅发展枸杞，而且还结合当地干旱的情况，大力发展抗旱性作物，实现富裕。比如，圆枣是同心县的传统特色产业，它有数百年的种植历史，不仅是干旱山区的农民喜欢种植的廉价树种，而且还是维持水、土壤和绿化家园的绝佳生态友好树种，同心县政府利用这一优势向广大人民推广圆枣作物的种植。圆枣的大力种植和开发下孕育了同心圆枣生产和销售的两家公司，其中，产业一体化公司——宁夏天予枣业有限责任公司与该地区的大量枣户建立了订单式生产关系，实现了农业综合经营的双赢局面，确保了同心圆枣的生产和质量，扩大了枣农的销售渠道，有效地带动了周边人民增加收入并走上了致富之路。该产品远销北京、浙江、广东等地，而且出口到日本、韩国等国家和地区，还成为中卫市的地理标志产品。

2020年，同心县为了实现"河流水域清洁治理、生态移民妥善安置、各乡村主干道生态环境恢复绿化"三大目标，大力发展森林经济，坚定维护生态环境改善为生命线，在三大目标之下，践行"绿水青山就是金山银山"理念，实施大规模的土地绿化行动，在新一轮退耕还林行动号召下，已经完成万亩的农田改制为森林，全县多名贫困群众从生态扶贫工程中受益，生态建设已成为脱贫致富的"绿色银行"。❶

---

❶ 杨洲. 生态建设造就百姓"绿色银行"［EB/OL］. (2020 – 04 – 16)［2022 – 06 – 20］. https：//www. nxnews. net/zt/2020/2020nxlc/2020lcxw/202004/t20200416_6675060. html.

此外，同心县先后出台了《产业扶贫项目实施方案》《同心县发展养殖业贷款贴息实施方案》《关于加快枸杞产业发展的实施意见》等支持生态扶贫的制度措施，而且制定了针对支持对象和支持行业的标准等。例如，主要支持产业包括枸杞、百合等一些中药材，红洋葱、马铃薯、西瓜等食物作料以及各种适养家畜。针对各项目产业支持标准，采取差异化的扶持政策，按照"确定扶持标准，自主选择发展项目，鼓励发展可持续发展产业"的原则，加强产业扶持。

（五）西藏自治区林芝市的生态旅游扶贫经验考察

林芝市在青藏高原众多的城市之中，海拔较低，在整个西藏自治区的自然生态环境保存良好，这里有着大片的原始森林区，而且保存完整，林区面积较大。尽管该地坐拥如此之多自然生态旅游资源，但也是因为林区众多，收入单源单一，同时当地重要的土特产品，例如松茸、天麻、核桃、木耳等产品收入并不足以作为一家人主要的生存收入来源，大多数人在温饱线附近挣扎。在打赢脱贫攻坚战中，林芝市利用生态旅游资源优势，吸引了大量外来游客，开辟出具有当地特色的旅游服务产业，顺利实现脱贫攻坚目标。

在全面了解全市的深度贫困区域情况后，林芝市出台了《关于构建产业扶贫利益联结机制的指导意见》《关于林芝市产业项目管理考核指标和项目经营管理实施方案》等规范，指导生态产业扶贫项目落地实施。依托青藏高原丰富的自然生态旅游资源，该地加大资金投入，扎实推进旅游扶贫，强化生态旅游扶贫产业项目的建设进度，鼓励动员农牧民参与，并以旅游扶贫项目融合发展其他产业链，带动广大贫困人口实现增收致富，以巩固生态旅游扶贫效果。该地广大贫困农户采取公司化运作的方式在生态环境良好的美景中打造旅游式民宿中，衍生出林芝美景向导服务、特色产品销售、餐饮娱乐一条龙式的旅游服务工作。当地政府不断加大生态旅游扶贫的支持力度，使林芝市的农村旅游服务从单纯的风景旅游转向沉浸式体验型。在政府指引下，相关农村生态旅游景点严格遵守"一村一品一特一组织"的建设标准，完成了多个乡村旅游示范村的建设和智慧网络信息化乡村旅游项目，盘活乡村各类资源，实现跨产业融合发展，使林芝市农村的生态式旅游、休闲式旅游、乡村体验式旅游足以茁壮发展。

作为支柱性产业，为建设成国际生态旅游示范区的目标，林芝市着力做好"入藏第一站"的形象工作，努力提升全市的生态旅游档次，进一步优化全市交通，推动形成全时段全日次旅游，打造"人间净地·醉美林芝"的生态旅游林芝印象。仅在 2018 年第一季度，林芝全域兴起之后的生态旅游，共计接待国内外慕名而来的游客 200 多万人次，有效提升贫困农牧民的旅游收入。❶

---

❶ 刘洪明. 旅游扶贫精准破解"美丽贫困"：西藏林芝发展生态旅游助力精准脱贫［EB/OL］.（2018 – 05 – 23）［2019 – 06 – 20］. http：//www. gov. cn/xinwen/2018 – 05/23/content_5293003. htm.

第四章
生态扶贫的法律制度形成及检视

保护生态环境就是保护生产力，改善生态环境就是发展生产力。让良好生态环境成为人民生活质量的增长点。2018 年 6 月，《中共中央　国务院关于打赢脱贫攻坚战三年行动的指导意见》出台，成为脱贫攻坚最后决胜阶段推进生态扶贫工作的纲领性文件。该意见指出：要加强生态扶贫，创新生态扶贫机制，实现生态改善和脱贫双赢。理论和事实证明，生态扶贫成功与否，法律制度是关键；在生态反贫困中"重建制度，特别是法律制度"有着双重的意义：一方面可以为生态反贫困事业提供法治保障，另一方面通过"以制度打破制度"方式可以为生态扶贫过程中真正意义上的反"制度贫困"提供坚实的"制度堡垒"。本章通过回顾生态扶贫的政策演进及其法治发展历程，透视"后扶贫时代"下生态扶贫的返贫风险及挑战的制度隐忧，检视西部生态扶贫法律制度建设的现状，梳理法律制度的不足与缺陷，为完善西部生态扶贫法治建设路径提供充分的基础和可靠的依据。

第一节　生态扶贫的政策演进及其制度逻辑

历史总是重要的，它的重要性不仅仅在于我们可以向过去取经，而且还因为现在和未来是通过一个社会制度的连续性与过去连接起来。今天和明天的选择是由过去决定的。过去只有在被视为一个制度演进的过程时才可以理解。❶

---

❶ 诺斯. 制度、制度变迁与经济绩效 [M]. 杭行，译. 韦森，审. 上海：格致出版社，上海三联书店，上海人民出版社，2008.

我国的扶贫工作经历了一个不断发展演进的历程，大致经历了救济式扶贫、项目式扶贫、开发式扶贫、参与式扶贫、精准式扶贫等阶段。❶ 就生态扶贫而言，其大致经历了以下三个政策实施与法治发展的阶段。

一、生态扶贫的准备阶段（1994—2000 年）

我国在建立社会主义市场经济体制后，经济因素开始活跃发展，人们的生产经营积极性也开始被激发，市场开始参与资源配置当中。一方面，沿海地区的城市利用区位和资源集聚优势快速发展起来；另一方面，广大中西部地区农村与东部地区的发展差距也迅速拉大。为进一步解决农村贫困问题，缩小东西部地区差距，实现共同富裕的目标。1994 年，国务院制定了《国家八七扶贫攻坚计划》，提出在 1994—2000 年，集中人力、物力、财力，动员社会各界力量，基本解决当时全国农村大量贫困人口的温饱问题。该计划出台后，我国开始自上而下成立扶贫机构，确定了开发式扶贫方针。从此，我国进入了生态扶贫的准备期。

该计划为生态扶贫提供了必要的物质基础，以工代赈和财政扶贫资金为贫困地区提供了大量的公共物品和公共服务，扶贫开发取得了瞩目的成就。贫困地区的地域分布与生态脆弱区具有高度的重叠性，《国家八七扶贫攻坚计划》确定的各个国家级贫困县中有大部分分布在我国生态脆弱带上。以《国家八七扶贫攻坚计划》发布为标志，我国扶贫进入组织化、规模化和制度化阶段。为了完成扶贫脱贫的攻坚任务，该计划确立了以发展经济带动扶贫开发，以扶贫开发促进经济发展的基本方针。虽然该计划也关注扶贫中的生态环境问题，指出了贫困县共同的特征之一是生态失调，并在各部门扶贫任务中加上了改善生态环境的内容，但具体的生态扶贫手段并未提及；而且该计划在实施过程中，各地以追求地区生产总值增长为主要目标，而对扶贫开发中的生态建设与保护重视不足，结果使本已脆弱的生态环境进一步恶化。因此，以发展地区生

❶ 黄国勤. 中国扶贫开发的历程、成就、问题及对策 [J]. 中国井冈山干部学院学报，2018，11（3）：117－124.

产总值为导向的扶贫政策急需适时调整。2001 年发布的《中国农村扶贫开发纲要（2001—2010 年）》和 2011 年发布的《中国农村扶贫开发纲要（2011—2020 年）》使生态扶贫的政策导向更加明确。通过实施生态扶贫，促进和实现人口脱贫与生态环境改善的双重目标，不仅是实现区域城乡协调发展、共同发展的需要，而且是扶贫开发模式转换和扶贫政策适时调整的需要。

值得一提的是，在这一阶段中实施的生态移民政策是扶贫攻坚中生态恶化导致贫困的直接认识，如表 4－1 所示。1997 年，国务院办公厅印发《国家扶贫资金管理办法》，在一定程度上规范了扶贫资金的使用管理方式；而且各地也开始探索关于扶贫开发的地方立法工作，其中，1995 年通过的《广西壮族自治区扶贫开发条例》（后于 2017 年修订）和 1996 年通过的《湖北省扶贫条例》（该条例于 2010 年废止，同时施行《湖北省农村扶贫条例》，并于 2016年修正）成为我国最早的两部扶贫开发立法的地方性法规。这对我国扶贫立法具有里程碑式的重大意义。

表 4－1　1978—2000 年中国开发式扶贫政策

实施时间	主要政策	主要内容
1983 年	生态移民	对生态脆弱地区贫困人口实行移民政策
1983 年	"三西"地区农业建设	针对自然环境恶劣、农民异常贫困地区实施扶贫移民开发建设
1985 年	以工代赈	支持贫困地区小型基础设施建设
1986 年	贴息贷款	为贫困地区提供有利息补贴的贷款项目
1986 年	财政发展资金	支持贫困地区的小型基础设施建设、社会服务和文化设施建设，扶持培训和技术推广等活动
1986 年	科技扶贫	在贫困地区进行技术培训和推广，发展支柱产业
1986 年	社会扶贫	吸引社会资源参与

二、生态扶贫的发展与实施阶段（2001—2020 年）

贫困地区生产力水平低，对自然条件的依赖性大，生态环境的好坏对贫困农户实现减贫脱贫具有重要的意义。由于贫困地区自然条件恶劣，农业基础薄弱，抗御自然灾害的能力低，因此逢天灾必受重灾，已经解决温饱的贫困户可能会因生产条件恶化再次返贫。针对以上情况，我国 2001 年 6 月出台的《中国农村扶贫开发纲要（2001—2010 年)》提出坚持可持续发展的方针，即扶贫开发必须与资源保护、生态建设相结合，与计划生育相结合，控制贫困地区人口的过快增长，实现资源、人口和环境的良性循环，提高贫困地区可持续发展的能力。同年 10 月发布的《中国农村扶贫开发》白皮书明确提出开发式扶贫的五大方针，其中第五个方针明确指出"扶贫开发与水土保持、环境保护、生态建设相结合，实施可持续发展战略，增强贫困地区和贫困农户的发展后劲"。至此，我国正式迈入了可持续发展的生态扶贫期，将扶贫事业与可持续发展模式相结合，探索可持续发展的生态扶贫之路。为了进一步改善贫困地区的贫困现状，促进共同富裕，实现全面建设小康社会的奋斗目标，2011 年 12 月，我国发布的《中国农村扶贫开发纲要（2011—2020 年)》指出，将扶贫开发与生态建设、环境保护、城镇化和新农村建设结合起来，充分发挥贫困地区的资源优势，发展环境友好型产业，增强防灾减灾能力，提倡健康科学的生活方式，促进经济社会发展与人口资源环境相协调。该纲要不仅指出我国扶贫开发已转入了加快脱贫致富、改善生态环境、加强生态建设、提高发展能力的新阶段，而且在第 47 条明确提出要"加强法制化建设。加快扶贫立法，使扶贫工作尽快走上法制化轨道。"

2013 年，精准扶贫被首次提出。精准扶贫是指针对不同贫困区域环境、不同贫困农户状况，运用科学有效程序对扶贫对象实施"精确识别、精确帮扶、精确管理"的治贫方式。精准扶贫政策体系包括"四支队伍""四个切实""五个一批""六个精准""十大工程"等，如表 4 - 2 所示。其中"生态补偿脱贫一批"是"五个一批"实施精准扶贫的重要制度安排之一，在推进精准扶贫脱贫过程中，一种创新性的"生态扶贫"模式逐渐兴起并在探索中付诸实施。

表4-2　精准扶贫政策体系

精准扶贫政策	扶贫制度
四支队伍	第一书记、驻村工作队、包村干部、村两委成员
四个切实	落实领导责任、做到精准扶贫、强化社会合力、加强基层组织建设
五个一批	生产发展一批、易地搬迁一批、生态补偿一批、教育发展一批、社会保障一批
六个精准	扶贫对象、项目安排、资金使用、措施到户、因村派人、脱贫成效精准
十大工程	干部驻村帮扶、职业教育培训、扶贫小额信贷、易地扶贫搬迁、电商扶贫、旅游扶贫、光伏扶贫、植树扶贫、致富带头人创业培训、龙头企业带动等

2015年10月通过的《中共中央关于制定国民经济和社会发展第十三个五年规划的建议》在实施脱贫攻坚工程中提出，对生态特别重要和脆弱的实行生态保护扶贫。这意味着生态扶贫思路的正式提出，并将其作为精准扶贫的一项新举措。同时，该建议提出了"创新、协调、绿色、开放、共享"的新发展理念。2015年11月，《中共中央　国务院关于打赢脱贫攻坚战的决定》发布，提出了"坚持扶贫开发与生态保护并重"的指导思想；2016年国务院印发的《"十三五"脱贫攻坚规划》提出了坚持绿色协调可持续发展，包括扶贫开发与资源环境相协调、脱贫致富与可持续发展相促进，并细化了生态保护扶贫工程的建设目标；2017年，党的十九大报告提出，必须树立和践行"绿水青山就是金山银山"的理念，建设美丽中国，为人民创造良好生产生活环境。2018年1月通过的《生态扶贫工作方案》，提出要充分发挥生态保护在精准扶贫、精准脱贫中的作用，探索生态保护与精准扶贫并重的生态扶贫新路。通过生态补偿、生态产业等系列举措，通过发展特色林果、扩大生态旅游等方式，帮扶贫困地区走出了一条治山治水与治贫治穷同步推进、生态建设和脱贫增收相互促进的发展之路，以实现脱贫攻坚与生态文明建设的双赢。在地方性生态扶贫政策层面，《江西省推进生态保护扶贫实施方案》、《贵州省生态扶贫实施方案（2017—2020年)》、《云南省生态扶贫实施方案（2018—2020年)》和《云南省林业生态脱贫攻坚实施方案（2018—2020年)》等生态扶贫方案纷纷出台。

三、生态扶贫成果的巩固拓展阶段（2021 年至今）

2020 年 11 月，我国如期实现了精准脱贫的目标，成功按期消除了绝对贫困；但这并不意味着脱贫工作的完结，如何巩固脱贫成果、防范返贫风险并建立解决相对贫困的长效机制，仍然成为贫困治理的核心内容。党的十九届四中全会审议通过的《中共中央关于坚持和完善中国特色社会主义制度 推进国家治理体系和治理能力现代化若干重大问题的决定》中明确提出要坚决打赢脱贫攻坚战，巩固脱贫攻坚成果，建立解决相对贫困的长效机制。当贫困地区和贫困人口按标准成功摆脱贫困以后，可能出现一定的退化现象，从而需要一个脱贫成果的巩固期。❶ 尽管我国生态扶贫主要目标任务基本完成，但是部分生态脆弱地区的生态风险和返贫风险并未完全消除。这些地区具有生态脆弱、自然条件差、经济基础弱和贫困程度深的特点，无论是脱贫成果的巩固难度，还是脱贫群体的返贫风险，均明显高于生态环境和自然资源禀赋较好的地区。

为进一步发挥生态环境保护和生态振兴在脱贫攻坚和乡村振兴中的重要作用，2020 年 6 月通过的《关于以生态振兴巩固脱贫攻坚成果 进一步推进乡村振兴的指导意见（2020—2022 年）》，明确提出巩固脱贫成果，打造生态宜居美丽乡村的具体要求。2021 年通过的《中共中央 国务院关于全面推进乡村振兴加快农业农村现代化的意见》第二部分对实现巩固拓展脱贫攻坚成果同乡村振兴有效衔接专门作出了规定，明确要求持续巩固拓展脱贫攻坚成果，接续推进脱贫地区乡村振兴，加强农村低收入人口常态化帮扶。随着我国经济社会进入高质量发展阶段和新发展格局时期，绿色发展成为主流；同时人民对美好生活的需求发生了重要变化，由原来的"求温饱"到现在的"要生态"，支撑生态扶贫所提供的产品与服务的市场需求变得越来越广阔，实现生态产品价值助力乡村振兴战略与共同富裕目标，生态扶贫与生态振兴皆大有可为。

---

❶ 张衔，杨莉，吴世艳. 自生能力与巩固脱贫成果：后扶贫时代的思考［J］. 政治经济学评论，2022，13（1）：104－120.

第二节　生态扶贫的返贫风险及其制度防范

"后扶贫时代"这一概念是针对中国精准扶贫、脱贫攻坚、绝对贫困治理等概念而提出，是指全面建成小康社会之后的相对贫困治理阶段。学术界的普遍观点认为，"后扶贫时代"是指从 2020 年全面建成小康社会，消除绝对贫困以后，直到 2050 年实现了建立稳固脱贫的长效机制的这一时间段。[1] 本书的"后扶贫时代"也是指全面建成小康社会之后解决我国相对贫困问题的新阶段，在时间维度上与学术界通说观点一致，即 2020 年全面建成小康社会之后，我国贫困治理的重心由消除绝对贫困转向缓解相对贫困，进入了以相对贫困为治理目标的"后扶贫时代"。2020 年，我国消除的全部贫困人口是指在高于国际绝对贫困线的标准之上消除贫困现象，但这并不意味着我国在 2020 年之后就不存在贫困现象，因为任何时代、任何社会总会有一部分人因为脆弱性而陷入贫困。原因可能包括个人能力的不足，也可能是外部环境的脆弱性，特别是在我国西部生态脆弱地区体现得更加明显。目前，学界对生态扶贫后脱贫成果巩固中面临的返贫风险关注不足，如何防范返贫风险，进一步拓展生态扶贫的脱贫成果，尚未形成系统性研究成果。因此，认识"后扶贫时代"生态型反贫困治理面临的挑战，进而精准识别生态扶贫的返贫风险及其制度成因，健全防止返贫动态监测、预警和帮扶机制，优化"后扶贫时代"的生态型贫困治理制度，对巩固生态脱贫攻坚成果、预防和阻断贫困主体返贫风险非常重要。

一、"后扶贫时代"下生态扶贫的返贫风险类型及挑战

互构与开放是当今社会的一个基本特征，世界正在步入一个具有高度不确定性的风险社会。我国西部生态系统的脆弱性容易引起各类生态风险、自然资源

---

[1]　王越. 答好"后扶贫时代"核心考题 [EB/OL]. (2020 - 12 - 08) [2021 - 06 - 20]. http：// www. rmlt. com. cn/2020/1208/601146. shtml.

灾害、生态破坏和环境污染事件等，从而加剧生态脆弱型贫困地区的返贫风险。

（一）环境风险引发突发环境事件导致的返贫风险

消除贫困和保护环境是我国可持续发展领域的两大核心问题，但生态系统的脆弱性使得突发环境事件与生态型贫困制约着可持续发展的进程，同时也对巩固脱贫攻坚的成果提出了挑战。部分生态脆弱地区脱贫人口的生计依然严重依赖环境，突发环境事件将直接影响脱贫质量的高低。生态脆弱型贫困地区同时也是突发环境事件高发地区，尽管生态扶贫工作开展以来，政府采取的扶贫措施不仅发展了当地经济，改善了生态环境，而且降低了该地区突发环境事件的发生率。但环境风险仍然是未来社会可持续发展的重要威胁。近年来，我国各类环境风险突出，已经进入突发环境事件高发期。2016 年，有报道指出："当前和今后一段时期是我国环境高风险期，环境安全形势不容乐观。有的是环境自身的问题，有的是衍生出来的问题，区域性、布局性、结构性环境风险更加突出，环境事故呈高发频发态势。"❶根据 2012—2020 年中国环境统计年鉴数据显示，四川、贵州、云南、陕西、青海、甘肃、宁夏、新疆等地是我国主要的贫困发生地，也是突发环境事件频发地区，环境突发事件发生率较高。这些已脱贫地区与生态脆弱区、国家重点生态功能区等高度叠加，在国家整体生态功能方面承担着重要责任。然而，在推动经济社会发展过程中，这些地区化工产业结构和布局不合理，总体上呈现出近水靠城的分布特征。一些危险化工企业邻近饮用水水源保护区、重要生态功能区等生态敏感区域，污染物排放、生产安全事故等因素极易诱发环境突发事件，危及人民群众身体健康和财产安全，可能会造成脱贫人口返贫现象。

（二）生态移民（易地搬迁）引发的返贫风险

易地扶贫搬迁是攻克深度生态脆弱地区脱贫难题的一项有效措施，能够降

---

❶ 陈吉宁. 以改善环境质量为核心全力打好补齐环保短板攻坚战：在 2016 年全国环境保护工作会议上的讲话 [EB/OL]. （2016 – 01 – 15）[2022 – 06 – 20]. http://www.gov.cn/guowuyuan/vom/2016 –01/15/content_5033089. htm.

低人类活动对生态系统的进一步破坏。以我国西部地区的易地扶贫搬迁工程为例，易地扶贫搬迁是我国治理生态脆弱地区深度贫困的重要举措之一，有助于实现脱贫与搬迁地生态环境改善的双重目的。但扶贫搬迁户即使实行了易地搬迁，也面临着重要的环境保护和生态修复任务，其生态功能定位制约了地方高效率的产业集群和大规模的经济开发，发展机会随之减少，严格的生态功能定位导致产业发展相对薄弱，扶贫搬迁户就业质量不高，后续可能诱发扶贫搬迁户返贫风险。主要表征如下。

第一，易地扶贫搬迁破坏了贫困户原来的生产方式，搬迁前的贫困户在贫瘠的土地上广种薄收来维持基本生活，尽管易地扶贫搬迁后居住生活条件有所改善，但实际上可供耕种的土地减少了，这可能切断了很多贫困户的基本生活来源，如果没有迅速实现就业或获得其他收入来源的话，很容易返贫。

第二，随着生态治理与修复工程的推进，小城镇的资源开采、粗加工以及能耗污染大的产业将面临"转停并转"，这给易地扶贫搬迁户再就业带来了困难。

第三，生态治理的益贫效果不明显，农村生态治理集中在面源污染治理、水土保持、石漠化治理、退耕还林还草等方面，生态治理的财政投入主要用于保护和修复方面，直接用于解决贫困目的的生态治理资金投入并不多，益贫效果不明显。

第四，需要搬迁的地区一般属于经济欠发达区域，地方财政紧张，地方政府易地扶贫搬迁资金面临较大压力，往往会导致易地扶贫搬迁基础设施不完善、搬迁补助下拨相对慢、生产生活成本高等问题，也会加重扶贫搬迁户的经济负担。

第五，连片特困区的生态功能定位制约了区域的大规模经济发展，生态治理与一些产业的发展会存在矛盾，并且环境污染、地方病等因素也会直接影响人的健康，增加医疗费用支出。这些因素都会使得当地人口陷入深度贫困的不利境地。

（三）生态型贫困治理"内卷化"引起的返贫风险

有研究指出，既有生态扶贫举措的局限性，将会导致生态扶贫的效果与预期目标之间存在差距。进入"后扶贫时代",如果这些差距得不到及时的消除,很可能产生"内卷化"风险。❶ 生态型贫困在一些特定因素的作用下,作为社会风险表现之一的"内卷化"风险存在并向社会危机演化存在可能。❷ 所谓生态型贫困治理的"内卷化"风险是指政府在生态脆弱地区投入扶贫资源未能达到预期效果而可能带来的负外部性效应。这种负外部性效应将表现在两个方面:一是某项生态扶贫措施在初期本是一种良好的治理方式,但由于在实施进程中没有适应经济社会的发展变化,因此成为一种效果耗损,甚至难以继续见效的治理方式,如部分地区易地扶贫搬迁后续扶贫措施乏力的现象;二是生态型贫困治理,越是深入基层,投入就越大,随之整个社会的治理成本也不断增加,社会压力渐长,却难以达到预期效果。

在生态型贫困治理"内卷化"风险之下,治理周期的冲突也会引发返贫风险。生态修复和环境保护需要一个相对漫长的过程,但生态脆弱地区的贫困人口急需脱贫,这就造成某些扶贫政策呈现出"运动式"扶贫特征,对环保目标重视不够。生态环境的修复或者维持需要经过科学的评估、长期的治理、合理的利用才能达到和谐的状态。但为了完成短期脱贫任务,极有可能忽略环境因素,导致短期减贫任务与生态环境长期修复之间产生时间周期上的冲突,从而可能增加事后的返贫风险。

生态型贫困地区本来禀赋资源较少,风险抵抗能力较弱,居民生存极大地依赖于自然资源的优劣,一旦发生严重的自然灾害,出现大面积返贫的概率相对较高。资源匮乏和环境承载力低下也是构成返贫的重要原因。就我国西部地区而言,其自身发展受当地生态环境制约较大。再加上"靠山吃山、靠水吃水"的观念,造成对当地自然资源进行过度开发利用,一旦资源枯竭或者生态环境生变,致贫或者返贫的概率就会增加。由于生态脆弱地区的环境致贫因素未得到彻底的修复,因此该地区贫困户的脱贫就具有脆弱性,返贫风险指数高于其他地区。脆弱性脱贫是指贫困对象脱贫后,在受到其他外部事件冲击

---

❶ 黄金梓,李燕凌. 后扶贫时代生态型贫困治理的"内卷化"风险及其防范对策 [J]. 河海大学学报(哲学社会科学版),2020,22 (6):90-98.

❷ 黄金梓. 社会风险视域下生态扶贫政策工具及其适用机制优化 [J]. 求索,2019 (3):111-117.

时，因缺乏资产的缓冲与保护而导致脱贫对象重新退回贫困线下，出现脱贫又返贫的现象。❶

（四）生态产业后续发展动力不足或定位失准导致的返贫风险

生态产业发展是生态扶贫的关键。我国西部地区的贵州、云南和广西等地将"生态保护＋产业发展"作为扶贫的新模式和新方向，发展循环经济、特色产业，促进生态保护与扶贫开发有机协调。然而，在实际的产业发展中，大部分地区往往更倾向于能够在短期内带来经济效益的生态旅游、民宿经济等产业模式，对特色文化资源、人文资源等挖掘不够，导致生态产品种类单一。❷进入新时代，随着全面深化改革和市场化程度不断提高，各地经济发展过程中的制度性约束越来越少，而区域性自然禀赋的影响则日益突出。我国东部地区凭借自然环境的优势或区位优势得到较快发展，相比之下，广西、云南、贵州、陕西、甘肃等地不仅缺乏这些优势，受自然环境和区位劣势的严重制约，后续产业发展也动力不足：一是产业发展缓慢，大部分已经脱贫的地区开放程度一般较低，且在国家颁布的主体功能区划中被列为限制开发和禁止开发地区。在产业扶贫过程中，这些地区主要依托当地的资源条件发展种植业和养殖业，工业化程度低，第三产业欠发达，导致脱贫初期的返贫现象明显。二是农产品利润微薄，自然条件限制导致邻近脱贫县乡种植的农产品雷同，同质化竞争激烈。这些农产品由于缺乏品牌与营销手段，竞争力较弱，难以保证脱贫人口长期稳定的收益。三是就业渠道狭窄，脱贫地区产业基础较弱，经济发展动力不足，第二、第三产业可提供的岗位有限，难以吸纳当地的脱贫人口就业。因此，脱贫地区经济发展存在后续产业发展动力不足，严重影响着农村生态扶贫脱贫的成果巩固和拓展而产生返贫风险。

生态产业扶贫主要是通过改善产业结构或者提高产业竞争力等措施来改善民众生活和促进经济社会发展。生态脆弱地区实施产业扶贫必须准确定位，而

---

❶　周迪，王明哲. 返贫现象的内在逻辑：脆弱性脱贫理论及验证 [J]. 财经研究，2019，45 (11)：126 - 139.

❷　王萍. 新时代多民族地区生态扶贫：现实意蕴、基本路径与困境溯因——基于生态文明视角 [J]. 新疆社会科学，2019 (3)：123 - 130.

准确定位的首要步骤就是充分考虑生态系统因素。生态系统所承受的风险，主要指在特定区域内，生态系统内部要素缺失导致的脆弱性或人为活动产生的不利影响，从而危及生态系统的稳定性，使之处于一种失衡的状态。对自然资源的合理开发利用可以给生态脆弱地区农民提供持续稳定的收入，但当外部监管失效，自然资源开发超过合理限度，忽视生态环境承载力，都极易诱发灾害，进而造成生态风险引致返贫。因此，生态扶贫产业应在不破坏现有生态环境甚至改善生态系统的基础上进行，否则不但不能帮助贫困户可持续脱贫，还有可能降低贫困地区人们的生存质量和发展空间。以旅游产业为例，一般具有观光旅游潜力的生态型贫困地区，发展生态旅游是其首选。相较而言，旅游业资源消耗低，综合效益高，运作得宜能产生较大经济效益。但如果不充分评估生态脆弱地区发展旅游业的可行性，甚至忽视生态环境承载力，反而会增加当地生态系统的负担，对生态环境产生负效应。例如，我国西南山区旅游业蓬勃发展，对区域景观格局产生重大影响，景观趋于破碎化，自然景观抗干扰能力降低；随着游客接待量增加，当地餐饮和生活污水排放量增多，而污水处理能力没有相应提高，造成地表水环境污染。❶

（五）生态环境污染和自然资源灾害频发导致的返贫风险

我国城市环境治理虽取得了积极成效，但是农村生态环境恶化的总体趋势尚未被完全遏制，环境污染呈现持续恶化和多样化的趋势，这不仅威胁农民身体健康，而且成为巩固拓展生态扶贫脱贫成果的重要制约因素。乡村生活污水严重影响农业生产、畜禽养殖场排放大量有机废水、城市污染转移加剧农村污染，在资金技术制约、人口分散、污染物难以集中处置等多种原因叠加影响下，农村生态环境污染日益凸显。随着农民生产生活方式的改变，农村日常生活垃圾、废弃秸秆、农膜、电池、药物包装袋之类危险废物等垃圾数量急剧增加。然而，农村生活垃圾的处理缺乏明确的制度规范，绝大多数乡村都是利用自然沟壑或自然塌陷区进行填埋，生活垃圾无序丢弃或露天堆放，对地表水、

---

❶ 方广玲，香宝，迟文峰. 西南山区旅游生态承载力研究［J］. 生态经济，2018，34（2）：179 - 185.

地下水、土壤、空气构成污染，并带来食品安全、疾病传播等问题。脱贫人口生态保护意识和自我防护意识欠缺，大量的环境污染对农村脱贫人口生命健康造成危害，诱发各种疾病，从而引发因病返贫现象。

西部生态脱贫地区多数位于山区、边区等偏远地带，尤其是一些已经脱贫的深度贫困地区和集中连片贫困地区大多地处生态结构异质性极强的地区，这些地区贫困人口的刚性地理分布与生态环境具有高度的相关性，自然环境脆弱、生态环境恶劣导致洪涝、沙尘暴、山体滑坡等自然灾害和生态危机不断。由于自然灾害的突发性和不可控性，在短期内会造成相对集中的重大经济损失❶，导致脱贫农户即使暂时摆脱贫困，也很容易因灾返贫。同时，大部分脱贫地区交通设施条件较差，资源开发极易对环境造成负面影响，脱贫人口收入来源拓宽的空间被压缩，自然灾害频发，进一步加剧了因灾返贫的风险。

二、生态扶贫的返贫风险防控制度选择

建立有效的生态扶贫的返贫风险防控机制既是实现脱贫地区稳定脱贫的现实要求，也是脱贫攻坚与乡村振兴紧密衔接的关键。构建和完善生态扶贫的返贫风险防范制度，必须紧紧围绕培育脱贫人口持续致富发展能力，践行环境保护优先的原则、完善农村生态环境保护制度，构建生态脱贫的返贫预警机制和建立稳定生态脱贫致富的长效机制，从源头预防和阻断生态返贫风险。

（一）践行环境保护优先原则，以整体性制度综合治理生态型返贫风险

保护优先、预防为主、综合治理、公众参与、损害担责是《中华人民共和国环境法》的基本原则。鉴于西部地区在生态环境与贫困的现实，在生态环境与自然资源利用过程中，应优先考虑环境保护，避免因开发利用导致的环境问题。同时，通过提前规划和预防措施，降低生态环境损害的风险。生态脆弱型贫困地区依托生态扶贫政策的实施，生态系统得到有效修复，但部分生态

---

❶ 林木西，白晰. 因灾返贫政府干预的基本逻辑和作用机制［J］. 政治经济学评论，2021，12（4）：109－120.

相对较好的贫困地区，仍不重视生态资源的合理利用，虽已脱贫，但环境质量还是存在恶化风险。因此，对于已脱贫地区，应结合本地特色生态资源，充分考虑区域功能定位、资源承载力、生态容量、环境风险临界值和空间格局的约束，提出产业负面清单制度和产业发展底线。贫困地区重大产业发展都要做好环境影响评价，特别是对产业发展过程中可能排放的污染物质和数量临界值都要进行明确标识，与生态功能区域不相符的扶贫脱贫产业不得进入，严格遵守"三线一单"管控制、环境影响评价制度和排污许可管理制度等环境法律制度，最终使区域自然生态空间整体得到保护，生态系统功能和价值得到提升，预防生态风险发生可能性。

截至 2019 年，我国尚未脱贫摘帽的贫困县，大多数区位条件和资源禀赋较差，与生态安全屏障区、生态脆弱区、资源环境敏感区高度重合。❶ 可见，生态脆弱地区即使如期实现脱贫摘帽的目标，其资源分配不均、发展不平衡和发展空间受限等问题在未来很长一段时间仍将存在，这是由其所处的生态系统的客观环境所决定的。为此，在制度工具的适用上，务求精准。虽然 2020 年后不宜继续采用确定贫困县的方式实施扶持政策，但有必要继续以生态脆弱地区为单元倾斜性地投入资源，以实现区域的互联互通和整体性开发。❷ 这种整体性的制度工具，至少包括以下四类。

第一，深化完善生态补偿机制。我国划定 14 个集中连片贫困区为重点生态功能区，这些地区禁止或限制发展与环保目标相冲突的产业。因此，完善公平合理的生态补偿制度是落实生态环境保护政策的必然要求，是对农户维护生态环境成本的合理补偿，也是贫困人口共享发展成果的制度保障。一方面，完善纵向的生态补偿机制，中央加大对生态脆弱地区的财政转移支付，强化生态工程建设力度，提高低收入人群的收入并增加就业机会，扩大相对贫困群体参与生态工程建设的覆盖面。例如，生态脆弱地区可以成立生态合作社，积极推进退耕还林的力度，通过发展适合的林业逐步使当地有了稳定增收的支柱产

---

❶ 殷浩栋. 以城乡融合发展促进长期减贫［J］. 开放导报，2019（4）：12－17.
❷ 叶兴庆，殷浩栋. 从消除绝对贫困到缓解相对贫困：中国减贫历程与 2020 年后的减贫战略［J］. 改革，2019（12）：5－15.

业，生态护林员加入生态合作社承接相应森林抚育项目可以获得劳务性收入，实现改善生态环境和摆脱贫困的双重目标。另一方面，完善横向的生态补偿机制。建立生态功能区之间的排放权交易平台，从权利公平的角度，生态功能区作为限制开发区应该享有和优化开发区同样的排放权，且排放额度在不超过一定范围内应是相等的。基于公平，可以设定生态功能区在满足自身大气排放量的同时，剩余部分的大气排放量作为商品供超出污染排放量的其他优化开发区购买，以达到污染排放总量平衡不破坏环境，同时还可以给予因生态原因被限制开发地区内民众进行生态补偿。

第二，加大易地扶贫搬迁的后续帮扶力度。易地扶贫搬迁是攻克深度生态脆弱地区脱贫难题的一项有效措施，能降低人类活动对生态系统的进一步破坏。各地在完成易地扶贫搬迁任务后应加强和完善对搬迁群体的后续帮扶政策。一是健全公共服务保障体系。因地制宜，分阶段建设基本公共服务设施，各项保障制度落实到位，特别是涉及医疗、教育和养老等民生领域做到城乡统筹一体化。促进供给主体的多元化，鼓励社会组织参与公共服务供给，扩大服务规模和提供多层次服务。二是多渠道帮助移民解决可持续生计问题。对移民开展具有针对性的职业技能培训，提高培训的精准性，增强移民掌握新知识和技术的能力，提升生计多样化水平。当地政府摸底移民技能和意愿，组织专项招聘会，提高应聘成功率。同时，对有意愿创业的移民，给予相应的优惠政策。

第三，扶持生态产业发展，通过生态产业的发展，实现"绿水青山就是金山银山"的目标。生态产业的选取应结合当地资源特色以及发挥地方优势，融入"互联网＋生态产业"的模式，实现生态效应、经济效益和扶贫效果的三重目标。为了避免对生态环境产生负效应，政府在生态脆弱地区发展生态产业，不仅要在前期对预期效益和生态环境可承载力做风险评估，还应加强对后期产业的监管，防止加剧生态环境负担和生态风险。特别是需要完善针对生态产业扶贫项目的考核评价指标。在指标设计上，考量生态型返贫或相对贫困数据时，还应综合考虑生态脆弱地区的承载力、可持续发展潜力等生态因素，将生态保护、生态修复和预防返贫、治理相对贫困共同作为考核指标的重要内容。

第四，培育生态脆弱地区人群的生态文明意识，增强生态脱贫致富技能。生态文明理念是生态扶贫模式得以成功解决阻碍我国可持续发展所面临的贫困和环境恶化两大难题的基础。"既要绿水青山，也要金山银山"的"两山论"更是为生态脆弱地区的发展指明了方向，体现了不仅要保护美好环境，也要帮助贫困人口脱贫致富的目标。因此，生态脆弱地区必须采取与生态文明理念相适应的培育措施，积极培育生态脆弱地区人群的生态环境保护意识，进而学习与之相适应的脱贫技能。一方面要加强与生态文明相适应的自立文化建设。部分贫困户"等靠要"的思想，与我国所倡导的自力更生精神品格不相符。生态脆弱地区的扶持、补贴等激励政策较一般地区品种更多，愈加需要加强自立文化建设，不然就会形成福利依赖。例如大部分生态脆弱地区，一般都有草原生态补贴、森林生态效益补偿资金等生态补偿制度，这样的补贴基本上没有附加条件，使得贫困户没有通过劳动摆脱贫困的内生动力。因此，今后的生态脆弱地区可以设置以工代赈让当地劳动力参与当地住房、道路建设的基础用工环节，增加护林员、地质灾害监测员、村内环卫人员等公益性岗位。❶ 另一方面要用知识技能助力生态环境治理。能力缺失是导致贫困的最重要的根源。一般地，教育程度虽然不是用来衡量能力的唯一指标，但一定是一个重要指标。❷ 习近平强调："授人以鱼，不如授人以渔。扶贫必扶智，让贫困地区的孩子们接受良好教育，是扶贫开发的重要任务，也是阻断贫困代际传递的重要途径。"❸完善基础教育和加强职业教育是扶智的两个重要的环节，同时也是激发生态脆弱地区贫困户保护生态环境的重要举措。

从生态文明理念培育的视角来看，一方面，要在生态脆弱地区教学内容中增加关于生态环境保护、生态资源合理利用和生态系统服务等相关知识，让当

---

❶ 汪三贵，胡骏，徐伍达. 民族地区脱贫攻坚"志智双扶"问题研究［J］. 华南师范大学学报（社会科学版），2019（6）：5－11.

❷ 包先康. 区域内生发展下连片贫困区精准扶贫的质量提升［J］. 湖南科技大学学报（社会科学版），2018，21（1）：105－111.

❸ 习近平. 携手消除贫困　促进共同发展：在2015减贫与发展高层论坛的主旨演讲［N］. 人民日报，2015－10－17（2）.

地学生认知生态环境关乎自身生存，并且通过对学生的生态教育影响其家人。另一方面，加强职业教育是提高当地居民获得更多就业机会的有效措施。增强职业技能培训，提高劳动力素质，能使贫困户脱贫质量更高。在对生态脆弱地区贫困户的职业教育中可以融入农学、生态学、环境资源法学的相关知识，让不能外出就业的贫困户，也能更为科学合理地开发利用生态资源。通过基础教育和职业教育厚植生态环境保护观念，有助于从源头阻隔对生态脆弱地区环境的人为破坏，甚至还能及时发现生态系统的细微变化，增强生态环境抗风险能力。

（二）完善市场益贫机制，提高脱贫群体应对市场风险的能力

提供脱贫农户应对市场风险的能力，是引入市场机制推动扶贫开发的相伴性问题。市场是资源配置的基本手段，各要素通过市场供求的相互作用实现资源优化配置。生态扶贫的关键在于发挥贫困地区自然资源优势，充分发挥市场机制的灵活性推动地方生态产业发展，从而带动贫困人口脱增收。农村扶贫开发中的生态破坏、资源消耗、环境污染等都是典型的外部负效应。由于外部性、公共产品和信息不对称等原因，市场普遍存在失灵现象，生态扶贫将生态、资源、环境等要素纳入其中作为重要因素进行考量，不可避免地会面临公共物品问题。因此，需要增强脱贫农户对抗市场风险的能力。

从生态环境的角度看，生态环境是一种公共资源，在没有确认公众生态权利之前，外部性的问题在供给与消费过程中必然存在。[1]企业是环境问题的责任主体，但在具体的生态建设实践中，国家和企业的关注点有所不同，国家是从社会的角度出发，关注的是公共性维度，而企业的营利性决定了它更加关注效率。因此，防范农村生态扶贫脱贫成果巩固中的市场风险，要在保证公平正义的前提下提升企业经济效益和社会效益。企业要增强项目环保措施和设施的透明度，通过环境大数据平台及时向公众及媒体传递污染排放数据、污染治理数据等方面全面、准确、权威的信息。借助互联网、大数据的乘数效应，企业

---

❶ 王萍. 基于环境大数据的"环境治理共同体"构建新理路 [J]. 江汉大学学报（社会科学版），2019, 36（4）：184.

的环保声誉与知名度将会迅速增加，在社会上形成良好的口碑，不仅有助于推动企业承担生态责任更加公开化、透明化，也有利于企业的长期发展。

从产业发展角度看，巩固生态扶贫脱贫成果需要产业支持。没有产业的支撑，脱贫人口就很难确保不返贫。而发展产业，资金需求更大，需要充分发挥金融在扶贫中的作用，加大金融政策、金融部门对脱贫地区的政策倾斜和支持力度，吸引更多的企业在脱贫地区投资，带动脱贫人口稳步致富。从信息的视角来看，脱贫地区和脱贫农户存在着"信息贫困"，表现为对市场需求、市场变动、政策信息等相关信息的缺乏。消除这种信息弱势地位，就要强化农村信息网络建设，为脱贫人口应对市场风险提供准确、及时的信息。

（三）构建和完善生态型返贫的预警监测机制

脱贫是基础性条件，防止返贫才是可持续脱贫的根本条件。预警既是环境风险引起突发环境事件应急管理的首要环节，又是降低返贫率的重要前提。将突发环境事件和返贫预警机制进行有机联动，共同抵御环境破坏对脱贫户的冲击，包含环境保护部门对贫困地区的大气污染、水污染、土壤污染和放射性污染等预警标准组成的预警标准体系。充分利用预警监测体系，收集、处理贫困户和脱贫户生活变动、生活质量下降的信息，及时分析环境污染对贫困户造成的影响并进行动态监测。

第一，建立返贫预警信息公开制度。返贫预警的整个实施和运行过程，实际上就是返贫的相关信息不断交互重组的过程，是关于返贫的各项信息的时空分布不断统一、不断循环交替的过程，要建立一个灵活、高效的信息传输机制，让返贫预警中心能够更快速地从外界收集到更多的返贫预警的相关信息，迅速进行警情的判断和决策。信息传输机制能够快速收集返贫预警工作的实施效果意见，相关部门根据反馈的意见及时调整有关做法和措施，不断完善居民意见回访制度，采集居民反馈意见，及时进行工作评价，提高工作质量。对于返贫工作的一些决策和信息要向社会公众进行公示，不能隐瞒和假报相关信息，要将真实的情况如实向社会公众进行报告和通知。例如，机构人员的基本信息、资金的流向、工程的实施、措施的实行、造成的不良影响和社会效益等情况，都需要进行信息公开，保证信息的公开透明，不隐瞒真实情况，不报告虚假信息，接受社会公众的监督。整个返贫的相关信息在政府、返贫预警中心、大众媒体、社会公众之间形成相互作用的关系，构成整个返贫预警信息的公开制度。

第二，完善返贫预警机制运行的法治保障。返贫预警机制运行需要坚实的保障体系，需要建立起返贫预警的法治保障，以法律强制力保障返贫预警机制的有效运行；加强国家政策的支持，通过国家政策的实施来巩固脱贫成果，提防政策性返贫。

一方面要完善返贫预警法治建设。返贫预警机制的顺利运行，预防返贫工作的有力推进，都离不开相关法律、法规和制度的保障。预防返贫领域还没有相关的法律、法规和制度，为保证我国未来预防返贫工作的有序开展，当前需要建立和完善预防返贫以及返贫预警方面的法治建设，出台相关的法律条文和规章制度，进一步完善返贫预警运行的法律基础，实现返贫预警工作的法治化，在宏观层面为预防返贫工作的深入开展保驾护航。因此，加强返贫立法工作，明确返贫的重要性和特殊意义，对于预防返贫工作中的违法行为，做到"有法可依，违法必究"。例如扶贫资金的贪污、数据信息的倒卖、权钱交易、虚假扶贫和虚假脱贫等损害国家、集体和个人利益的行为，必须严惩不贷，进行行政和法律处罚。这样既有利于约束不合法行为的发生，一定程度上推动返贫工作的顺利开展，又有利于维护法律的权威性，推动返贫预警法治建设。

另一方面要加强返贫预警政策支持。返贫预警机制的顺利、高效运转离不开国家政策的支持。由于我国城乡差距较大，例如农村和城镇的医疗保险不尽相同，报销比例有所差别，医疗负担也有较大差距，导致一部分农村家庭因病致贫、因病返贫。因此国家需尽快出台城乡一体化的政策，加大对广大农村尤其是贫困地区公共资源和公共物品的投入，切实改变农民因制度政策性缺失和偏离造成的贫困。同时，国家应该出台关于返贫预警的政策文件，将预防返贫工作同扶贫工作结合起来，通过国家政策和各种形式将返贫预警工作提到重要的位置，从顶层设计上来持续巩固脱贫成果，扩大返贫预警的社会影响和社会认可，整合社会力量，防止政策性返贫。

第三，构建返贫治理数字化赋能共享机制。"后扶贫时代"，数字乡村建设和乡村数字治理是返贫治理的重要方向，也是全面推进乡村振兴战略。推进"互联网＋""大数据＋""区块链＋"在民生领域的普及应用，运用大数据支撑解决偏远地区公共服务不平衡不充分问题，以数字化赋能，建立返贫治理数字化协同创新机制。一要有效发挥农村通信网络在推动乡村振兴和数字乡村建设中的应用性、基础性作用，强化数字技术与乡村实体经济深度融合，加快物联网、大数据、区块链、人工智能等数字技术在智慧旅游开发、农业数字化生产等方面的实践应用。二要巩固农村光纤宽带建设，推动农村宽带接入能力升级，着力推进 5G 等现代通信进村入户，提升农村通信网络质量，进而转变村民传统消费模式，树立数字化生活、数字化消费观念，激活农村消费活力，推动数字经济、共享经济发展。三要协同推进多元帮扶机制，建立长效的乡村数字化、智慧化建设，为返贫治理提供有力的支撑。当然，要杜绝"选择性资源配置""涓滴"效应，以及"委托—代理"关系的出现。四要实现数据共建共享机制，提升返贫预警的精准识别。打破数据孤岛效应以推动开放共享，对大规模、深层次的数据资源共享开放进行顶层架构，实现跨部门、跨区域、跨层级、跨系统的数据交换与共享。❶

第三节　西部生态扶贫法律制度的现状检视

一、法律、行政法规中关于生态扶贫的规定

当前，我国还没有制定扶贫开发的法律和行政法规，也没有专门法规对于生态扶贫进行规制，关于生态扶贫的相关规定主要散见于《中华人民共和国环境法》、《中华人民共和国农业法》、《中华人民共和国防沙治沙法》、《中华

---

❶ 刘泽，陈升. 大数据驱动下的政府治理机制研究：基于 2020 年后精准扶贫领域的返贫阻断分析 [J]. 重庆大学学报（社会科学版），2020，26（5）：216－229.

人民共和国退耕还林条例》以及《国务院实施〈中华人民共和国民族区域自治法〉若干规定》等法律法规中。例如，2012 年修订的《中华人民共和国农业法》第 85 条规定，扶贫开发应当坚持与资源保护、生态建设相结合，促进贫困地区经济、社会的协调发展和全面进步。明确提出将扶贫开发与生态保护相结合的扶贫理念。2018 年修订的《中华人民共和国防沙治沙法》第 32 条规定，在安排扶贫、农业、水利、道路、矿产、能源、农业综合开发等项目时，应当根据具体情况，设立若干防沙治沙子项目，突显了扶贫中保护环境的重要性。该法第 35 条还规定，因保护生态的特殊要求，将治理后的土地批准划为自然保护区或者沙土地封禁保护区的，批准机关应当给予治理者合理的经济补偿，这也是对于生态补偿制度的规定。

2016 年修订的《退耕还林条例》为生态扶贫实施中的林业扶贫、生态补偿式脱贫、生态移民扶贫提供了法治保障。此条例第 4 条规定，退耕还林必须坚持生态优先。退耕还林应当与调整农村产业结构、发展农村经济，防治水土流失、保护和建设基本农田、提高粮食单产，加强农村能源建设，实施生态移民相结合。第 54 条规定，国家鼓励在退耕还林过程中实行生态移民，并对生态移民农户的生产、生活设施给予适当补助。第 56 条规定，退耕还林应当与扶贫开发、农业综合开发和水土保持等政策措施相结合，对不同性质的项目资金应当在专款专用的前提下统筹安排，提高资金使用效益，明确要退耕还林与扶贫开发结合起来。

为了帮助民族自治地方加快经济社会发展，增进民族团结，促进各民族共同繁荣，2005 年施行的《国务院实施〈中华人民共和国民族区域自治法〉若干规定》第 8 条规定，国家加快建立生态补偿机制，根据开发者付费、受益者补偿、破坏者赔偿的原则，从国家、区域、产业三个层面，通过财政转移支付、项目支付等措施，对在野生动植物保护和自然保护区建设等生态环境保护方面作出贡献的民族自治地方，给予合理补偿。明确提出了生态补偿制度的具体措施。第 16 条规定，国家加强民族自治地方的扶贫开发，重点支持民族自治地方贫困乡村以通水、通电、通路、通广播电视和茅草房危房改造、生态移民等重点的基础设施建设和农田基本建设，动员和组织社会力量参与民族自治地方的扶贫开发。该规定将生态移民作为扶贫的一种制度安排，并动员社会力量参与扶贫开发当中。

二、中央政策性文件及国务院部门规章中关于生态扶贫的规定

尽管在法律、行政法规等立法层级较高的规范性文件中关于生态扶贫的规定较少，但是在中央层面的政策性文件和国务院部门规章中对生态扶贫有了明确的具体规定。《中华人民共和国国民经济和社会发展第十二个五年规划纲要》《中华人民共和国国民经济和社会发展第十三个五年规划纲要》《西部地区大开发"十二五"规划》《西部地区大开发"十三五"规划》在前期扶贫开发的基础上，都强调了要坚持生态建设与环境保护同扶贫开发相结合的生态扶贫规定。例如，《西部地区大开发"十三五"规划》规定了"资源环境"的约束性指标，在第五章"打赢脱贫攻坚战"中以第六节"实施生态保护脱贫"为题对生态扶贫作了专门规定。

贫困地区的地域分布与生态脆弱区具有高度的重叠性。以《国家八七扶贫攻坚计划》发布为标志，国家扶贫进入组织化、规模化和制度化阶段。该计划也关注扶贫中的生态环境问题，指出贫困县共同的特征之一是生态失调，并在各部门扶贫任务中加上了改善生态环境的内容。

2015年10月，中共中央出台的《中共中央关于制定国民经济和社会发展第十三个五年规划的建议》在实施脱贫攻坚工程中提出了对生态特别重要和脆弱的实行生态保护扶贫的建设思路，以及"创新、协调、绿色、开放、共享"的新发展理念。2015年11月，《中共中央　国务院关于打赢脱贫攻坚战的决定》中提出了"坚持扶贫开发与生态保护并重"的指导思想；2016年，国务院颁布的《"十三五"脱贫攻坚规划》提出了推动扶贫开发与资源环境相协调、脱贫致富与可持续发展相促进的坚持绿色协调可持续发展原则，并细化了生态保护扶贫工程的建设目标；2018年，《生态扶贫工作方案》出台。

对于我国贫困程度最深、脱贫难度最大、脱贫任务最艰巨的地区，为了助力啃下"硬骨头"，国家林业和草原局结合在全国实施的天然林资源保护、退

耕还林还草、草原生态保护修复等一系列重大生态保护修复工程，将林草建设投入力度集中向这些地区倾斜。2017 年 11 月，国家林业和草原局印发了《关于加快深度贫困地区生态脱贫工作的意见》，提出到 2020 年，新增生态护林员指标的 50% 安排到深度贫困地区。2019 年 3 月，国家林业和草原局与原国务院扶贫开发领导小组办公室联合印发了《云南省怒江傈僳族自治州林业生态脱贫攻坚区行动方案（2018—2020 年)》，为打造怒江傈僳族自治州林业生态脱贫攻坚区，为深度贫困地区脱贫提供样板，该方案确定了深入推进生态保护脱贫攻坚、国土绿化脱贫攻坚、生态产业脱贫攻坚三项行动和七个方面任务。2020 年 6 月，生态环境部办公厅、农业农村部办公厅、原国务院扶贫开发领导小组办公室综合司联合发布了《关于以生态振兴巩固脱贫攻坚成果　进一步推进乡村振兴的指导意见（2020—2022 年)》，明确了"巩固脱贫成果，打造生态宜居美丽乡村"和"完善脱贫攻坚与乡村振兴有效衔接的机制保障"的具体要求。

总之，梳理我国生态扶贫的政策演进可以看出，在扶贫攻坚过程中，生态环境与扶贫密切相关，2018 年《生态扶贫工作方案》的出台，标志着生态扶贫正式步入了实施阶段，充分显示了国家对推进生态扶贫方式以实现精准脱贫目标的重视，如表 4-3 所示。

表 4-3　中国生态扶贫的政策演进

时间	出　　处	生态扶贫相关内容
1994 年 3 月	《中国 21 世纪议程》	在贫困地区从青少年开始普及生态环保知识，培养其节约资源、清洁生产、绿色消费意识，为推行生态扶贫奠定思想基础
1994 年 3 月	《国家八七攻坚规划》	提出贫困县的普遍特征是生态失调，在扶贫任务中加入了改善生态环境的内容
2001 年 6 月	《中国农村扶贫开发纲要（2001—2010 年)》	扶贫开发必须与资源保护、生态建设相结合，实现资源、人口和环境的良性循环，提高贫困地区可持续发展的能力
2001 年 10 月	《中国农村扶贫开发的新进展白皮书》	开始将扶贫与可持续发展战略结合，扶贫开发与水土保持、环境保护、生态建设相结合
2010 年 12 月	《中国农村扶贫开发纲要（2010—2020 年)》	在贫困地区继续实施重点生态修复工程，建立生态补偿机制，并重点向贫困地区倾斜，加大重点生态功能区生态补偿力度，重视贫困地区的生物多样性保护

时间	出　　处	生态扶贫相关内容
2013 年 11 月	《中共中央关于全面深化改革若干重大问题的决定》	完善对重点生态功能区的生态补偿机制，推动地区间建立横向生态补偿制度
2015 年 11 月	《中共中央　国务院关于打赢脱贫攻坚战的决定》	坚持扶贫开发与生态保护并重的指导思想，牢固树立"绿水青山就是金山银山"的理念，把生态保护放在优先位置，扶贫开发不能以牺牲生态为代价，探索生态脱贫新路子，让贫困人口从生态建设与修复中得到更多实惠
2016 年 11 月	《"十三五"脱贫攻坚规划》	专章规划生态保护扶贫和十一类重大生态建设扶贫工程。提出处理好生态保护与扶贫开发的关系，加强贫困地区生态环境保护与治理修复，提升贫困地区可持续发展能力。逐步扩大对贫困地区和贫困人口的生态保护补偿，增设生态公益性岗位，使贫困人口通过参与生态保护实现就业脱贫
2017 年 11 月	《云南省怒江傈僳族自治州林业生态脱贫攻坚区行动方案（2018—2020 年)》	确定了深入推进生态保护脱贫攻坚、国土绿化脱贫攻坚、生态产业脱贫攻坚三项行动和七个方面任务。目标为打造怒江林业傈僳族自治州生态脱贫攻坚区，为深度贫困地区脱贫提供样板
2018 年 1 月	《生态扶贫工作方案》	充分发挥生态保护在精准扶贫、精准脱贫中的作用，切实做好生态扶贫工作，推动贫困地区扶贫开发与生态保护相协调、脱贫致富与可持续发展相促进，使贫困人口从生态保护与修复中得到更多实惠，实现脱贫攻坚与生态文明建设"双赢"
2020 年 6 月	《关于以生态振兴巩固脱贫攻坚成果 进一步推进乡村振兴的指导意见（2020—2022 年)》	明确"巩固生态脱贫成果，打造生态宜居美丽乡村"和"完善脱贫攻坚与乡村振兴有效衔接的机制保障"的具体要求

三、西部地区有关生态扶贫的规定

（一）西部地区生态扶贫有关规定的概况

贵州省：贵州省是我国石漠化最严重地域之一，农村地区经济发展受环境问题所限。贵州省于2016年9月30日通过《贵州省大扶贫条例》（与此同时，2013年1月18日由贵州省第十一届人民代表大会常务委员会第三十三会议通过的《贵州省扶贫开发条例》废止）确定了专项扶贫、行业扶贫和社会扶贫"三位一体"的扶贫战略，实施易地扶贫搬迁、建立生态补偿机制，推进生态产业发展。同时积极探索赤水河上下游的云南、四川两地跨省域生态补偿机制。

四川省：四川省自2006年开始探索森林社区共管模式，成立资源社区共管小组，发展乡村生态旅游。生态产业多元经营模式，促进省内林区贫困户的收入增长，并对横断山区进行生态移民，采取了相应的生态移民后续工程建设和生态移民补助等方式解决移民后的经济收入问题。❶2015年4月，四川省人民代表大会常务委员会制定《四川省农村扶贫开发条例》，开展生态扶贫项目投入，加强贫困地区的生态文明建设，实施综合治理，改善居住环境，发展以生态建设为核心的多种扶贫开发项目。

西藏自治区：西藏自治区具有其特殊性，曾经是全国唯一的省级集中连片贫困地区，贫困程度较为严重。生态环境差、生产方式落后等因素制约着西藏自治区的脱贫发展。2019年8月，西藏自治区人民政府召开专题会议研究扶贫开发暂行条例事宜，明确依法治理、依法治贫原则，依法履行扶贫开发责任，规范扶贫开发行为，提升扶贫开发工作能力和质量。发展当地青稞、牦牛、旅游产业，准确把握好青稞、牦牛、旅游产业在西藏自治区经济社会发展、打赢脱贫攻坚战和乡村振兴中的重要地位，抓住国家大力支持发展的难得机遇，用好外力、深挖潜力，把短板补齐、把优势做优，把西藏自治区加快建设成重要的国家高原特色农畜产品基地。

云南省：2014年7月，云南省人大常务委员会通过了《云南省农村扶贫开发条例》；2017年3月，云南省第十二届人民代表大会常务委员会对该条例予以修正，明确开放式扶贫方针，实施精准扶贫。采取发展特色产业、技能培训、就业创业、易地搬迁、资产收益等专项扶贫措施提高贫困地区的发展能力。"十一五"期间，云南省不断在生态保护和水能矿产开发生态补偿等方面

---

❶ 刘晓霞，周凯. 西部地区生态型反贫困法律保障制研究［M］. 北京：中国社会科学出版社，2016.

投入资金，开展自然保护区、重要生态功能区、重大资源开发项目等多个领域的生态补偿试点工作，建立区域生态补偿机制。❶

甘肃省：甘肃省反贫困始于1983年，依据"兴河西之利，济中部之贫"的方针，实施"开发式移民"。2012年3月，《甘肃省农村扶贫开发条例》出台；2017年7月28日，甘肃省人民代表大会常务委员会对该条例予以修订，明确坚持精准扶贫方略，坚持扶贫开发与生态保护并重，形成专项扶贫、行业扶贫和社会扶贫"三位一体"的大扶贫格局。对生态环境恶劣地区的贫困人口实施易地搬迁，在有效改善贫困人口生活条件的同时，有利于生态环境的恢复和保护，走出了"扶贫与生态"结合的新路子。

宁夏回族自治区：2011年，宁夏回族自治区实施生态移民工程和生态公益林补偿政策，在实现生态脆弱区、经济贫困的集中地区的森林资源的保护和恢复同时，也让贫困户从中获益。2016年5月，宁夏回族自治区颁布《宁夏回族自治区农村扶贫开发条例》（已废止），以保障宁夏回族自治区的反贫困措施的推行。为了推进生态反贫困措施，宁夏还实施生态环境损害责任终身追究制度，通过建立倒查机制，对环境质量明显恶化的情况，将依法追究相应责任人的责任。❷

陕西省：自1954年起，陕西省便开始向沙滩地区进行大量的移民实施退耕还林和造林固沙。2012年出台了《陕西省农村扶贫开发条例》（已废止）第24条规定，对地质灾害频发区，资源匮乏区、地方病区等生存条件恶劣地区和生态保护区的农户，有机会实施移民搬迁、就地改建等，帮助贫困人口改善生存和发展条件。

新疆维吾尔自治区：新疆维吾尔自治区具有丰富的石油、天然气等资源，在经济发展和生活水平提高的压力下，自然资源的开发力度也随之提高。为此，新疆维吾尔自治区于2014年制定了《新疆维吾尔自治区煤炭石油天然气开发环境保护条例》，于2018年实施了《新疆维吾尔自治区农村扶贫开发条

---

❶ 梁爱文，李娟. 论我国生态补偿制度的缺失与建构：以云南为例 [J]. 重庆工商大学学报（社会科学版），2011，28（3）：81 - 86.

❷ 刘晓霞，周凯. 西部地区生态型反贫困法律保障研究 [M]. 北京：中国社会科学出版社，2016.

例》，明确建立生态保护补偿机制和实施生态移民和生态扶贫政策，践行绿色发展理念。

内蒙古自治区：2013 年内蒙古自治区实施的《内蒙古自治区农村牧区扶贫开发条例》确立了扶贫开发应与生态建设、环境保护、社会主义新农村牧区建设、城乡一体化建设和人口统筹发展协调推进。实施一系列扶贫开发措施，对生态脆弱地区实施生态移民政策，重点针对沙化区、山区及草原退化区。总体来看，内蒙古自治区生态移民政策的实施，既使得生态地区得到了有效的恢复，又促进了内蒙古地区的生态产业结构的调整，真正实现了生态、经济、社会协调发展的目标。❶

广西壮族自治区：广西壮族自治区是我国较早制定扶贫法规的省份，1995 年就制定了《广西壮族自治区扶贫开发条例》。广西壮族自治区通过实施扶贫开发责任体制、扶贫资金管理机制、旅游开发产业、推进生态移民及加强基础设施建设和公共服务等措施，探索生态反贫困的新道路。该条例其后在 2002 年、2010 年、2017 年分别经过修订。其中，2017 年 12 月 1 日修订的《广西壮族自治区扶贫开发条例》确立了加强贫困地区生态系统保护和修复、环境保护、建立健全市场化、多元化生态补偿机制和推行一系列生态修复工程，例如石漠化综合治理、退耕还林、天然林保护等工程，发展绿色经济。

重庆市：2010 年重庆市制定了《重庆市农村扶贫条例》（已废止），因地制宜地实施高山生态移民政策，引导搬迁群众参与安置区产业开发和生产结构调整，发展绿色生态产业园区，改善贫困人口的生产发展环境。

青海省：青海省 2015 年 9 月通过实施《青海省农村牧区扶贫开发条例》（已废止），确立对贫困地区生态建设和环境保护，对国家重点生态区的扶贫对象给予扶贫开发政策、资金、项目倾斜；加大环境综合整治力度，改善生活环境。

（二）西部地区生态扶贫规定中与生态环境有关的条款分析

通过对西部地区生态扶贫规定统计发现，西藏自治区暂时没有正式的扶贫

---

❶ 初春霞，孟慧君. 内蒙古生态移民面临问题及其对策思考 [J]. 北方经济，2005 (6)：226-230.

条例颁布。除此之外，贵州省制定了《贵州省扶贫资金审计条例》，重庆市制定了《重庆市城乡居民最低生活保障条例》等。在这些规定中，尽管没有"生态扶贫"的直接规定，但都涉及生态环境保护促进扶贫的具体条文，如表4-4所示。

表4-4 我国西部地区生态扶贫规定中与生态环境有关的条款分析

省（区、市）	规定的名称	施行时间	与生态环境有关的条款
甘肃省	《甘肃省农村扶贫开发条例》（2017年修订）	2017-09-01	第3条、第22条、第25条
宁夏回族自治区	《宁夏回族自治区农村扶贫开发条例》	2016-05-01	第23条
青海省	《青海省农村牧区扶贫开发条例》	2015-09-01（已废止）	第30条、第39条
陕西省	《陕西省农村扶贫开发条例》	2012-03-01（已废止）	第24条
新疆维吾尔自治区	《新疆维吾尔自治区农村扶贫开发条例》	2018-08-01	第4条、第7条、第20条、第24条、第27条、第29条第1款、第44条
重庆市	《重庆市城乡居民最低生活保障条例》	2008-10-01	—
重庆市	《重庆市农村扶贫条例》	2010-08-01（已废止）	第18条第2款、第24条
贵州省	《贵州省大扶贫条例》（2016年修订）	2016-11-01	第4条、第18条、第22条、第25条、第26条第1款、第27条
贵州省	《贵州省扶贫开发条例》	2013-03-01（已废止）	第9条、第14条、第16条
贵州省	《贵州省扶贫资金审计条例》❶	2005-01-01	—
四川省	《四川省农村扶贫开发条例》	2015-06-01	第15条、第21条、第30条
云南省	《云南省农村扶贫开发条例》（2017年修正）	2014-07-27	

❶ 2016年7月29日，贵州省第十二届人民代表大会常务委员会第三十二次会议通过《贵州省扶贫资金审计条例修正案》。

省（区、市）	规定的名称	施行时间	与生态环境有关的条款
内蒙古自治区	《内蒙古自治区农村扶贫开发条例》	2013-01-01	第7条第2款
广西壮族自治区	《广西壮族自治区扶贫开发条例》（2017年修订）	2018-01-01	第4条、第5条、第23条、第24条第1款、第27条、第40条、第48条

在表4-4列出的有关规定中，甘肃省、新疆维吾尔自治区和贵州省树立"创新、协调、绿色、开放、共享"的新发展理念❶，对因为生态环境需要易地扶贫搬迁规定的有甘肃省、陕西省、新疆维吾尔自治区、重庆市和贵州省❷，其中《陕西省农村扶贫开发条例》（已废止）第24条第2款规定，移民搬迁在过渡期内，享受政策性补贴；过渡期满后，原土地、山林在承包期内的，经

---

❶ 《甘肃省农村扶贫开发条例》（2017年修订）第3条规定："农村扶贫开发应当树立创新、协调、绿色、开放、共享五大发展理念，坚持精准扶贫精准脱贫基本方略，做到扶贫开发与经济社会发展相互促进、扶贫开发与生态保护并重、扶贫开发与社会保障有效衔接、重点帮扶与集中连片特殊困难地区开发紧密结合，加大深度贫困地区脱贫攻坚力度，遵循实事求是、因地制宜、分类指导、精准扶贫的原则，构建政府主导、部门协作、社会参与、市场运作和扶贫对象自力更生相结合的扶贫机制，形成专项扶贫、行业扶贫、社会扶贫三位一体大扶贫格局。"《新疆维吾尔自治区农村扶贫开发条例》第4条规定："扶贫开发以习近平新时代中国特色社会主义思想为指导，坚持创新、协调、绿色、开放、共享发展理念，贯彻落实党中央治疆方略，围绕社会稳定和长治久安总目标，坚持标准导向和实效性导向，推进扶贫开发和脱贫攻坚。"《贵州省大扶贫条例》（2016年修订）第4条规定："大扶贫应当树立创新、协调、绿色、开放、共享的发展理念，坚持开发式扶贫的方针，贯彻精准扶贫、精准脱贫的基本方略，遵循政府主导、社会参与、多元投入、群众主体的原则。"

❷ 《甘肃省农村扶贫开发条例》（2017年修订）第22条规定："县级以上人民政府应当按照群众自愿、因地制宜、积极稳妥的原则，对居住在生存条件恶劣、生态环境脆弱、自然灾害频发等地区的农村贫困人口，实施易地扶贫搬迁。"《陕西省农村扶贫开发条例》（已废止）第24条规定："县级以上人民政府结合乡镇建设，科学编制移民搬迁实施方案，对地质灾害频发区、资源匮乏区、地方病区等生存条件恶劣地区和生态保护区的农户，有计划地实施移民搬迁、就近改建等，帮助贫困人口改善生存和发展条件。"《新疆维吾尔自治区农村扶贫开发条例》第29条规定："县级以上人民政府及有关部门按照规划引领、群众自愿、因地制宜、积极稳妥的原则，鼓励和引导居住在生存条件恶劣、生态环境脆弱、地质灾害频发、不具备基本发展条件地区的贫困人口实施易地扶贫搬迁。"《重庆市农村扶贫条例》（已废止）第24条规定："市、区县（自治县）人民政府应当组织有关部门对生态保护区、生存条件恶劣地区的贫困人口有计划地实施扶贫移民和生态移民，改善贫困人口的生存发展环境。"《广西壮族自治区扶贫开发条例》（2017年修订）第24条规定："县级以上人民政府及其有关部门应当鼓励和引导居住在深山、石山、高寒、荒漠化、地方病多发、地质灾害频发等生存环境差、不具备基本发展条件，以及生态环境脆弱、限制或者禁止开发地区的贫困户，按照科学规划、群众自愿、积极稳妥的原则，实施易地扶贫搬迁。"

营权不变。《贵州省大扶贫条例》（2016 年修订）第 26 条规定合理确定易地扶贫搬迁的安置方式和地点，易地扶贫搬迁应当合理确定安置方式和选择安置点，综合考虑水土资源条件、就业吸纳能力、产业发展潜力、公共服务供给能力和搬迁户生活习惯等因素，选择交通便利、基础设施完善的中心村、小城镇、产业园区等进行集中安置或者分散安置。新疆维吾尔自治区、贵州省和广西壮族自治区就生态补偿有关措施作出了专门规定，《新疆维吾尔自治区农村扶贫开发条例》第 7 条规定，扶贫开发实行转移就业扶持、发展产业扶持、土地清理再分配扶持、转为护边员扶持、实施生态补偿扶持、易地扶贫搬迁扶持、综合社会保障措施兜底扶持，加大教育扶贫、健康扶贫、基础设施建设力度。《贵州省大扶贫条例》（2016 年修订）第 27 条规定，县级以上人民政府及其有关部门应当加强贫困地区生态建设和环境保护，建立健全生态补偿机制，增加重点生态功能区转移支付。《广西壮族自治区扶贫开发条例》（2017 年修订）第 5 条规定，扶贫开发应当做到扶贫对象精准，发展村集体经济、生态补偿、发展教育医疗以及社会保障等措施帮助扶贫对象脱贫。该条例第 27 条还规定，县级以上人民政府及其有关部门应当加强贫困地区生态系统保护和修复、环境保护，建立健全市场化、多元化生态补偿机制。除了生态补偿有关措施的直接规定，新疆维吾尔自治区、贵州省和广西壮族自治区对贫困地区人员担任生态护林员也作出了相关规定。❶

---

❶ 《新疆维吾尔自治区农村扶贫开发条例》第 27 条规定："县级以上人民政府应当建立市场化、多元化生态补偿机制，通过加大对贫困地区各类生态环境修复、治理、恢复资金投入和政策扶持，合理利用贫困地区的生态资源发展绿色经济，支持贫困户参与退耕还林还草、防护林保护、天然林保护、沙漠化治理等生态工程，聘用贫困家庭劳动力从事生态环境管护工作等方式，促进贫困人口增收。"《贵州省大扶贫条例》（2016 年修订）第 27 条规定："县级以上人民政府及其有关部门应当加强贫困地区生态建设和环境保护，建立健全生态补偿机制，增加重点生态功能区转移支付。优先实施贫困地区退耕还林、水土保持、天然林保护、防护林体系建设和石漠化综合治理等生态修复工程，加强贫困地区土地整治、饮用水水源保护、污染治理等生态建设。因地制宜利用山、水、林、田、湖、气候等生态资源发展绿色经济，促进贫困人口增收。有劳动能力的贫困人口可以聘用为护林员等生态保护人员。"《广西壮族自治区扶贫开发条例》（2017 年修订）第 27 条规定："县级以上人民政府及其有关部门应当加强贫困地区生态系统保护和修复、环境保护，建立健全市场化、多元化生态补偿机制。对贫困地区石漠化综合治理、退耕还林、水土流失综合治理、天然林保护、防护林建设和坡耕地综合治理等生态修复工程给予政策倾斜。通过合理利用贫困地区的生态资源发展绿色经济、聘用有劳动能力的贫困人口担任护林员等方式，促进贫困人口增收。"

此外，表4-4列出的扶贫有关条例中都有关于生态建设工程、生态修复工程、环境改善或生态产业扶贫项目的规定。例如，《甘肃省农村扶贫开发条例》（2017年修订）第25条规定，县级以上人民政府应当根据贫困地区不同生态条件、环境状况，制定政策措施，持续实施退耕还林、退牧还草、禁牧休牧轮牧、水土保持、天然林保护和气象地质灾害预防治理等重点生态修复工程。《青海省农村牧区扶贫开发条例》（已废止）第39条规定，扶贫开发项目包括基础设施、公共服务、产业发展、生态环境改善、能力建设等项目。《内蒙古自治区农村牧区扶贫开发条例》第7条规定，旗县级以上人民政府通过专项扶贫、行业扶贫、社会扶贫等方式，加强农村牧区贫困地区基础设施建设，改善贫困人口生产生活条件。扶贫开发应当与生态建设、环境保护、社会主义新农村新牧区建设、城乡一体化建设和人口统筹发展协调推进。其中，贵州省、重庆市、新疆维吾尔自治区还对扶贫规划与环境保护规划衔接作出了有关规定。❶

总而言之，梳理表4-4列出的扶贫有关条例可以发现，由于西部地区贫困与生态环境互为因果耦合关系，在脱贫攻坚进程中，无论是扶贫立法的理念、目标，还是具体的制度设计、衔接和整合，都有生态环境保护或改善以促进脱贫的相关规定。这也为生态扶贫工作措施的实施提供了法律依据。然而，这些地方性扶贫条例的不足之处也是显而易见的，例如章节结构同质化现象突出，未能体现地方立法的特色。

第四节 西部生态扶贫法律制度的缺陷及不足

本节立足西部地区生态扶贫法制发展情况，在政策文本分析、经验研究和

---

❶ 《贵州省大扶贫条例》第18条规定："县级以上人民政府应当制定本行政区域脱贫攻坚规划，作为国民经济和社会发展规划的重要组成部分，与本级城乡规划、土地利用规划、产业发展规划、环境保护规划等相互衔接，并组织实施。"《重庆市农村扶贫条例》（已废止）第18条规定："农村扶贫开发规划应当作为国民经济和社会发展规划的重要内容，与本地区城乡总体规划、土地利用规划、产业发展规划、环境保护规划相互衔接。"《新疆维吾尔自治区农村扶贫开发条例》第20条规定："县级以上人民政府应当制定本行政区域扶贫开发规划，纳入国民经济和社会发展规划，与城乡规划、土地利用总体规划、乡村振兴战略规划、产业发展规划、环境保护规划、旅游发展规划等相衔接，并组织实施。"

问卷、访谈、调查等综合研究方法之下，梳理和总结西部地区生态扶贫法律制度建设的主要缺陷及不足。

一、生态扶贫的立法供给不足

根据国家"中央统筹、省负总责、市县抓落实"的扶贫工作机制，西部地区依据《生态扶贫工作方案》，制定了推进当地生态扶贫工作实施的有关政策方案和措施，以保障生态扶贫各项工作的有序开展，生态扶贫脱贫成效显著。本节以《生态扶贫工作方案》为参照文本，并选取贵州、甘肃、云南三省的实施方案为例，解析地方生态扶贫政策化的困境。

（一）生态扶贫参照文本《生态扶贫工作方案》之简评

2018 年 1 月，《生态扶贫工作方案》出台，该方案分为五章：第一章强调生态扶贫中生态保护与扶贫开发并重的总体要求。而这也与学者们生态扶贫内涵的共识相契合。第二章制定了 2018—2020 年的生态扶贫工作目标。第三章强调通过使贫困人口参与生态工程建设、生态公益性岗位、通过生态产业、生态保护补偿等多种途径实现脱贫，这部分强烈体现了生态扶贫的福利供给特点以及我国扶贫对收入指标的依赖。第四章再次强调全力推进各项任务实施，这部分也构成了生态扶贫的核心制度，工程及产业的设计等是最需要地方政府予以具体细化的部分。第五章列述了责任体系、资金投入、技术培训以及监督管理等有关保障措施。《生态扶贫工作方案》为地方政府执行生态扶贫政策提供了较为详细的指导方案，为学界理解生态扶贫的内涵提供了一个具体的参照，某种程度上也消除了过往对于生态扶贫概念界定不清的困境。但是，作为国家生态扶贫工作的一个指导性的规范，其存在的缺陷与不足较为明显。

首先，《生态扶贫工作方案》按照原国务院扶贫开发领导小组办公室统一部署，由国家发展和改革委员会、国家林业和草原局、财政部、水利部、农业农村部、原国务院扶贫开发领导小组办公室共同制定，但参与制定的部门并不包括生态环境部门，生态环境部门的"缺位"是否会使生态扶贫的"环境规制"效果"大打折扣",其他各部门的分工参与和沟通协作是否可以真正生效,均面临一个再规范化和技术化的难题。

其次,《生态扶贫工作方案》是一部有明确时间期限和数据指标的规范性文件,其强调以 2020 年为时间节点,并列述了 1.2 万、10 万、40 万、1500 万等数字目标。虽然这样的统一部署、"数字"治理有利于"集中力量办大事",加快完成脱贫攻坚的任务,但也饱受诟病,例如,扶贫效率提高的同时也使制度的弹性下降、利益分化加剧,以及社会、市场参与动力不足等。

最后,该文件并非严格意义上的"法律",也不是按"法条"次序排列,虽属于规范性文件的一种,但其效力位阶较法律还是弱了许多,方案中出现"加强"、"加大"以及"强化"等明显的语气词,强化了方案的政治能力,而削弱了该方案的法律能力。不过,从另一个角度思考,生态扶贫作为一项政策,强调有效的公司化执行思维方式,只要其圆满完成其"数字"目标,而又未使社会问题加剧,其自然也可以是一"良策"。但生态扶贫如何进一步实现良治,实现从以群众性动员和运动为特征的总体支配向以德国马克斯·韦伯(Max Weber)所提到的法理型支配为主导的技术支配转变,这仍需要进一步思考生态扶贫如何实现法治化。

（二）地方生态扶贫政策化的比较及困境分析

本部分以贵州、甘肃和云南三省有关生态扶贫政策为例,比较和分析生态扶贫政策化的困境。如表 4-5 所示,贵州、甘肃和云南三省结合各省实际,分别制定了《贵州省生态扶贫实施方案（2017—2020 年）》、《甘肃省深度贫困地区脱贫攻坚生态扶贫实施方案》和《云南省生态扶贫实施方案（2018—2020 年）》。除这三省之外,陕西省、广西壮族自治区、新疆维吾尔自治区、内蒙古自治区等也制定实施了生态扶贫工作方案。选取贵州、甘肃和云南这三省为例,是因为在各地方政府生态扶贫工作方案中,贵州是全国第一个发布省级生态扶贫方案的省份;云南曾属于全国深度贫困"三区三州"地区,林业生态脱贫方式典型;甘肃地处西北,是西北乃至全国重要生态安全屏障,生态脆弱与深度贫困叠加,生态保护和脱贫攻坚是甘肃省底线性任务;这三省的生态扶贫实施方案是内容丰富、结构完整、代表性比较强。

表4-5 贵州、云南和甘肃三省有关生态扶贫政策对照情况

内容	《贵州省生态扶贫实施方案（2017—2020年)》	《甘肃省深度贫困地区脱贫攻坚生态扶贫实施方案》	《云南省生态扶贫实施方案（2018—2020年)》
发布时间	2018年1月9日	2018年5月15日	2018年10月12日
性质	地方规范性文件	地方规范性文件	地方规范性文件
原则	坚持生态优先、绿色发展，坚持绿水青山就是金山银山	坚持政府引导、主体多元；坚持因地制宜、科学推进；坚持精准施策、重点突破	坚持政府引导、主体多元；坚持因地制宜、科学发展；坚持精准施策、提高实效
体例与内容	主要目标；重点任务；保障措施	生态扶贫工作总体要求；通过多种途径助力贫困人口脱贫；各项任务措施；保障措施	总体要求；加强重大生态工程建设；拓宽生态管护工资收入渠道；大力发展生态产业；增加政策转移性收入；创新生态扶贫支持方式；保障措施

对贵州、甘肃和云南三省有关生态扶贫政策的进一步分析可以发现有以下三个特点：一是方案制定主体和责任主体多元化。二是方案的体例趋同化。这三省方案体例大致遵循了"总体要求——重要任务——保障措施"的制定路径。三是方案的内容特色化。比如，《贵州省生态扶贫实施方案（2017—2020年)》突出强调实施退耕还林建设、森林生态效益补偿、生态护林员等十大生态扶贫工程，集中体现了贵州"大生态"与"大扶贫"有机结合的特色。

对贵州、云南和甘肃三省有关生态扶贫政策的比较分析发现，生态扶贫地方立法除了存在有关部门缺位、"数字"治理弊病、法律术语欠缺等问题，还存在以下不足：第一，生态扶贫地方专项性法规缺失。各政策的性质属于地方规范性文件，与地方性法规、条例和规章相比，法律规范效力层级较低。各政策的制定主体多元化、部门化，难以避免生态扶贫工作的部门主义倾向，一些地方政府部门积极性不高，忽视将部门职能任务与生态扶贫工作联系起来，政策的整体权威性有待加强。第二，生态扶贫工作基本原则笼统。分析贵州、云南和甘肃三省有关生态扶贫政策对于原则的叙述发现，其不够统一、全面，例

如生态优先、绿色发展、分级负责、因地制宜、科学推进、精准施策、重点突破、提高实效、政府引导、主体多元等。虽然是因为地方政府可灵活地结合地方实际制定基本原则，导致原则的不统一，但地方政府应当审慎提炼共同的基本原则，避免粗制滥造或有所缺失。第三，生态扶贫工作的法律责任不明。贵州、云南和甘肃三省有关生态扶贫政策强调政治领导责任机制，都确立了"省负总责、市县抓落实"的工作机制和领导责任机制；贵州、云南还强调要将生态扶贫作为重点工作纳入年度工作计划，制定和出台年度工作要点，层层压实责任，形成生态脱贫攻坚责任体系，以确保各项工作落地见效，但还是缺少一定的法律责任体系。

（三）生态扶贫法治不力的后果

在脱贫攻坚和依法治理背景下，生态扶贫开发事业需要有法可依、有理有据。我国扶贫事业的诸多事项主要由政策加以规范，法律层面的规定较少，生态扶贫专项法规缺失、环保与扶贫及社会保障制度抵牾与掣肘现象突出。例如，在一个就贵州黄果树瀑布源国家森林公园的旅游开发与国家公园保护二者之间存在哪些问题的访谈中，旅游部门管理人员和扶贫部门人员提出：有关自然保护区、重点生态功能区、生态保护红线、自然资源利用红线等保护制度限制了对贵州黄果树瀑布源国家森林公园及周边旅游资源的开发，以及当地居民对区域中的自然资源开发与利用。环保部门人员提出：有关单一来源的生态保护补偿费用难以满足当地贫困居民生活达到脱贫标准，生态保护红线的执行难以落实等问题，由此可见国家公园的旅游开发与自然资源保护之间的矛盾与冲突问题不可避免。尽管诸多的扶贫政策构建起全方位的生态扶贫支持体系，为脱贫攻坚的展开提供了规则依据，但是，长期依赖政策推动的生态扶贫事业，也造成了人们根深蒂固的政策意识。人们过于热衷政策而漠视法律，习惯以政策的思维来思考法律问题和执行法律规定❶，同时政策头绪杂、决策过程快，加之缺乏成本收益分析和影响评估的特性也使其更倾向于"头痛医头，脚痛

---

❶　段钢. 论政策与法律的关系［J］. 云南行政学院学报，2000（5）：51－54.

医脚"，因而缺乏慎重和长远的规划与考虑。❶

以通知、意见、方案、建议等形式的政策规范在西部地区生态扶贫开发中占主要地位，进而呈现"政策主导、法律缺位"的困局：一是政策会造成扶贫长期依赖政府，而且可能消磨掉部分扶贫成果。政府主导下的扶贫政策，对其他扶贫力量仅仅产生号召作用，难以调动其他扶贫力量的积极参与，形成多元扶贫格局，结果造成扶贫资源投入主要依赖政府。另外，软性且多变的政策在帮助贫困人口持续减贫方面作用不大，很多能够持续地减缓贫困和增加收入的制度没有及时建立，较多短期性的扶贫政策会部分抵消已取得的扶贫成果，容易造成返贫且减缓脱贫的速度。二是以经济为主导的扶贫开发政策对贫困治理缺乏一定的预防性和前瞻性。开发式扶贫政策注重贫困地区经济增长，在促进贫困人群发展和对贫困人群增权赋能方面作为不大，导致贫困地区人口长期人力资本水平较低。更甚是部分贫困地区的经济增长是以当地生态环境资源的破坏为代价的，贫困地区盲目地追求脱贫甚至不惜对生态环境造成破坏的脱贫致富也是不可持续的。三是由于缺乏稳定的法律制度，在扶贫资金、瞄准扶贫机制方、扶贫项目选择和扶贫工作监督等方面出现了"上有政策、下有对策"的违法乱纪现象、扶贫不公平现象以及造成国家扶贫资源浪费等问题出现。

除此之外，立法的缺失还将导致生态扶贫对象管理方式不统一、扶贫手段和方法短期化等问题，即只注重眼前经济利益，忽视环境资源保护的长远利益。这不仅会损害贫困群众的利益，而且不符合市场经济规律，最终将使生态扶贫开发成效大打折扣。科学立法应考虑其所涉及各方的利益，而且要求法律的制定过程体现民主性和科学性。因此，越是位阶高的立法，涉及的利益方越多，需要的专业知识也越复杂，执行起来也更为困难。生态扶贫工作是一项涉及社会多方面的综合性工作，需要通过设计合理有效的法律制度去协调各方利益与资源的分配，协调好扶贫工作对各方面的影响，从而确保生态扶贫工作的效果。

因此，改变西部地区生态扶贫领域"政策当道，法律制度缺位"的状况，

---

❶ 邢会强. 政策增长与法律空洞化：以经济法为例的观察 [J]. 法制与社会发展，2012，18 (3)：117 - 132.

通过完善生态扶贫法律制度体系，明晰扶贫主体的职责和权限，精准识别贫困对象、精准实施反贫困策略、落实生态环境保护与扶贫开发的制度衔接和运行机制，实现生态反贫困治理的法治化。

二、生态扶贫的法治实施体系不够健全

扶贫权力的运用，犹如双刃剑，既能照亮脱贫之路，亦能加深贫困之渊。其成效的迥异，根本在于是否受到强有力的约束与规范。鉴于权力天然倾向于无限制地扩张，仅凭内部自律远远不够，必须依赖外部强有力的法治手段来确保权力的正当行使。但由政府主导的精准扶贫管理体制面临如下困境：上下级政府之间职能交叉，扶贫法治作用被弱化，贫困治理呈现"贫困结构化、治理复杂化""碎片化"❶"内卷化"❷等现象。学者在围绕政府主导精准脱贫责任问题的核心要素展开法律解释的研究中指出，在中国政府主导的脱贫攻坚行政权力运行之中，政府主导精准脱贫责任应遵循责权利相统一的法治思维，"以角色担当、说明回应与责任追究作为建构准则，并注重精准脱贫成效的考核与政府脱贫治理能力的提升"❸还有研究指出，"当前，中国扶贫权力的运行无论是在角色安排、说明回应，还是违法责任上，均存在一定的问题"。并从政府主导扶贫的角色安排、说明回应和违法责任三个层面进行了实证分析。❹借鉴学者们通过政府主导的扶贫权力"角色担当、说明回应和违法责任"的问题透视，在政府主导的生态扶贫权力运行中，在生态环境与扶贫双重目标下涉及权力的交互性更多，映射出的生态扶贫权力运行体制机制问题更突出。因此，西部地区生态扶贫权力的运行无论是在角色担当、说明回应上，还是在违法责任上，均存在影响生态精准扶贫的效果。

---

❶ 何植民，陈齐铭. 精准扶贫的"碎片化"及其整合：整体性治理的视角 [J]. 中国行政管理，2017（10）：87-91.

❷ 陈成文. 从"内卷化"看精准扶贫资源配置的矫正机制设计 [J]. 贵州师范大学学报（社会科学版），2017（1）：36-44.

❸ 蒋悟真. 政府主导精准脱贫责任的法律解释 [J]. 政治与法律，2017（7）：72-83.

❹ 王怀勇，邓若翰. 精准扶贫长效机制的法治路径研究 [J]. 重庆大学学报（社会科学版），2019，25（3）：134-146.

（1）扶贫职能定位不清

所谓定位不清，是指法律法规对扶贫行政机关本身具有的功能或作用等内容规定不明确。我国扶贫行政体制可能存在各层级扶贫行政机关扶贫职能雷同，职责权限不明确，难以有效发挥扶贫合力的问题。

（2）部门职能分散，协调能力不足

分散是指扶贫管理职能有不同的部门来完成，综合协调能力不强。在扶贫实践中，如果出现权力交叉等问题，牵头部门可能没有综合协调解纠纷的权力，对纠纷的处理，各扶贫领导小组成员可能偏向各自利益部门。如果由扶贫开发办公室来处理，也可能存在扶贫开发办公室没有法定权力，扶贫开发办公室的级别可能低于涉纠纷的部门的问题。《关于打赢脱贫攻坚战的决定》和中共中央办公厅、国务院办公厅发布的一系列的文件没有规定统一协调单位，或者规定了列在首位的单位为牵头单位，其他单位按职责分工负责各自的事项。例如，2014 年，中共中央办公厅、国务院办公厅印发《关于创新机制扎实推进农村扶贫开发工作的意见》，其在"改进贫困县考核机制"中明确规定，列在首位的为牵头单位，其他单位按职责分工负责，下同。在实践中，对于一些交叉事项有几个部门成为牵头单位，而且对于牵头单位的具体职责范围，如何对争议事项进行协调以及协调条件、权限、法律责任、程序等，都没有明确的规定。扶贫管理职能分散于多个不同部门，在实践操作过程中，各部门之间可能存在权力边界不明，综合协调能力不强，造成许多管理上的重复，导致扶贫效率低下等问题。

扶贫的整体性决定了贫困问题不能用分散的机构来解决，扶贫部门"议事协调"职能决定了其可以与其他部门合作扶贫。同样，涉及特困连片区的区域规划、区域政策、区域产业、区域项目、区域文化、区域公共服务等相关联的管理体系，也需要各地方政府之间配合协调与互助。然而，条块分割的扶贫管理体制和部门利益的存在，各职能部门、地方政府间沟通与协调机制匮乏，使扶贫政策难免政出多门，甚至相互冲突。一方面，纳入扶贫中的扶贫管理部门越来越多，扶贫机构设置缺乏专门性，协调性不足。另一方面，在这种扶贫的整体性与部门的分散性相冲突，与其他部门扶贫监督职能产生掣肘时，难以发挥扶贫合力。

（3）扶贫权力运行缺乏程序性保障

《关于打赢脱贫攻坚战的决定》虽然规定了各级党委和政府数量繁多的扶贫公共行政权力，但对于党委和政府行使这些权力的权限范围、顺序、方式、时限、步骤等问题，却没有作出较为明确清晰的规定。程序作为"看得见的正义"应该贯穿于整个精准扶贫工作过程中。精准扶贫涉及大量公共财政资金的使用，如果不公开、公示、保障全部资金使用情况公开透明，不用法律手段进行规制与约束，这类腐败问题是难以得到根除的。

扶贫程序公正、公开，扶贫方式民主、合法，扶贫措施因地制宜、因人而异。保障贫困群体的权利，也保障所有群众的知情权、参与权和监督权，这是我国精准扶贫法治化的应然要求。虽然一直强调要严格按照国家政策与法定程序公开选择贫困对象，但在某些地区普遍存在扶贫各个程序并未按照规定进行。究其根本，原因不外乎以下四个方面：一是精准扶贫各环节的透明度可能较低，无法保障公正与客观。识别环节不透明且主观性较强，给扶贫主体干部留下的可操作空间，很多贫困人口被主观地纳入扶贫对象中；扶贫资源分配无需公示、项目进展相关信息无从得知；评估主体来源于政府内部、太单一，公开性差。二是贫困地区的信息传播途径单一，一般不能及时接收到最新的政策。在偏远地区，一般是通过公告栏进行公示，如果遇到意外没有及时更新信息或者公告栏距离家太远都会导致村民没能及时、准确地获得相关信息，不能很好地保护公民的知情权、参与权与监督权等。三是政府信息公开制度不完善。政府未能通过完善的信息公开制度实现生态扶贫中的信息对称，导致贫困主体无法充分了解、参与和监督扶贫权力的运行。《政府信息公开条例》《环保信息公开管理办法》等相关法规在信息公布方式、途径等方面设计存在不足，无法满足贫困主体智识弱势的客观情况和信息精准公开的要求。此外，信息公开的时限安排也无法满足扶贫信息公开的及时性需求。四是行政回应制度缺失。政府在扶贫决策过程中缺乏民主协商程序，民众的意见、想法和诉求无法得到充分考虑，导致扶贫工作在初期就缺乏群众基础。同时，由于缺乏相应的理由说明制度，贫困主体对扶贫工作的方式、流程和具体内容了解不足，容易产生疑虑甚至抵触情绪。

（4）扶贫权力监督职能不明确

扶贫监管职能是指扶贫行政机关按照法律法规和政策标准，引导、监督扶贫资金、项目等在各个环节的使用。由于扶贫管理部门横向权力配置越多，纳入的职能部门相对增多，扶贫机构分工越细、越分散，这种扶贫部门的分散性与扶贫治理的整体性容易产生冲突，特别是在区域连片扶贫的过程中，可能欠缺各个部门的配合互助、协同合作，未充分考虑扶贫公共责任、公民需求及信息共享，是导致扶贫项目资金落实困难、项目实施进展缓慢的主要原因，也不可避免地与相关部门的扶贫监督职能产生掣肘，无法进行有效的监督。当政府和社会主体合作时，它们有时会被权力共享和责任共担所蒙蔽，根据具体情况调整各方的权力和责任，致使扶贫监管目标难以顺利实现，推卸责任的事件也时有发生。

在违法责任追究上，做法主要是将扶贫滥权的责任形式限定在党内责任和政治责任方面。扶贫权力运行的违法责任追究存在的问题主要包括：一是法律责任形式严重缺乏。将扶贫滥权的责任限定在党内责任和政治责任的监督监察层面是主要的形式，而法律责任形式严重不足，这使得生态扶贫法治化缺失了最根本的责任保障。二是追责主体和追责事由问题。当前的问责办法将扶贫滥权追责决定主体定位为各级党委，司法部门只享有问责建议权，监察部门只享有问责建议权和实施权。这种体制内追责可能导致失职官员在不同层级承担不同责任甚至出现有责官员不受责的现象。另外，一些问责办法只是列举式地规定了扶贫问责的事由，并未划分层次，这不符合权责相一致的法治原则，也容易导致扶贫权力与责任的割裂和错位，进而削弱问责的约束效力。

三、多元主体参与生态扶贫的机制欠缺

多元主体参与生态扶贫，能够集合政府、市场、社会组织及个体等多方面的资源，形成资源互补，优化资源配置，提高扶贫资源的利用效率，扩大扶贫项目的覆盖面，提升扶贫项目的精准度，对增强扶贫效能与可持续性、促进贫

困地区经济发展与生态保护相协调、激发社会活力与参与热情以及提升贫困人口的综合素质与能力等方面都具有重要意义。但通过对一些生态产业扶贫项目调查研究发现，诸多项目中可能面临着多元主体参与机制不足的共性问题。

第一，政府在产业扶贫中的越位与错位管理。①政策制定与执行脱节。政府在制定产业扶贫政策时缺乏与企业、社会组织及贫困户的有效沟通，导致政策不符合当地实际，执行效果不佳。②过度干预与缺位并存。政策执行过程中，政府可能存在过度干预与缺位并存的现象，例如过度关注政策制定与学习，而忽视监督与项目管理，造成部分项目失败。此外，政府在协调其他主体和扶贫资源时，也因越位问题，造成资源分散和低效利用。③角色定位模糊。政府在产业扶贫中既是政策制定者、执行者，又是监督者和评估者，多重角色集于一身，可能导致产业扶贫过程不透明、效率低下。这种"既当运动员又当裁判员"的角色定位，限制了其他主体的积极性和参与度。④统筹协调不足。政府内部及与其他部门间的合作可能存在障碍，权力交叉与责任更迭不清，导致在某些领域权力过度集中、重复管理，而在其他领域则出现管理空白。⑤公共服务供给缺位。政府角色的错位还反映在公共服务供给方面，未能充分满足产业扶贫的实际需求，例如技术培训、市场信息等，进一步加剧了扶贫工作的难度和效果的不确定性。解决这些问题需要政府转变职能，加强与其他主体的沟通与合作，明确角色定位，优化统筹协调机制，确保扶贫资源的合理配置和高效利用。

第二，企业参与产业扶贫的积极性与带动力不足。①认知与动力不足。企业可能会将扶贫视为政治任务，而非自发承担的社会责任，因此参与积极性不高，甚至存在应付心态。这种态度导致企业在扶贫项目中投入不足，未能充分发挥其市场和经济优势。②龙头企业参与度低。由于产业扶贫项目可能与企业自身业务不匹配、成本增加及不愿承担额外社会责任等原因，实力雄厚的龙头企业参与度低。相反，扶贫项目多被经济实力较弱的企业承接，影响了产业扶贫的效率和效果。③数量与质量不匹配。直接参与产业扶贫的农业产业化重点龙头企业数量可能有限，且多为小型企业，难以形成规模效应和强有力的带动作用。④参与形式单一。企业在产业扶贫中的参与形式较为传统且单一，如

"企业＋农户"等模式，缺乏创新和多元化，限制了企业在促进产业升级和扶贫效果提升方面的潜力。综上所述，企业参与产业扶贫面临认知偏差、动力不足、龙头企业缺位、参与形式单一等问题，这些因素共同制约了企业在产业扶贫中的积极性和带动力。

第三，社会组织在产业扶贫中的参与面临多重挑战。①发展滞后与力量薄弱。我国社会组织总量不足，力量分散，可能发展不均衡且分布不均，整体影响力较弱。大部分农民专业合作社缺乏独立性，受政府和企业干预较强，未能充分发挥其自主性和社会功能。②参与主动性差、随意性大。由于社会组织性质特殊且缺乏强制性参与要求，加之管理不规范、基础薄弱，社会组织在产业扶贫中的参与往往缺乏主动性和持续性，参与形式和程度具有较大的随意性。③管理不规范与透明度低。社会组织在管理上存在滞后，很多组织可能缺乏完整的管理制度，信息公开不足，这为违法经营提供了可乘之机。

第四，贫困户在产业扶贫中面临的自我发展能力不足。①主体性缺失。贫困户在产业扶贫中的主体地位常被忽视，其参与权和发展权不足，导致他们在扶贫过程中缺乏主动性和积极性，多处于被动参与状态。②内生动力不足。由于存在"坐等靠要"思想，部分贫困户长期依赖外部救济，缺乏自主脱贫的意愿和动力，难以实现从"要我致富"到"我要致富"的转变。③发展能力薄弱。贫困户在思想、文化、技能等方面相对较弱，缺乏必要的发展能力和抗风险能力，这限制了他们在产业扶贫中发挥更大作用的可能性。④参与形式单一。由于自身条件的限制，贫困户在产业扶贫中的参与形式往往较为单一，多从事低端工作，难以获得更多发展机会，进一步削弱了其参与的积极性。贫困户自我发展能力的不足是制约产业扶贫效果的重要因素，需要通过多种措施激发其内生动力，提升其参与能力和发展水平。

第五，产业扶贫中多主体间合作缺失。①目标与利益分歧，政府、企业、社会组织和贫困户在产业扶贫中的目标追求和利益分配存在显著差异，缺乏合理的协调机制，导致合作难以达成。②政府主导与企业利益冲突，政府往往占据资源分配和项目管理的主动权，而企业则更关注利益最大化，二者在产业发展方向和利益分配上易出现不一致，形成各自为战的现象。③政府与贫困户沟通障碍，存在"政府热、贫困户冷"的现象，贫困户对政府政策和工作的配合度低，甚至产生抵触情绪，增加了合作难度。④企业与贫困户合作松散，尽管有契约或协议，但企业与贫困户之间的合作关系较为松散，违约情况时有发生，影响项目稳定性。⑤社会组织参与消极，社会组织在产业扶贫中常感自身价值被低估，采取消极态度参与，未能充分发挥其应有的作用。⑥整体协同性差，各主体间缺乏有效的沟通交流与合作，各自为政，资源整合能力不足，无法实现"1+1＞2"的协同效应。

探究这些生态产业扶贫中多元主体参与困境的原因，主要有以下五点：①政府权责界限不清，政府在扶贫中的角色定位模糊，导致资源分配与项目管理效率低下。②企业激励引导机制不充分，缺乏足够的激励措施引导企业积极参与生态扶贫，影响其投入热情。③社会组织管理机制不完善，社会组织在扶贫中的作用受限，管理机制不健全，难以有效发挥作用。④贫困户发展动力不足，贫困户自身能力有限，缺乏主动脱贫的意愿和动力。⑤主体间缺乏信任与利益联结机制不健全，各主体间沟通不畅，信任缺失，利益分配机制不完善，难以形成合力。

解决上述问题，需要从多方面着手，应构建多方参与格局，明确政府、企业、个体、组织在生态扶贫中的角色与责任，形成协同作战的局面；健全社会组织管理机制，完善社会组织管理制度，提升其参与扶贫的能力与效率；完善激励与约束机制，通过政策激励、资金补贴、税收优惠等方式，鼓励企业和社会组织积极参与，建立责任追究机制，确保各主体履行职责；强化政府顶层设计，包括政策引导与财政支持，制定科学合理的生态扶贫规划；提升贫困户参与能力，加强政策宣传与技能培训，激发贫困户的内生动力，提高其参与生态扶贫的能力与积极性；发挥社会力量作用，鼓励和支持环保公益团体、社会慈善组织等社会力量参与生态扶贫，通过公益诉讼、社会监督等方式保障扶贫效果。生态保护和脱贫攻坚两项工作都具有公共产品属性，应鼓励引导社会各界参与，凝聚起推动工作的强大合力。贵州省黔东南苗族侗族自治州丹寨县的万达扶贫小镇就是一个典型社会扶贫成功的优秀案例，企业自2015年对口帮扶丹寨县时就提出整县脱贫目标，在经过一年多的调研和思考中，先后否决了养

猪、种米等产业扶贫，最后才结合企业优势，在全球首创旅游产业扶贫新模式，让丹寨县比计划提前两年实现脱贫摘帽。❶

四、环境保护与扶贫的制度衔接不畅

推进生态扶贫开发工作，其核心在于构建一套高效协同、全面统筹的环保与扶贫制度体系。鉴于贫困地区经济基础相对薄弱，实施精准且富有成效的制度安排与特殊政策支持显得尤为重要。这些措施不仅能够引领政府与社会各界积极投身于环境保护事业，还能有力促进经济的稳健增长，从而达成环境保护与贫困减缓的深度融合与相互促进。这样的制度体系旨在通过科学的规划与布局，确保环保与扶贫两大目标的和谐共生。一方面，它引导资源向绿色、可持续的发展方向倾斜，激励社会各界参与生态保护，共同守护"绿水青山"；另一方面，它充分利用生态资源优势，探索生态产业化的新路径，为贫困地区注入经济活力，助力群众稳定脱贫并迈向更加繁荣的未来。

生态扶贫开发工作面临环境保护与扶贫的制度衔接不畅的问题，主要表现在：一是生态补偿政策与贫困人口利益的不平衡。随着生态扶贫的各项工作推进，退耕还林等生态补偿政策与贫困人口损失间的不平衡加剧，区域生态环境保护利益与贫困人口个人利益的局部冲突明显。例如，西部某地的第一批退耕地为期 16 年的补偿到期，国家补偿的结束意味着贫困人口退耕地收益的终止。❷ 首批退耕补偿到期，贫困人口失去收益来源，而后续补助远低于土地经营所得，贫困人口满意度下降。物价持续上涨，退耕补偿未能同步增长，导致补偿的实际价值降低。贫困人口参与退耕的机会成本随时间增加，退耕补偿未能有效弥补这些损失。因此，应完善补偿机制，提高退耕补偿标准，建立与物价联动的增长机制，确保农民收益不受损失。

---

❶ 候雅楠. 刘永富点赞民营企业脱贫攻坚贡献　万达推出帮扶贵州"丹寨 2025 计划"［EB/OL］.（2020 - 09 - 12）［2022 - 06 - 20］. https：//baijiahao. baidu. com/s?id = 1677636331686206927&wfr = spider&for = pc

❷ 皮泓漪，夏建新. 贫困地区生态保护实践中农民的发展困境及对策：基于宁夏泾源县的实证研究［J］. 宁夏社会科学，2020（1）：151 - 157.

二是退耕林地的产权与利用限制。退耕林地及林木的产权不完全，限制了林地的流转和林木的采伐，使退耕地成为"虚拟财产"。退耕保护生态环境，但贫困人口因此失去土地收益，生态补偿未能充分弥补这一损失。应探索多元补偿方式，除直接经济补偿外，探索提供技术培训、就业机会等间接补偿方式。

三是生态环境改善与"人兽冲突"的矛盾。生态保护使林草地面积增加，生物多样性得到保护，野猪、野兔等野生动物数量增加，破坏农作物，影响农业生产，导致贫困人口利益受损，贫困人口无法捕杀保护动物，缺乏补偿机制，部分贫困人口因此弃耕。应加强野生动物管理，建立野生动物损害补偿机制，减轻贫困人口损失，同时加强野生动物种群监测和管理，防止过度增长。此外，也应促进生态与经济双赢，在保护生态环境的同时，探索生态友好型农业发展模式，实现生态效益与经济效益的有机结合。

四是生态环境保护与扶贫的立法目标"迥异"，融合度不高。做好生态扶贫开发工作，关键是建立起统筹推进环保和扶贫的制度体系。贫困地区经济基础薄弱，有效的制度安排、特殊的政策支持，一方面能够引导政府和社会保护环境，另一方面能够促进经济持续稳定发展，实现环保与减贫的内在统一、相互促进。以贵州省生态扶贫实施中的环保与扶贫制度为例，制度之间衔接和沟通不畅、理念和目标错位、功能交叉和重叠等制度割裂和抵牾问题突出。例如，《贵州省大扶贫条例》的目标是："为了落实国家脱贫攻坚规划，推动大扶贫战略行动，促进科学治贫、精准扶贫、有效脱贫，加快贫困地区经济社会发展，实现与全国同步全面建成小康社会。"其主要坚持开发式扶贫方针。2019 年通过的《贵州省生态环境保护条例》的目标是"为保护和改善生态环境，防治污染和其他公害，保障公众健康和生态环境安全，推进生态文明建设，促进经济社会可持续发展"。不仅立法目标迥异，而且对生态、环境、资源的利用原则冲突，扶贫需要开发利用环境资源的经济效益，环保则要保护环境资源的生态效益。

在林业生态扶贫实践中，生态补偿制度衔接不畅也更加突出，《贵州省生态环境保护条例》第 29 条规定："省人民政府应当将生态保护补偿纳入地方政府财政转移支付体系，建立健全生态保护补偿机制。积极推动地区间建立横向生态保护补偿机制"。而2012年出台的《贵州省地方财政森林生态效益补偿基金管理办法》第8条规定地方财政森林生态效益补偿标准为每年每亩5元。实践中，森林生态效益补偿的实质是"补助"。"补助"是政府为扶持某一特定行业而给予的优惠，当该行业达到一定发展程度后将取消对其的优惠；"补偿"是指特定受益者因消费某一产品或服务给予生产者一定额度的支持，具有市场交换的意义。"补助"和"补偿"是完全不同的两个概念。由于该地森林生态效益的补偿标准2012年仅为每亩每年5元，不仅远低于同区一亩商品林的现价，而且森林生态社会价值核算评估体系尚未建立，公益林的生态效益无法准确计量。其补偿范围局限于森林管护成本，即对护林员（基本由贫困主体担任）管护补助，不利于森林资源保护。

五、贫困主体的生态意识和法治素养不高

生态扶贫，作为一项深度交织着系统性与复杂性的民生项目，本质上是一个扶贫主体与受助对象间紧密互动、共谋发展的过程。在这一宏伟蓝图的实现路径中，单纯依赖各级党组织与政府的主导力量，虽为基石，却远非全部。更为关键的是，要鲜明地凸显贫困地区人口的主体地位，激发其内在动力，强化他们的生态环保意识与法治素养的培育。贫困地区人口不仅是精准扶贫政策的受助者，更是脱贫攻坚战中不可或缺的参与者和推动者。他们的生态观念与法治意识的强弱，如同双轮驱动，直接牵引着生态扶贫法治化进程的步伐，深刻影响着最终成效的广度与深度。因此，提升贫困地区人口的生态自觉与法治素养，是生态扶贫法治化不可或缺的一环。这要求在生态扶贫实践中，不仅要注重政策与资金的倾斜支持，更要重视教育与文化的深度渗透，通过多种形式的教育活动，让绿色发展的理念深入人心，让法治的光芒照亮每一个角落。唯有如此，才能构建一个政府引导、群众参与、法治保障的生态扶贫新格局，让贫困地区的"绿水青山"真正转化为"金山银山"，实现经济发展与生态保护的"双赢"。

生态意识作为一种反映人与自然环境和谐发展的价值观念，集中体现为人们对生态环境的认识、关注、参与、维护等方面的意识；它是调节、引导和控制人们生态行为的内在因素，主要包括生态认知、生态行为、生态责任意识、生态消费观念、法律维权意识等方面。❶ 目前，理论界对法治素养的内涵表述各异，但普遍认为，法治素养是一种能力，是公民具备依据法律规范来认知、分析和处理问题的能力，其内容包括法治认知、法治思维、法治信仰等。当然这种能力建立在认知与理解法治价值、法治文化、法治精神的基础上。马克思主义理论研究和建设工程重点教材《思想道德修养与法律基础：2018 年版》中对法治素养的含义界定为：法治素养是指人们通过学习法律知识、理解法律本质、运用法治思维、依法维护权利与依法履行义务的素质、修养和能力，对于保证人们尊崇法治、遵守法律具有重要意义。❷ 在围绕"法治认知程度、法治意识、法治思维、法治信仰"四个方面的讨论中发现，由于国家多途径地实施干部领导能力和法治素养的提升长效机制，因此扶贫干部以及驻村帮扶队员的法治素养整体较高，但贫困主体的法治素养却制约或限制了生态扶贫成效及其权利保障。

法治思维主要是指以法治的诸种要求来认识、分析和处理问题的一种思维方式，是以法律规范为基准的逻辑化的理性思维方式。它要求人们在日常生活之中尊重和崇尚法治，善于运用法律的手段来分析和处理问题。在对贵州贫困地区人口的调查研究中发现，在遇到矛盾纠纷时，只有不到 1/5 的人会选择诉诸法律途径来解决。❸ 生态扶贫开发工作中面临着贫困主体的生态意识和法治素养不高问题，主要表现在：一是贫困主体生态意识薄弱。贫困主体普遍生态意识不强，尤其受教育程度低和传统"靠山吃山"观念影响，对生态环境保护的重要性认识不足，生态行为与生态认知脱节。二是法治素养欠缺。贫困主体的法治素养普遍较低，面对矛盾纠纷时倾向于非法律途径解决，依法维权意识薄弱，对法律赋予的权利和义务理解不深，影响了其参与生态扶贫项目的积

❶ 郑凤娇. 湖南省农民生态意识现状调查分析 [J]. 湖南人文科技学院学报，2013 (6)：66-69.
❷ 本书编写组. 思想道德修养与法律基础：2018 年版 [M]. 北京：高等教育出版社，2018.
❸ 向鹏，张婷. 法治扶贫的现实困境及机制建构：基于贵州省的考察 [J]. 华侨大学学报（哲学社会科学版），2020 (4)：110-120.

极性和权利保障。三是文化与教育水平限制。我国西部地区整体教育水平较低，导致贫困主体在理解环保政策和法治精神上存在障碍，难以形成有效的生态保护和法治实践行为。

贫困主体的生态意识、法治意识和法治思维能力不足，会制约生态扶贫的法治发展及效果实现。在生态扶贫中，提高贫困主体的生态意识和法治素养，有助于培育贫困群体的环保理念和权利意识，将反贫困内化为自身积极反贫困行动。贫困主体对扶贫项目的决策享有知情权、发言权、参与权和监督权，就会使扶贫项目的实施更加符合贫困群体的利益和要求，扶贫项目自然也会得到更多贫困主体的支持。当贫困主体自身合法利益受到侵害时，他们能够拿起法律的武器，依法维护自己的合法权益，而不是忍气吞声。在环境资源开发中，贫困主体会自觉遵守环境法治规范，落实《公民生态环境行为规范十条》，牢固树立尊重自然、顺应自然、保护自然的生态文明理念，践行低碳出行、绿色消费的生活方式。

第五章
西部生态扶贫的法律制度构建及优化

本章通过探讨西部生态扶贫法律制度的理念重塑、主要内容和实现机制，彰显法治在生态扶贫中的重要作用，并指引和保障我国西部地区脱贫致富与绿色发展"双赢"。

第一节　西部生态扶贫法律制度的理念重塑

有学者在 2021 年提出，我国的有关法律制度，对生态扶贫与环保双重目标的回应不够，需要嵌入恰当的法律理念、增加多维的价值功能、优化现行的法律机制。● 党的二十届三中全会提出了"要完善生态文明基础体制，健全生态环境治理体系，健全绿色低碳发展机制"。因此，面对我国西部地区生态环境脆弱、经济发展滞后和发展理念偏差及其内生动力不足等多重挑战，西部生态扶贫法治化建设肇始于法律理念的重塑，以协调扶贫开发与生态环境保护之间的关系，化解生态扶贫的多元利益矛盾和冲突，从而实现生态贫困治理的"良法善治"。

一、坚持以人民为中心的发展思想

习近平在党的十八届五中全会上提出了"着力践行以人民为中心的发展

● 肖融. 法治化视角下的生态扶贫：概念生成、价值理念与机制构造［J］. 甘肃政法大学学报，2021（4）：126－136.

思想"。坚持以人民为中心的发展思想，要求把增进人民福祉、促进人的全面发展作为发展的出发点和落脚点，做到发展为了人民、发展依靠人民、发展成果由人民共享。生态扶贫是以人民为中心的发展思想的生动体现，二者在目标和行动上高度契合。

第一，生态扶贫以推动贫困地区扶贫开发与生态保护相协调、脱贫致富与可持续发展相促进为目标，通过对贫困地区和贫困人口加大支持力度，实施重大生态工程建设、加大生态补偿力度、大力发展生态产业等，以实现脱贫攻坚与生态文明建设的"双赢"。这种扶贫方式不仅关注经济的增长，而且注重生态环境的保护和改善，体现了对人民群众生存环境和生产条件的关心，符合以人民为中心的发展思想中坚持发展为了人民的根本取向。

第二，生态扶贫通过吸纳贫困人口参与生态工程建设、增加生态公益性岗位、发展生态产业等方式，帮助贫困人口增加收入、改善生产生活条件，使他们能够共享经济社会发展的成果。这体现了以人民为中心的发展思想中坚持发展依靠人民、发展成果由人民共享的核心思路。在坚持以人民为中心的发展思想指导下推进生态扶贫法律制度建设，确保贫困地区群众的基本环境权益、强化群众参与和监督、促进平等参与和发展以及实现经济与生态良性循环等，为贫困地区群众带来实实在在的帮助，推动贫困地区高质量可持续和谐稳定发展。

二、坚持习近平法治思想、习近平生态文明思想

习近平法治思想包括"十一个坚持"❶：①坚持党对全面依法治国的领导；②坚持以人民为中心；③坚持中国特色社会主义法治道路；④坚持依宪治国、依宪执政；⑤坚持在法治轨道上推进国家治理体系和治理能力现代化；⑥坚持建设中国特色社会主义法治体系；⑦坚持依法治国、依法执政、依法行政共同推进，法治国家、法治政府、法治社会一体建设；⑧坚持全面推进科学立法、严格执法、公正司法、全民守法；⑨坚持统筹推进国内法治和涉外法治；⑩坚持建设德才兼备的高素质法治工作队伍；⑪坚持抓住领导干部这个"关键少数"。

---

❶ 习近平法治思想［EB/OL］.［2024-11-20］. https：//www. 12371. cn/special/xxzd/hxnr/fz/.

习近平生态文明思想包括"十个坚持"❶：①坚持党对生态文明建设的全面领导；②坚持生态兴则文明兴；③坚持人与自然和谐共生；④坚持绿水青山就是金山银山；⑤坚持良好生态环境是最普惠的民生福祉；⑥坚持绿色发展是发展观的深刻革命；⑦坚持统筹山水林田湖草沙系统治理；⑧坚持用最严格制度最严密法治保护生态环境；⑨坚持把建设美丽中国转化为全体人民自觉行动；⑩坚持共谋全球生态文明建设之路。

2023 年 7 月 17 日，习近平在全国生态环境保护大会讲话中指出，"今后 5 年是美丽中国建设的重要时期，要深入贯彻新时代中国特色社会主义生态文明思想，坚持以人民为中心，牢固树立和践行'绿水青山就是金山银山'的理念，把建设美丽中国摆在强国建设、民族复兴的突出位置，推动城乡人居环境明显改善、美丽中国建设取得显著成效，以高品质生态环境支撑高质量发展。"这些思想为我国西部地区生态和经济发展提供了方向指引。

三、坚持问题导向、系统观念

我国立法过程中坚持的一个重要原则就是针对问题立法，通过立法解决问题。西部生态扶贫法律制度建设特别是立法过程中，必须坚持问题导向，全面系统地梳理清楚西部地区生态扶贫面临的主要问题是什么，瞄准痛点、难点、堵点深入开展调查研究弄清楚问题的实质和根源，并有针对性地提出解决措施，做到有的放矢，从而增强立法的针对性、实用性，确保真正解决实际问题。坚持系统观念，是习近平新时代中国特色社会主义思想的世界观和方法论的重要内容之一，并贯穿习近平法治思想之中。在立法中坚持系统观念，就是要注重生态扶贫与现有法律法规、政策规定衔接贯穿起来形成合力，增强法律的系统性、整体性和协同性。此外，还要坚持从群众中来到群众中去，要全面总结我国生态扶贫实践中证明的行之有效、人民群众满意的好经验做法，对实践证明已经比较成熟的改革经验和行之有效的改革举措上升为法律予以固化并提升，稳定生态扶贫主体预期，提升他们的获得感。同时要广泛吸收借鉴国外

---

❶ 习近平生态文明思想 [EB/OL]. [2024-11-20]. https：//www. 12371. cn/special/xxzd/hxnr/st/index. shtml.

有益的生态扶贫立法实践经验，增强立法的前瞻性和预见性。

四、贯彻新发展理念，以绿色发展为关键

在党的十八届五中全会上，习近平明确提出并系统论述了"创新、协调、绿色、开放、共享"的新发展理念。新发展理念是我国发展全局的深刻变革，更是全面建成小康社会、实现"两个一百年"奋斗目标的行动指南和思想灯塔。在新发展理念的指引下，我国的综合国力、经济实力、科技实力和国际影响力均实现了质的飞跃，迈上新的台阶，取得了令人瞩目的历史性成就。这一发展理念在推动西部生态扶贫法律制度建设具有重要指导意义。

从创新理念来看，生态扶贫需要处理好脱贫与致富的关系。脱贫是生存问题，而致富是发展问题。为了稳定解决温饱并实现脱贫致富，可以推进政策性金融批量注入贫困地区，并大力发展互助合作式的民间金融，把"小钱"变"大钱"，把"死钱"变"活钱"。这就需要创新的思维方式和金融工具来实现。从协调理念来看，生态扶贫既注重瞄准个体，更注重扶持合作。新型农民合作组织可以从"组织农民"向"农民组织"飞跃，让农民由"被动参与"变为"主动合作"。通过协调个体与集体的关系，可以实现更好的资源分配和合作效果。从绿色理念来看，生态扶贫本身就是将生态保护与扶贫开发相结合的一种工作模式。通过实施重大生态工程建设、加大生态补偿力度、大力发展生态产业等，加大对贫困地区、贫困人口的支持力度，以达到推动贫困地区扶贫开发与生态保护相协调、脱贫致富与可持续发展相促进的扶贫模式。这完全符合绿色发展理念的要求。从开放理念来看，生态扶贫过程需要积极引入外部资源和支持，推动贫困地区的开放发展。例如通过生态产业发展增加经营性收入和财产性收入，这就需要与外部市场交流和合作。从共享理念来看，生态扶贫的目标是使全体人民共享经济社会发展成果。通过改善贫困地区生产生活环境、提供生态管护员岗位等方式，确保贫困人口能参与到生态保护和发展中，分享生态保护的成果和收益。

在贯彻新发展理念中，绿色发展尤为关键，即秉持"绿水青山就是金山

银山"的核心理念，倡导"生态保护优先"的原则，聚焦于解决人与自然和谐共生的核心问题，致力于走生态优先、绿色发展的道路，追求经济效益与生态效益的"双赢"。而共享理念不断推动共享发展，确保发展成果更多更公平地惠及全体人民，凸显其对于实现社会公平正义、增进人民福祉的重要性。在可持续发展的道路上，绿色发展理念为生态扶贫提供了新的视角，而共享发展理念则进一步强调了发展的普惠性和包容性。在这种平衡与共赢的发展思路下推进法律制度建设，为西部地区生态扶贫发展注入了新生机与活力。

其一，新发展理念可平衡扶贫开发与生态环境保护之间的价值诉求。生态扶贫旨在通过协调生态环境与经济发展的关系，实现整体效益的最大化。这就要求摒弃传统的"碎片化"治理思维，避免过度强调单一目标，比如追求经济效益的最大化，导致出现资源过度利用和环境恶化的问题。而新发展理念强调在生态扶贫中寻求经济与环境的和谐共生，在推动经济发展的同时要关注环境保护，确保资源的合理利用和环境的自觉保护。为了有效实施生态扶贫，需要以"利益融洽"为核心，平衡扶贫开发与生态环境保护之间的价值诉求，构建统一的顶层价值与制度体系，确保两者之间的良性互动与协调发展。

其二，新发展理念可平衡生态扶贫利益。新发展理念为生态扶贫提供了新的资源配置和利益协调模式，它要求经济发展不以牺牲环境和资源为代价，强调在环境硬约束下实现高质量可持续发展。新发展理念下的生态扶贫，需以环境保护为前提，对政府、扶贫对象、企业和社会公众等主体的利益进行重新分配，其核心在于通过司法或行政手段明确各利益主体的行使界限，协调经济发展与环境保护之间的利益冲突，基于利益平衡实现两者间的良性互动，核心在于建立多元主体的新型权利义务关系，促使资源的有效运转，进而为生态扶贫法律秩序的确立提供了有力支持，确保在保护环境的同时，实现经济的可持续发展。

其三，新发展理念可指引生态扶贫协同发力。虽然扶贫开发部门与生态环境保护部门在各自领域具有独特的专业知识和资源优势，但会出现各自为政、单打独斗的问题。新发展理念要求在经济、社会和环境三个维度上实现协同发展。在面对复杂的生态扶贫问题时，单一部门的力量往往难以应对，需要双方加强部门间的信息共享和沟通协作，推动部门间的资源整合和优化配置，建立横纵交叉、融合统一的执法体系，确保各部门能够充分发挥各自的优势，形成合力，共同推动生态扶贫事业的发展。

我国西部地区在生态扶贫法治建设中还可以做好以下五个方面的工作。

第一，创新扶贫模式。生态扶贫立法通过创新扶贫模式，将生态保护与扶贫工作相结合，探索出以生态保护促进扶贫、以扶贫推动生态保护的新路径。在立法过程中，注重创新政策机制，例如设立生态补偿机制、绿色产业发展基金等，为贫困地区提供多样化的扶贫资源和支持。注重创新技术手段，运用现代科技手段，例如大数据、人工智能等，提高生态扶贫的精准度和效率，确保扶贫资源得到更加合理的分配和利用。

第二，协调经济发展与生态保护。生态扶贫立法强调在经济发展的同时，注重生态环境的保护，推动贫困地区实现经济、社会和环境的协调发展。在立法过程中，注重协调政府、市场和社会力量，形成多方参与、共同推进的生态扶贫格局。协调不同贫困地区的发展需求，根据不同贫困地区的实际情况和发展需求，制定差异化的扶贫政策和措施，确保扶贫工作更加精准有效。

第三，以绿色发展为导向。生态扶贫立法将绿色发展作为重要的导向，推动贫困地区发展绿色产业、循环经济等，实现可持续发展。在立法中明确规定生态保护的具体措施和要求，例如退耕还林、生态修复等，确保生态环境得到有效保护。通过立法引导贫困地区人口树立绿色生活方式，例如节能减排、低碳出行等，减少对环境的负面影响。

第四，开放合作，生态扶贫立法鼓励贫困地区加强与外部的合作和交流，引进先进的技术和管理经验，推动贫困地区实现跨越式发展。在立法中推动贫困地区市场的开放和拓展，为当地特色产品打开销路，提高贫困地区群众的收入水平。通过立法促进资源的共享和开放利用，实现资源的优化配置和高效利用。

第五，共享发展成果，生态扶贫立法强调让贫困地区群众共享发展成果，通过生态补偿、绿色产业发展等方式，让群众获得更多的实惠和利益。例如通过立法保障生态扶贫资源的"共建共享"，以推动资源的共享和服务的均等化，确保贫困地区人口能够享受到与城市居民相同的基本公共服务。通过立法为贫困地区人口提供更多的发展机会和平台，让他们能够平等地参与到社会经济发展中。

综上所述，生态扶贫立法贯彻了"创新、协调、绿色、开放、共享"的新发展理念，并注重创新扶贫模式和政策机制、协调经济发展与生态保护、坚持绿色发展导向、推动开放合作和资源共享以及确保共享发展成果等方面的工作，为贫困地区实现可持续发展提供了有力的法律保障。

五、坚持生态保护优先、公平合理利用的原则

对贫困问题的关注与应对，并不意味着能够因此而放弃对环境的保护。工业文明在带来巨大的经济繁荣的同时也为我们呈现这样一个图景，越来越多的人贫困化，环境的恶化也在不断加剧。我们生活在德国社会学家乌尔里希·贝克所描述的"风险社会"之中，环境问题威胁着每一个生命体的安全。因此，在保护优先的基础上实现利益共进，是应对生态扶贫问题的必然选择。

应对生态扶贫还要处理好如何实现环境资源的公平分享问题。生态环境资源具有双重属性，它一方面具有经济属性，系人类生存的基础条件和社会发展的物质基础；另一方面具有生态属性，对生态系统功能的维持具有积极意义。相对于人类日益增长的对物质和良好生态环境的需求而言，环境资源是一种稀缺资源，其稀缺性并非由于环境资源的绝对匮乏，而是由于社会的悲剧性选择造成的。任何国家在环境资源的双重属性面前，绝不会将整个环境资源全部用于生态维持之用途，而排除对其经济价值的利用，它往往采取的是多用途分配模式。如果我们将对于环境资源在用途上的分配称为"一级分配"，那么环境资源的分配还涉及十分重要的另一个领域，即在不同主体之间的分配，可以称为"二次分配"。采取什么样的标准进行不同主体之间的环境资源分配，反映的是不同主体价值诉求间的博弈，分配的结果使某些人享有利益而另一些人不享有利益，取决于一个社会的基本价值观。"二次分配"总是带有某种悲剧

性，社会通过一些制度设计和技术措施把环境资源分配或有或无（这是一种极端状态）、或多或少地分配给不同的主体。因此，稀缺和苦难并非社会被动接受的产物，它们也是由社会主动选择的后果，至少其最后也会被视为社会内在深层本质的固有部分而得到接收。❶ 作为一种制度安排，生态扶贫法治中分配环境资源的首要追求是正义，并且是一种尤为强调公平的正义。生态扶贫法治中进行环境资源分配的基础在于确保每个人均有公平利用环境资源的权利，尤其需要保障人们为了生存和发展所需合理利用环境资源的权利。

总之，在生态扶贫法律制度建设中，赋予每个人平等地享有环境资源的机会，并不等于允许每个人享有随心所欲地利用环境资源的权利。在确保生态保护优先的前提之下，通过赋权与制度安排，以及对贫困主体的生态环境教育、资金和技术支持等方式确保生态环境资源的公平合理利用。

第二节　西部生态扶贫法律制度的主要内容

2023 年修正的《中华人民共和国立法法》扩充了地方立法权限为所有设区的市，不仅有效消除了由于地方性差异而给立法带来的不利影响，而且充分考虑了我国各地千差万别的实际情况，为地方立法机关依法制定适合自身的地方性法规提供了法律依据。西部生态扶贫的法律制度构成，确保了生态扶贫实施的有法可依、有章可循，其内容主要包括了生态扶贫的法治规范体系、法治实施体系和核心制度体系等。

一、生态扶贫的法治规范体系

一是健全生态扶贫立法体系。构建以生态扶贫有关法律为核心，辅以环保、财政、税收、社会保障等相关法律制度的综合性体系。关键在于修改有关法律，明确生态扶贫的理念、目标、意义和基本原则，以及生态扶贫开发的基

---

❶ 吕忠梅，刘超. 资源分配悲剧性选择中的环境权：从环境资源分配角度看环境权的利益属性 [J]. 河北法学，2009，27（1）：70-76.

本模式。同时加强环保、财政、税收等法规的完善，为生态扶贫提供法律支持，特别是财政生态扶贫工程建设项目资金的预算和转移支付制度。根据地方生态环境与资源的特殊情况，制定或完善区域性的生态扶贫开发条例，以增强制度的针对性和可操作性。

二是地方性扶贫规章内容的完善。虽没有专项的生态扶贫立法，但地方性扶贫条例和环境保护条例是对生态扶贫立法层面空白状况的有效弥补，推动了地方生态扶贫法律制度建设。但是，地方制定的扶贫条例中仍存在诸多不足之处，诸如具体内容过于狭窄、对于法律责任的规定过于简单等。针对这些实际问题，必须针对性地对地方性扶贫法规给予完善。首先，针对地方性扶贫条例规定的内容过于狭窄的问题，应该充分结合各地方的实际情况，对扶贫地区的环境、医疗、教育、就业等具体的内容进行完善，而不是仅停留于最低层次的生活保障方面。此外，部分地方性扶贫规章已经跟不上当地经济社会的发展水平，不同贫困地区的地理环境、社会环境截然不同，开展精准扶贫工作要适应当地经济社会发展水平，符合客观规律，因地制宜，地方性扶贫规章的制定也是如此，要适应地方经济社会的发展，不断加以完善，以确保规章的时效性。其次，针对地方性扶贫条例中法律责任的规定过于简单的问题，应该对法律责任的规定予以细化，不能仅仅规定扶贫主体的行政责任，还应该对于法律责任的确认以及具体法律的适用加以规定，此外，应该对精准扶贫实施时政府及其有关机构的责任予以明确，确立监督机制。

三是生态扶贫立法的相关制度。主要完善了以下相关制度：①项目规划制度。明确了生态扶贫项目的预算资金、项目种类、资助额和评选程序，确保项目申报的透明和公正。②资金管理制度。建立了财政扶贫资金管理委员会，对扶贫资金的筹集、运营、拨付等进行统筹管理，并设立信息公示制度，确保贫困主体对资金使用的知情权。③项目监督制度。建立了生态扶贫项目定期报告和评估制度，全面评估项目进展、资金使用和预期成效，确保项目高效运行。④生态补偿制度。遵循了"谁保护、谁受益"和补偿与减贫相结合的原则，完善生态补偿制度。2024年6月1日起施行的《生态保护补偿条例》，也标志着我国生态保护补偿走在了规范化、制度化、法治化的道路上。

二、生态扶贫的法治实施体系

法治，作为最坚实可靠的盾牌，通过明确生态扶贫权力的角色担当、完善扶贫权力运行程序和强化权力滥用的多维问责体系，为扶贫权力构筑严密的防线。明确角色，界定权责，将扶贫主体的权力与职责细化、具体化，确保每一分权力都在法律框架内运行，避免越界与滥用。透明运作，动态监管，实施全方位、常态化的监督机制，让权力在阳光下运行，减少暗箱操作与随意决策，保障扶贫工作的公正与高效。严惩违法，追究责任，对于任何违反职责、滥用权力的行为，均应依法严惩，绝不姑息，以此形成强大的震慑力，确保扶贫权力始终服务于贫困人口的根本利益。扶贫权力角色担当、严格程序与责任追究三者间密切交织、相辅相成，共同织就一张严密的法治之网，确保扶贫权力在法治轨道上稳健前行，真正成为推动贫困人口迈向共同富裕的坚实力量。

例如，贵州省在扶贫过程中明确了扶贫主体的角色与职责，将扶贫资源精准对接到每一个贫困户。在这一过程中，扶贫权力的运用受到了严格的法治约束与监督。例如，贵州省出台《关于在扶贫领域开展"护民生、促脱贫"监督执纪问责专项行动的工作方案》，该专项行动执行时间为2017—2020年，着重从脱贫攻坚决策部署贯彻执行情况、扶贫领域作风建设、扶贫领域违纪违规行为三个方面进行监督检查。政府不仅制定了详细的扶贫政策与计划，还建立了完善的监督机制，确保扶贫资金与项目的有效实施。同时，通过公开透明的信息披露与回应机制，增强了扶贫工作的公信力与透明度，赢得了广大贫困人口的信任与支持。最终贵州省成功实现了数百万贫困人口的脱贫，成为全国扶贫工作的典范。然而，也存在一些反面案例，其中的一些行为不仅严重损害了贫困人口的利益，也破坏了扶贫工作的声誉与公信力；不仅使贫困人口未能得到有效帮助，还加剧了社会的不信任与不满情绪。通过正反案例两方面的对比，可以清晰地看到扶贫权力在不同约束条件下的不同结果。扶贫权力在法治的约束下得到了有效运用，推动了贫困人口的脱贫进程；而在某地区，由于缺乏有效的法治约束与监督，扶贫权力被滥用，最终导致了严重的后果。

总之，在优化生态扶贫权力主体的角色职责安排时，政府要形成"制度供应者—制度传递者—制度落实者"三级角色安排，确保生态扶贫活动从省级到县级的有效实施。在完善生态扶贫权力行使的说明回应程序时，强调过程性和交涉性，通过信息公开和释明实现信息对称性和透明化；专项立法规定生态扶贫信息公开内容，确保精准、及时、有效；建立常态化听证制度，保障民主参与和共同协商；完善理由说明制度，回应贫困主体的质疑和困惑；强化贫困主体申请权保障制度，合理处理各类申请。在强化生态扶贫权力滥用的多维问责体系时，要引入党内法规责任、行政法律责任、刑事法律责任等多元追责方式，明确各自作用、适用条件和相互关系，区分高层次和低层次扶贫义务，分别对应政治、党内责任和行政、刑事责任，强化司法机关和监察机关的追责能力和问责权威性，确保独立问责地位。在构建以扶贫对象民生权利的行使为国家扶贫义务履行的启动机制中，要完善政府主导的精准扶贫程序。扶贫程序的完善程度关乎权利的实现与否，扶贫程序规范理应建构在扶贫对象民生权利体系和细化政府义务的基础上，并将二者有效衔接。进一步延伸论之，就是为达到脱贫实效，确保生态扶贫对象民生权的实现，理应在民生权利与国家义务之间构建一个沟通、衔接的程序机制，其作用在于确保政府职责从书本走到实践；反之，若政府不作为，可能受到司法机关的指控。❶

三、生态补偿制度体系

2015 年 10 月 16 日，国家主席习近平在减贫与发展高层论坛上首次提出包括"生态补偿脱贫一批"在内的"五个一批"的脱贫措施。2015 年 11 月 29 日，《中共中央　国务院关于打赢脱贫攻坚战的决定》发布，提出要坚持扶贫开发与生态保护并重。"生态补偿脱贫一批"是"五个一批"的重要组成部分，加大贫困地区生态保护修复力度，增加重点生态功能区转移支付，扩大政策实施范围，让有劳动能力的贫困人口就地转成护林员等生态保护人员，也是

---

❶　唐梅玲. 从国家义务到公民权利：精准扶贫对象民生权虚置化的成因与出路［J］. 湖北大学学报（哲学社会科学版），2018，45（1）：141－147.

"精准扶贫、精准脱贫"具体措施的一部分。2016年5月，国务院办公厅发布了《国务院办公厅关于健全生态保护补偿机制的意见》，其中提出要健全生态保护补偿机制。在生存条件差、生态系统重要、需要保护修复的地区，结合生态环境保护和治理，探索生态脱贫新路子。❶ 生态补偿作为国际上重要的生态保护措施之一，其本质是以改善和恢复生态功能为目的的经济激励制度❷，调整环境保护中受益者与生态维护者之间的利益平衡。

关于生态补偿的定义，学术界多倾向于认定生态补偿是以保护生态环境、促进人与自然和谐发展为目的，根据生态系统服务价值、生态保护成本、发展机会成本，运用政府和市场手段调节生态保护利益相关者之间利益关系的制度安排。❸但也有不同的观点，比如郑克强等认为，生态补偿的具体内涵是对贫困的生态系统服务提供者，运用生态补偿机制帮助其发展生产，改变穷困面貌，在促进人与自然和谐的同时实现贫困地区的可持续发展。❹ 张化楠等认为，生态补偿是以保护"青山绿水"为基点，充分利用生态补偿和生态工程的资金为贫困人口增加经济收入，实现生态环境保护与脱贫攻坚的有机衔接和共建共赢。❺ 赵晶晶等认为，生态补偿是贫困地区借助资金补偿等方式，弥补生态保护或者维持生态环境而丧失的直接成本和间接成本，从而实现生态保护与减贫"双赢"的新思路。❻ 从时间关系来看，这些对生态补偿的界定，不变的是都以生态环境为基础和前提；变化的是学者们对于生态补偿的思路由生态保护转向生态与扶贫并重的进路；从"调节"逐渐转变为"弥补"和"为贫困人口增加经济收入"的层面，其定义的指向性更加明确，生态补偿愈发的

---

❶ 李亮，高利红. 论我国重点生态功能区生态补偿与精准扶贫的法律对接 [J]. 河南师范大学（哲学社会科学版），2017，44（5）：59 - 65.

❷ 潘岳. 谈谈环境经济新政策 [J]. 环境经济，2007（10）：17 - 22.

❸ 中国生态补偿机制与政策研究课题组. 中国生态补偿机制与政策研究 [M]. 北京：科学出版社，2007：3.

❹ 郑克强，徐丽媛. 生态补偿式扶贫的合作博弈分析 [J]. 江西社会科学，2014，34（8）：69 - 76.

❺ 张化楠，接玉梅，葛颜祥. 国家重点生态功能区生态补偿扶贫长效机制研究 [J]. 中国农业资源区区划，2018，39（12）：26 - 33.

❻ 赵晶晶，葛颜祥. 生态补偿式扶贫：问题分析与政策优化 [J]. 福建农林大学学报（哲学社会科学版），2019，22（1）：7 - 12.

融入生态扶贫。与此同时，在生态补偿机制方面，还有学者❶分别提出生态补偿与生态扶贫的运行机制和对接机制。通过对生态补偿与生态扶贫的高耦合证成及生态补偿运行机模式的分析，总结生态补偿困境并提出完善生态补偿制度的策略，对推动"后扶贫时代"的生态补偿制度功能的实现，也会大有裨益。

（一）我国生态补偿的实践及制度依据

考察我国生态补偿的实践运行模式，从补偿主体上看，主要是政府主导财政转移支付的纵向生态补偿模式；从生态补偿方式上看，生态补偿扶贫模式分为政府财政转移支付、生态岗位选聘与产业扶贫三类。整体上，我国生态补偿运作模式是互为一体的关系，依据生态地区的实际情况多样化适用生态补偿方式，才能推动生态扶贫的持续稳定发展。由于生态补偿与生态扶贫具有理论上同源和空间上高度重叠的密切关系，在西部地区脱贫攻坚中取得了良好的脱贫效果。

1994 年，《国家八七扶贫攻坚计划》首次提出将生态融入扶贫政策。2002年，国务院制定的《退耕还林条例》明确要退耕还林与扶贫开发结合起来❷，该条例于 2016 年修订，为生态补偿式扶贫提供了法律依据。2005 年，国务院公布的《国务院实施〈中华人民共和国民族区域自治法〉若干规定》中明确规定国家加快建立生态补偿机制。2011 年，《中国农村扶贫开发纲要（2011—2020 年）》提出在进行生态修复的同时建立生态补偿机制，尤其是贫困地区要加大力补偿力度，注重保护生物多样性，生态补偿开始与生态扶贫相结合。2013 年发布的《中共中央关于全面深化改革若干重大问题的决定》中确立实现地区之间的横向生态补偿机制，提出对重点生态功能区机制进行完善的要求。2015 年，"五个一批"精准扶贫脱贫措施被提出，"生态补偿脱贫一批"作为精准扶贫脱贫措施逐渐在全国开展；同年，《中共中央　国务院关于打赢脱贫攻坚战的决定》出台，要求进行生态补偿试点，这是国家扶贫开发政策

---

❶　耿翔燕，葛颜祥. 生态补偿式扶贫及其运行机制研究［J］. 贵州社会科学，2017（4）：149 - 153；刘春艳，徐美，周克杨，等. 精准扶贫与生态补偿的对接机制及典型途径：基于林业的案例分析［J］. 自然资源学报，2019，34（5）：989 - 1002.

❷　参见《退耕还林条例》（2016 年修订）第 56 条。

文件中首个涉及生态补偿的文件。❶ 2016 年，国务院办公厅印发了《国务院办公厅关于健全生态补偿机制的意见》，该意见是第一个专门规定生态补偿的规范性文件，同年国务院发布的《"十三五"脱贫攻坚规划》中专门规划了生态保护扶贫和十一类重大生态建设扶贫工程，提出逐步完善生态补偿政策。2018年，国家发展和改革委员会等六部门共同发布了《生态扶贫工作方案》，明确加大生态保护补偿力度，逐步扩大贫困地区和贫困人口生态补偿受益程度；同年，生态环境部发布《关于生态环境保护助力打赢精准脱贫攻坚战的指导意见》，再次深化生态补偿与生态扶贫之间的关系。2019 年，国家发展和改革委员会、财政部和自然资源部等 9 部门联合印发的《建立市场化、多元化生态保护补偿机制行动计划》和《中华人民共和国国民经济和社会发展第十四个五年规划与 2035 年远景目标纲要》，以及 2021 年中共中央办公厅和国务院办公厅印发的《关于深化生态保护补偿机制改革的意见》等诸多政策文件中均涉及生态补偿的规定。上述文件表明在中央政策制度层面，生态补偿与生态扶贫已密不可分。

（二）生态补偿制度的立法完善建议

"后扶贫时代"要实现脱贫攻坚与乡村振兴的衔接，生态补偿的减贫作用与发展促进作用必须同步彰显，构建生态补偿立法体系对此具有制度指引作用。❷ 政策与法律都是国家对社会进行管理的工具和手段，共同调整、控制和规范社会关系，具有功能上的共同性。法律的优势在于其高度的明确性、鲜明的强制性和惩罚性，强制力大，持续性强，执行力度大，能够长效、充分地保障制度的实施。法治是凝聚共识的最大公约数，在生态补偿立法缺失之下，生态补偿机制运行终将难以为继。

我国生态保护补偿制度的探索始于 1999 年的退耕还林工程，这一工程不仅成功实施了森林生态保护补偿模式，也为后续生态保护补偿机制的建立和完

---

❶ 耿翔燕，葛颜祥. 生态补偿扶贫及其运行机制研究［J］. 贵州社会科学，2017（4）：149－153.
❷ 刘艳. 后脱贫时代生态补偿立法体系的构建［J］. 山西农业大学学报（社会科学版），2020，19（5）：16－23.

善提供了宝贵的实践经验。随着时间的推移，生态保护补偿的类型和对象逐渐扩展到流域、草原、湿地、荒漠和海洋等各类重要生态环境要素，形成了更为全面和复杂的生态保护补偿体系。在这一背景下，一系列重要政策文件相继出台，为生态保护补偿工作提供了明确的方向和指引。2010 年，国务院将《生态补偿条例》列入立法计划，并于 2013 年发布了该立法草案文本，但一直未果。2015 年，《生态文明体制改革总体方案》明确提出要开展跨地区生态补偿试点，这一举措标志着我国生态保护补偿工作进入了新的阶段。随后，2016年，国务院办公厅印发了《国务院办公厅关于健全生态保护补偿机制的意见》，进一步细化了生态保护补偿的具体措施和要求。2020 年 12 月，国务院发布了《生态保护补偿条例（公开征求意见稿）》。2021 年，中共中央办公厅、国务院办公厅印发的《关于深化生态保护补偿制度改革的意见》为生态保护补偿制度改革提供了更为全面和深入的指导。这一文件的出台，标志着我国生态保护补偿制度改革进入了一个新的阶段，也预示着我国生态保护补偿工作将更加深入和广泛。最终，在 2024 年 4 月，《生态保护补偿条例》正式颁布并于 2024 年 6 月 1 日起正式实施，为我国生态保护补偿工作提供了法律层面的保障和支持。

《生态保护补偿条例》的颁布，标志着我国生态保护补偿制度已经形成了相对完善的法律框架和政策体系，为未来生态保护补偿工作的顺利开展奠定了坚实的基础。《生态保护补偿条例》的适时发布为我国的生态保护补偿实践工作提供了更为精准和可持续的政策指引。该条例共 6 章 33 条，明确了三项核心机制，旨在构建全面、有效的生态保护补偿体系。第一，强化了"1 + N"的国家财政纵向补偿格局。"1 + N"格局，"1"代表生态功能重要区域，如重点生态功能区、生态保护红线、自然保护地等；"N"则包括森林、草原、湿地、荒漠、海洋、水流等重要生态环境要素。实行差异化补偿，补偿标准需综合考虑地区经济发展水平、财政承受能力、生态保护成效，以及生态效益外溢性、生态功能重要性、生态环境敏感性和脆弱性等因素。第二，明确了横向生态保护补偿的内涵与权责。地方政府是开展生态保护补偿的主体，上级政府通过组织协调、资金支持、政策倾斜等方式进行引导。补偿范畴不仅限于江河流域，而且包括重要生态环境要素所在区域及其他生态功能区。还细化了补偿机制建设的主体、补偿协议签订的主要内容和考虑因素、资金管理、组织实施等关键问题。第三，确立了生态保护补偿资金的市场化路径。遵循市场规律，坚持生态有价，通过政府搭台，引导各方主体参与；鼓励碳排放权、排污权、用水权等重要资源环境要素的市场化交易，促进生态受益者对生态保护者的补偿；支持生态保护与产业发展有机融合，将生态优势转化为产业优势，提高生态产品价值，实现生态保护主体利益的有效补偿。《生态保护补偿条例》的实施，标志着我国生态保护补偿制度进入了一个新的发展阶段。后续需要加大《生态保护补偿条例》宣传解读力度，及时完善与该条例相关的配套规定，加快建立健全配套措施，有效推动该条例的顺利执行，促进生态保护补偿工作的深入开展。

《生态保护补偿条例》的实施，标志着我国生态保护补偿走在规范化、制度化、法治化的道路上，及时完善配套规定是生态保护补偿的未来趋势。在后脱贫时代，要把《生态保护补偿条例》的内容进一步落实落细到生态振兴、生态富民等的制度建设之中。

四、一体化的生态反贫困制度体系

美国经济学家道格拉斯·塞西尔·诺思（Douglass Cecil North）认为，制度是社会的游戏规则，是为人们的相互关系而人为设定的一些制约。❶ 制度既包括法律法规这些正式规则，也包括价值观念、道德习俗及意识形态等非正式规则。制度的功用是协调人与人的关系，界定人与人的责权利边界，塑造人与人的利益机制，引导形成人与人之间的和谐秩序。围绕生态反贫困采取的一系列策略办法，并不是临时性的权宜之计，也不是单纯政府的规定，而是面向全社会对贫困的认识态度、权利责任与驱动机制的规则架构。在脱贫攻坚进程中建构的中国特色脱贫攻坚制度体系，是中国消除贫困的重要经验和重大法宝，为人类减贫事业作出了世界贡献。构建一体化的中国特色生态反贫困制度体

---

❶ 诺思. 经济史中的结构与变迁 [M]. 陈郁，等，译. 上海：上海人民出版社，1994：225 -
226.

系，也是丰富和完善中国特色脱贫攻坚制度体系的题中之义。我国西部地区在打赢脱贫攻坚的进程中，总结并构建了一体化的生态反贫困制度体系，为中国生态扶贫积累了丰富的制度经验。

一体化的生态反贫困制度体系不仅是对已有的扶贫制度的总结强化，更是对未来贫困治理制度的发展完善。它旨在通过整合各类资源和机制，形成更加高效、协同的反贫困工作体系，推动我国反贫困事业向更高阶段发展。一体化的核心在于整合，即将原本独立、分散的反贫困资源、政策和机制通过某种方式彼此包容、合作、衔接、融合，形成一个有机整体。这种整合不仅限于制度层面，而且涉及实际操作、资源配置、信息共享等多个方面，其重点在于实现资源共享和协同工作，提高反贫困工作的效率和效果。

一是一体化的生态反贫困制度体系，促进了反贫困事业与相关宏观政策衔接。第一，与新型城镇化战略结合。新型城镇化以人的城镇化为核心，强调以人为本、四化同步、优化布局、生态文明、文化传承。在反贫困工作中的积极推动农业转移人口市民化，提高户籍城镇化率等方式，有助于改变城乡结构，为农村贫困人口提供更多就业机会和生活保障。通过城镇化进程中的基础设施建设、公共服务提升等措施，进一步改善贫困地区的生活条件和发展环境。第二，与乡村振兴战略衔接。乡村振兴战略旨在从根本上解决"三农"问题，实现农村产业兴旺、生态宜居、乡风文明、治理有效、生活富裕。在巩固脱贫攻坚成果的基础上，应进一步推动乡村振兴战略的实施，将反贫困工作与乡村振兴紧密结合。通过发展特色产业、改善农村基础设施、提升公共服务水平等措施，促进农村经济发展和社会进步，从根本上解决农村相对贫困的问题。第三，与收入分配格局调整机制统筹。解决相对贫困的问题与国家收入分配制度的健全完善密切相关，需要合理调节城乡、区域、不同群体间的分配关系，增加农村低收入者收入，扩大中等收入群体，调节过高收入。通过提高劳动报酬在初次分配中的比重、健全再分配调节机制、发展慈善等社会公益事业等措施，实现城乡统筹兼顾，解决农村、农民相对贫困和稳定脱贫问题。

二是一体化的生态反贫困制度体系，实现了反贫困制度的内部整合。第一，整合开发性扶贫与保障性扶贫。在脱贫攻坚阶段，实施精准扶贫要求贫困治理对象主要聚焦家庭和个人，同时对促进发展提出较高要求。因此，需要整合开发性扶贫与保障性扶贫机制，构建兼具生活救助与促进发展多重效能的社会救助制度。这种整合有助于在保障贫困人口基本生活的同时，促进其自我发展和能力提升。第二，完善分类救助制度。针对不同类型的贫困人口（如重度贫困人口、一般贫困人口、贫困边缘人口），制定差异化的救助政策和措施。通过完善分类救助制度，确保应保尽保、应退尽退，分类实施、各得其所。这有助于提高救助的精准性和有效性，更好地满足贫困人口的实际需求。第三，提升农村低保水平。农村低保制度是保障农村贫困人口基本生活的重要措施。应不断提升农村低保水平，缩小低保人口、低收入人口与农村平均收入的差距，以及农村低保、农民收入与城镇的差距。这有助于改善农村贫困人口的生活条件，增强其获得感和幸福感。第四，探索福利与工作衔接机制。福利与工作衔接是推动贫困人口摆脱"福利依赖"、提升工作能力的有效途径。可以探索构建"福利—工作衔接"机制和"福利—工作整合"机制。通过提供职业技能培训、就业指导等服务，帮助贫困人口实现就业和稳定脱贫。

三是建立健全一体化的反贫困管理体制。第一，整合反贫困管理体制。为进一步提升反贫困工作的效率和效果，应加快构建一体化的反贫困管理体制。通过理顺各部门职责、加强沟通协调、实现信息共享等措施，形成合力推动反贫困事业的发展。第二，强化主体责任和管理协调职能。相关主管和协调部门，应进一步强化其主体责任和管理协调职能，通过制定反贫困规划、指导地方实施具体政策、监督评估工作成效等措施，确保反贫困工作的顺利推进和有效实施。第三，推动制度创新和实践创新。在构建一体化的反贫困制度体系过程中，应注重制度创新和实践创新。通过鼓励地方探索创新等措施，不断完善反贫困政策和机制体系。同时，加强反贫困工作的宣传和推广力度，提高社会各界的认知度和参与度，形成全社会共同关注和支持反贫困事业的良好氛围。

五、生态扶贫考核与监督制度体系

继《中国农村扶贫开发纲要（2011—2020 年）》出台之后，2012 年，原国务院扶贫开发领导小组办公室制定了《扶贫开发工作考核办法（试行）》，积极推动扶贫考核工作的转变。至此，我国实现了扶贫工作的考核对象由"扶贫项目"向"贫困地区地方政府"的转变，扶贫考核机制逐渐成熟。2014年1月，中共中央办公厅、国务院办公厅印发了《关于创新机制扎实推进农村扶贫开发工作的意见》，提出改进贫困县考核机制，转变考核方向，将对地区生产总值的考核转向为对扶贫开发工作成效的考核；同时，把提高贫困人口生活水平和减少贫困人口的数量作为考核的主要指标。2014年12月，中共中央组织部、原国务院扶贫开发领导小组办公室在《关于改进贫困县党政领导班子和领导干部经济社会发展实绩考核工作的意见》中，具体明确了贫困县扶贫考核的工作机制。精准扶贫精准脱贫，来不得半点虚假，必须以严格制度的执行来倒逼扶真贫、真扶贫、真脱贫，这也是实现全面脱贫的精要所在。在我国国家治理体系之下，尽管上级组织不能时刻亲临现场，也可以使用考核机制对考核对象进行间接控制，实现对下级的监管力度。❶ 因此，需要建立一套自上而下的扶贫考核机制，通过扶贫考核，深入基层对扶贫过程中的状况进行监督与反馈，并实时指导工作，准确了解扶贫政策推进中存在的问题并及时找到解决方案，进而促进考核目标的达成。扶贫考核作为政府专项绩效考核的一种，兼具"指挥棒"和"刻度尺"的功能，很长时间以来，鉴于我国扶贫管理模式的考核对象是扶贫项目❷，在双重作用下政府专项绩效考核目的在于通过单项任务的集中考核来落实责任，达到对各部分相隔而治的状态进行整合和协调。❸ 生态扶贫考核是精准扶贫专项考核的内容之一。

2016年，中共中央办公厅、国务院办公厅印发的《省级党委和政府扶贫开发工作成效考核办法》指出，扶贫考核工作由原国务院扶贫开发领导小组办公室组织进行，具体工作则由原国务院扶贫开发领导小组办公室、中共中央组织部牵头，会同原国务院扶贫开发领导小组办公室成员单位组织实施。随着

---

❶ 海贝勒，特拉培尔. 政府绩效考核、地方干部行为与地方发展［J］. 经济社会体制比较，2012（3）：95–112.

❷ 渠敬东. 项目制：一种新的国家治理体制［J］. 中国社会科学，2012（5）：113–130.

❸ 周媛媛. "指标考核"与"基层压力"：政府专项任务指标考核机制研究［D］. 长春：吉林大学，2020.

《关于创新机制扎实推进农村扶贫开发工作的意见》《扶贫开发工作考核办法（试行）》《财政专项扶贫资金绩效评价办法》《关于建立贫困退出机制的意见》《关于改进贫困县党政领导班子和领导干部经济社会发展实绩考核工作的意见》《省级党委和政府扶贫开发工作成效考核办法》等文件的印发，国家扶贫考核制度基本确立。

（一）精准扶贫考核的类型及方式

扶贫工作进入精准扶贫阶段之后，我国的扶贫考核方式也随之变化，精准成为该阶段的代名词。我国已经在考核评估减贫成效、精准识别、精准帮扶、扶贫资金使用管理、贫困退出等方面形成科学完整合理的减贫考核评估体系。[1]

1. 省级党政扶贫考核评估

该项考核评估体系主要针对与中央签署脱贫攻坚责任书和军令状的中西部22个省（自治区、直辖市）党委政府，主要包括减贫成效和扶贫工作扎实程度的评估，这是我国党政扶贫最为基础的考核评估制度之一。依据《省级党委和政府扶贫开发工作成效考核办法》，有关部门每年度采取以交叉考核、第三方评估和媒体暗访的考核形式对中西部22个省（自治区、直辖市）的减贫成效和扶贫工作扎实程度进行考核。这种力求全方位展示减贫成效，扎实工作责任的考核方式是进行对省级政府年度扶贫成果的常态化的考核评估方式。[2]

交叉考核，是指由省级政府专业人员组成考核组，在省域之间进行交叉考核，采取省县情况交流、基层座谈访谈、政策项目核查、入户调查核实相结合的方式组织实施。综合利用座谈、查阅资料、走访和访谈等方式针对减贫成效和扶贫工作进行考核，比如政策、责任和工作的落实，贫困人口识别、脱贫人口准确率，以及群众满意程度等方面，力求全面反映扶贫工作的成效。例如内蒙古自治区组成考核小组来江西省开展省际交叉考核，并以江西省的5个地

---

[1] 张琦，张涛. 中国减贫制度体系探索：考核评估的创新实践 [J]. 甘肃社会科学，2021 (1)：9－15.

[2] 黄承伟. 新中国扶贫70年：战略演变、伟大成就与基本经验 [J]. 南京农业大学学报（社会科学版），2019，19 (6)：1－8.

区作为考核对象进行为期两周的考察，并委托中国科学院专家评估小组开展第三方评估。国家对江西省开展最严格考核评估制度的试点，力图实现脱贫攻坚战的全面胜利，反映脱贫成效，确保群众满意。同时，充分吸取扶贫工作先进典范和优秀经验，找到问题与薄弱环节，推动扶贫工作的持续开展，通过交叉考核，进一步推动各省之间的扶贫经验交流，相互借鉴学习，实现共同提高。❶

第三方评估，区别于行政体系内部考核评估机制，第三方评估机制的引入有助于弥补政府内部自我评估的缺陷，提升了政府绩效评估的客观公正。❷ 2016 年，经过公开竞标，中国科学院成为国家"最严格考核评估体系"——扶贫工作成效第三方评估机构，并在第一时间成立相应的工作小组、评估领导小组、咨询顾问组、评估专家组和应急协调组，同时依托中国科学院地理科学与资源研究所、中国科学院精准扶贫评估研究中心具体负责评估工作。❸ 第三方评估机制与交叉评估一样，都是针对省级党委和政府扶贫开发工作的考核与监督。第三方评估以抽样调查、重点抽查、村组普查和座谈访谈等相结合的方法进行。一是抽样调查，按照科学抽样要求，对贫困建档立卡户和非建档立卡户进行分层抽样。二是重点抽查，对贫困县偏远、通达度差、人均收入水平靠后的乡村进行重点抽查。三是村组普查，结合实际情况，通过行政村或村民小组普查、排查、参与式调查等方式，对抽查村漏评人口进行全面调查。重点关注未纳入建档立卡的低保户、危房户等群体。四是座谈访谈，对有关人员进行座谈访谈，了解脱贫攻坚工作开展、政策措施落实、帮扶工作成效后续帮扶计划和巩固提升工作安排等情况。❹ 第三方评估既是扶贫考核评估的重大创新，也承担着考核的重任。为高质量开展国家精准扶贫工作成效的第三方评估，中

---

❶　江西省全面迎接国家对省级党委和政府扶贫开发工作成效考核和评估 [J]. 老区建设, 2017 (3): 8-9.

❷　徐双敏. 政府绩效管理中的"第三方评估"模式及其完善 [J]. 中国行政管理, 2011 (1): 28-32.

❸　刘彦随, 周成虎, 郭远智, 等. 国家精准扶贫评估理论体系及其实践应用 [J]. 中国科学院院刊, 2020, 35 (10): 1235-1248.

❹　张琦, 张涛. 中国减贫制度体系探索: 考核评估的创新实践 [J]. 甘肃社会科学, 2021 (1): 9-15.

国科学院制定了第三方评估"独立、客观、公正、科学"的原则，创新了统一组织领导、统一标准规范、统一业务培训、统一问题核实和统一质量管控"五统一"管理机制，完整构建了精准扶贫成效评估理论与技术体系。

此外，媒体暗访，是在程序化的交叉考核与第三方评估之外设立的流动性比较大的方式，其意义显而易见。在信息、新闻业发达时代，媒体曝光成为重要的社会监督手段，具有弥补前两者考核评估制度的作用。

2. 贫困县退出专项考核评估

2017 年，原国务院扶贫开发领导小组办公室出台《贫困县退出专项评估检查实施办法（试行）》，对全国各个国家扶贫工作重点县和集中连片特困地区县进行专项评估，贫困县退出专项评估检查，按照县级提出、省级审核、实地评估检查、综合评议以及结果运行等步骤进行。是否符合贫困县退出标准，依据的是贫困县退出评估结果。❶

3. 其他帮扶考核评估

20 世纪末期，我国为了减少东西部地区发展差距，初步尝试中央单位定点帮扶和东西部协作帮扶机制。在脱贫攻坚战阶段，为了消除绝对贫困，2017年开始对该帮扶机制进行考核。

一是中央单位定点帮扶机制考核评估。按照中共中央办公厅、国务院办公厅印发的《关于进一步加强中央单位定点扶贫工作的指导意见》，原国务院扶贫开发领导小组办公室统一组织考核工作组。2017—2020 年，我国开始定点扶贫工作开展考核。按照单位总结、分类考核、综合评议的方式进行考核评估，并根据考核结果将定点帮扶成效分为好、较好、一般、较差四个等次。具体考核评估内容指标分为六个方面：①帮扶成效，主要核帮助定点扶贫县完成脱贫攻坚任务情况，加大对深度贫困地区帮扶情况（定点扶贫县属深度贫困地区）。②组织领导，主要考核中央单位对定点扶贫工作的重视程度，部署推动落实定点扶贫工作情况。③选派干部，主要考核中央单位向定点扶贫县选派挂职扶贫干部和第一书记等方面的情况。④督促检查，主要考核中央单位督促

---

❶ 李小云. 中国减贫的实践与经验：政府作用的有效发挥 [J]. 财经问题研究，2020（9）：14 – 17.

检查定点地区承担脱贫攻坚主体责任、落实政策措施和加强资金项目管理等方面的情况。⑤基层满意情况，主要考核定点扶贫县、乡镇等居民对中央单位帮扶工作和挂职干部工作的满意情况。⑥工作创新，主要考核中央单位发挥自身优势，开展精准帮扶、创新帮扶方式、总结宣传典型经验、动员社会力量参与等方面的情况。❶

第二，东西部协作机制考核评估。按照中共中央办公厅、国务院办公厅印发的《关于进一步加强东西部扶贫协作工作的指导意见》，原国务院扶贫开发领导小组办公室从 2017—2020 年，确定原国务院扶贫开发领导小组办公室成员单位组成考核工作组。对有关东西部地区开展双向考核，按照省市总结、交叉考核、综合评议等程序，将东西部协作考核结果分为好、较好、一般、较差四个等次，并把考核结果作为对其他扶贫开发工作成效考核的参考依据。具体考核评估内容指标按照东西双向考核方式，对东部地区而言，重点考核组织领导、人才支援、资金支持、产业合作、劳务协作、"携手奔小康行动"六个方面的内容，其中，人才支援、资金支持、产业合作、劳务协作和"携手奔小康行动"，要考核向深度贫困地区倾斜支持情况。对西部地区而言，重点考核组织领导、人才交流、资金使用、产业合作、劳务协作、携手奔小康行动六个方面的内容。

以上海市对西部的帮扶为例，2015 年，《关于打赢脱贫攻坚战的决定》出台以来，上海市对口帮扶由东西部经济协作和对口支援的区域发展带动减贫模式向精准扶贫、精准脱贫模式转型升级。在此过程中，产业合作、劳务协作、人才支援、资金支持都瞄准建档立卡贫困人口脱贫精准发力并形成了五大典型模式：①以"三链联动"为特点的产业模式，即延长产业链、提升价值链、完善利益链的产业扶贫理念；②"职教联盟、直通车"模式，以"联盟"和"平台"的方式，提升东西部协作效率，利用网络和大数据实现帮扶的"最后一公里"；③平台驱动消费扶贫模式，即通过消费扶贫模式将消费的地区引导至帮扶地区，借助电商促进产销对接；④"组团式帮扶"公共服务模式，即

---

❶ 张琦，张涛. 中国减贫制度体系探索：考核评估的创新实践［J］. 甘肃社会科学，2021（1）：9－15.

发挥教育、卫生人才优势，通过"组团"方式整合各类人才资源，改变帮扶地区基本公共服务能力不足的局面；⑤资源整合型鼓励社会参与模式，即通过前后方工作互动机制，形成了独特的模式。❶2020年，上海市对口帮扶地区贫困县全部摘帽，区域整体贫困消除，贫困地区的可持续发展取得显著成效。

（二）西部生态扶贫考核与监督制度规范的梳理

截至2020年，除了西藏自治区，我国西部其他地区颁布的关于扶贫开发的省级条例共有11部，这11部扶贫开发条例均涉及扶贫监督考核的规定。

《重庆市农村扶贫条例》于2010年8月1日正式实施（已废止）。该条例对扶贫工作的监督考核进行一系列规定，其第5条、第6条和第8条规定，各级人民政府具有统筹扶贫工作推进的责任，实行工作目标责任制，在各自范围内履行职责，并对工作突出的个人和单位进行表彰。第28条和第29条规定扶贫项目审核审批制度，行政主管部门具有依法审批扶贫项目的责任。第40条规定，财政扶贫资金的使用实行绩效考核制，扶贫行政主管部门应当会同发展改革、财政、民族宗教等部门定期对扶贫资金使用绩效进行考核评价。第41条规定，扶贫项目相关行政主管部门和财政、审计、监察部门依法对扶贫资金管理使用情况进行检查监督。第42条规定，贫困村村民及其推选的代表、义务监督员有权对本村扶贫资金使用情况及使用效益进行监督。第43条规定，扶贫资金使用计划和实施情况应当公示，接受社会监督。该条例在第7章"法律责任"中专门规定违法该条例的法律责任，比如，对违法条例的单位和个人，以及扶贫工作人员，构成犯罪的，依法追究刑事责任。

2012年3月1日，《陕西省农村扶贫开发条例》正式施行（已废止），该条例第11条规定扶贫责任考核，县级以上人民政府应当落实扶贫开发责任，建立农村扶贫开发目标责任制和考核评价制度，对所属部门和下一级人民政府实施考核。第29条规定责任制度，县级以上人民政府相关部门应当结合行业特点，把改善贫困地区发展环境和条件作为行业规划的内容，在资金、项目、

---

❶ 张晓颖，王小林. 东西扶贫协作：贫困治理的上海模式和经验［J］. 甘肃社会科学，2021（1）：24–31.

技术服务等方面向贫困地区倾斜，保证完成行业扶贫任务。部门主要负责人是行业农村扶贫开发的第一责任人。第 54 条规定监督考核，财政专项扶贫资金的年度使用计划、支持的项目和资金额度应当公告、公示，接受社会监督。财政部门会同扶贫行政主管部门对财政专项扶贫资金的使用和管理进行绩效考核评价，审计、监察等部门依法对扶贫资金使用情况进行审计和监督。社会扶贫捐资依照有关法律、法规管理和监督。在违法责任方面，该条例第 55—58 条分别规定了评估和补偿责任、受阻对象责任、项目管理责任、资金管理责任、公职人员责任。

2013 年 3 月 1 日，《内蒙古自治区农村牧区扶贫开发条例》正式施行。该条例第 6 条规定了扶贫考核制度，实行农村牧区扶贫开发目标责任制和考核评价制度，将扶贫开发目标完成情况作为对各级人民政府及其相关部门和负责人考核评价的内容。并在第 10 条规定对扶贫工作中表现突出的单位和个人给予表彰奖励。同时该条例规定了资金使用和管理考核制度，第 42 条规定，旗县级以上人民政府财政、扶贫开发行政主管部门应当对财政专项扶贫资金的使用和管理进行绩效考核评价。并在第 45—49 条规定扶贫工作的违法责任，例如第 45 条规定对不履行职责的，责令改正并通报批评；第 46 条规定虚假手段获益追回制度；第 47 条规定占用、变卖和毁坏扶贫开发项目设施的，责令改正并对责任人员给予处分，构成犯罪的依法追究刑事责任；第 48 条规定截留、滞留、侵占、挪用或者骗取财政专项扶贫资金的违法责任；第 49 条规定扶贫工作人员违法行为的责任追究制。

2015 年 9 月 1 日，《青海省农村牧区扶贫开发条例》正式施行（已废止）。该条例第 45 条规定，将扶贫资金绩效、扶贫工作考核评价结果作为因素参与扶贫资金测算分配，资金分配方案由本级人民政府批准；对扶贫考核有了初步的规定，第 48 条规定扶贫开发资金不得截留、滞留挤占和挪用。在该条例的第 6 章 "法律责任" 中对违法条例的情形规定了责任追究机制，其责任层次与其他条例相似，从行政处分到刑事责任，较为体系地对责任追究进行规定。

2016 年 5 月 1 日，《宁夏回族自治区农村扶贫开发条例》正式实施（已废止）。该条例第 5 条规定，建立农村扶贫开发目标责任和考核评价制度。第 6

条规定，县级以上人民政府农村扶贫开发机构负责本行政区域内农村扶贫开发的综合协调和监督管理工作，具体负责专项扶贫，协调指导行业扶贫和社会扶贫工作。县级以上人民政府有关部门和单位按照各自职责做好农村扶贫开发工作。第8条规定，县级以上人民政府应当对在农村扶贫开发工作中做出突出成绩的单位和个人，予以表彰奖励。以上条款均是对扶贫工作的考核评估办法的规定。在该条例的第6章"监督检查"和第7章"法律责任"中分别规定了监督形式和责任追究形式。第6章规定了各级人民政府具有履行监督检查职责，但县级以上人民政府应当定时向同级人大常委会进行扶贫工作报告。第7章规定了对违反条例行为，予以责令限期改正、停止项目并责令退回扶贫款物，对扶贫工作人员的违法行为给予行政处分，构成犯罪的依法追究刑事责任。

2016年11月1日，《贵州省大扶贫条例》正式施行，该条例的内容较为完善系统，具体条款也较为细致。该条例第6条规定建立和完善"大扶贫"目标责任和考核评价制度，并规定由县级以上扶贫开发部门负责有关扶贫规划、协调、管理、督促、检查和考核。第17条规定对扶贫对象精准识别和脱贫认定实行严格责任制，按照谁复核、谁审核谁负责原则，建立分级签字确认制度。第54条规定对扶贫项目实行项目法人责任制、合同管理制、质量和安全保证制、公示公告制、项目档案登记制、竣工验收制、绩效评估制，并依法进行环境影响评价。第56条规定建立健全扶贫项目信息化管理机制，依托精准扶贫大数据管理平台，对扶贫项目立项、审批、实施、验收、监督、评估等进行全过程精准管理。第70条规定建立健全扶贫工作激励机制。对通过勤劳致富稳定实现脱贫的贫困人口以及在扶贫开发工作中成效显著、有突出贡献的单位和个人，按照国家有关规定给予表彰和奖励。符合条件的，可以授予相应荣誉称号；对国家工作人员在晋职、晋级、立功、职称评定、评先推优等方面应当给予优先考虑；对高等院校、科研院所等事业单位在单位评级、经费投入、学科或者重点实验室建设等方面给予优先考虑。第72条规定委托科研机构和社会组织，采取多种调查和核查的方式对各单位、各级政府的扶贫工作成效进行评估。第74条规定对年度脱贫攻坚重大项目，县级以上扶贫开发部门会同发展改革、财政、教育、农业、交通运输和水利等部门，重点督办并向社会公开，接受社会监督。在扶贫考核评估上，该条例优化细化扶贫成效考核指标，实行分级考核、排名公示和结果通报制度，将扶贫政策落实情况及目标任务完成情况作为各级人民政府和有关部门及其主要负责人考核评价的重要内容。第76条规定，易地扶贫搬迁考核应当将脱贫成效、住房建设标准、工程质量、资金使用、搬迁户负债情况等作为重要内容。对口帮扶实行双向考核，按照国家有关规定建立健全考核机制。第79条规定扶贫政策、项目、资金实行五级公告公示制度，纳入政务公开、村务公开范围向社会公开，接受社会监督。第7章"法律责任"中对扶贫工作中出现的违法现象的追责对象指向主管人员或者责任人员，建立由责任人员或者主管人员责任制的追究体系，第83条第1款规定，对扶贫对象精准识别不作为、乱作为行为，对其主管人员和其他直接责任人员依法处分；第2款规定，对脱贫工作认定工作中虚假行为对直接负责的主管人员和其他直接责任人员由有关部门依法给予处分，严重责令引咎辞职、免职。第84条规定，对不符合资金使用情况进行整合或者整合未用于扶贫工作的，对直接负责的主管人员和其他直接责任人员由有关部门依法给予处分。第85条规定，在扶贫项目上采用虚假和伪造行为的，不构成犯罪的，采用取消项目、追回资金并对直接负责的主管人员和其他直接责任人员由有关部门依法给予处分的措施，构成犯罪的依法追究刑事责任。

2014年7月，《云南省农村扶贫开发条例》通过，后于2017年3月修正。该条例确定了县级人民政府责任后，实施农村扶贫开发目标责任制，建立议事协调机制，对扶贫工作负总责任。该条例第9条规定，建立农村扶贫开发激励机制，鼓励扶贫对象通过勤劳致富实现稳定脱贫，鼓励社会各界积极参与农村扶贫开发工作。第26条规定，将农村扶贫资金使用情况纳入村务公开、政务公开范围，接受社会监督。审计部门应当依法对农村扶贫开发资金使用情况进行审计。任何单位和个人不得虚报、冒领、套取、截留、挤占、挪用农村扶贫开发资金。第27条规定，在强化扶贫开发责任之上建立农村扶贫开发工作考核评价制度，对定点帮扶和驻村帮扶进行年度考核。第28条规定，建立财政专项扶贫资金绩效评价制度，并将绩效评价结果作为财政专项扶贫资金分配的重要依据。第 29 条规定，建立农村扶贫开发检测统计体系，完善监测统计制度，加强动态监测评估，实行信息化管理。在第 5 章"法律责任"中，规定违反条例行为的依法问责或者处分程序，对虚假、越权等违法行为进行追责，构成犯罪的依法追究刑事责任。

2012 年 3 月，《甘肃省农村扶贫开发条例》出台，后于 2017 年修订。该条例第 8—9 条规定，扶贫开发目标责任制和绩效考核制度，并将其扶贫工作作为政府及责任人员的考核内容。同时鼓励社会参与扶贫工作，对表现突出的单位和个人进行表彰奖励。第 44—48 条对扶贫资金的使用和管理绩效考核监督进行规定，在扶贫工作考核监督中，县级以上人民政府建立健全农村扶贫统计指标体系和监测体系、建立健全第三方评估机制、加强对扶贫开发工作的督查，增加扶贫绩效在行政机关公务员业绩考核中的比重，并将考核结果作为公务员奖惩及选拔使用的重要依据，并设立举报电话或者监督网站，为公众和社会参与监督提供途径。第 7 章"法律责任"规定了对于违反条例行为及违法乱纪行为的处分规则。违法行为包括采取虚报、隐瞒、伪造等手段提供虚假扶贫信息，不符合扶贫条件并因此骗取扶贫对象资格，项目实施单位及其工作人员擅自变更农村扶贫项目的，非法占用、变卖或者毁坏农村扶贫开发项目的设施、设备等资产的，项目实施单位及其工作人员虚报、冒领、套取、截留、挤占、挪用农村扶贫资金等行为，其追责方式包括批评教育、责令改正、项目中止、责令限期改正、没收违法所得等；对于国家机关工作人员给予行政处分，构成犯罪的，依法追究其刑事责任。

《广西壮族自治区扶贫开发条例》于 1995 年 11 月 14 日制定，后于 2002 年、2010 年和 2017 年分别经过修订。该条例第 6 条明确规定了扶贫工作的监督管理体制，考核评价监督制度，构建责任清晰、各负其责、合力攻坚的责任体系。包括扶贫开发工作目标确定、政策制定、资金投放、组织动员、检查指导、考核评价；扶贫开发指导协调，制定目标任务及具体政策措施并组织实施；对扶贫项目的实施、扶贫资金的使用和管理、脱贫目标任务完成等工作进行督促、检查、监督和考核等。第 55 条规定了扶贫项目资金使用和管理的监管制度。关于社会监督方面，该条例第 56 条规定，各级人民政府应当接受各民主党派以及社会各界对扶贫开发工作的监督。第 57 条规定，扶贫开发资金使用情况应当纳入政务公开、村务公开范围，接受社会监督。鼓励和支持新闻媒体加强对各地各部门扶贫开发政策落实、扶贫开发项目实施、扶贫开发资金使用等扶贫开发工作的监督。并在第 58 条规定了"第三方评估机制"，建立和完善独立、公正、科学、透明的扶贫开发成效第三方评估机制。通过委托有关评估机构开展专项调查、抽样调查或者实地核查，对扶贫开发成效进行评估和监督。该条例第 6 章"法律责任"规定了违法条例的处罚规则，构成犯罪的，依法追究刑事责任。

2015 年 6 月 1 日，《四川省农村扶贫开发条例》正式施行。该条例第 4 条规定了扶贫开发目标责任制、考核评价制度和专项扶贫资金的绩效评价制度。第 46 条规定，建立健全扶贫开发目标责任和考核评价制度。对在农村扶贫开发中作出突出成绩的单位和个人，按照国家和省相关规定予以表彰，财政专项扶贫资金使用管理按照有关规定实行绩效评价制度。任何单位和个人不得滞留、截留、挪用、挤占和套取扶贫资金。该条例第 7 章"监督检查"中规定了县级以上地方各级人大常委会有监督职责，地方政府将扶贫开发成效纳入绩效考核评价中，并依托审计、监察等部门对扶贫资金管理使用情况进行监督。监督制度规定了社会监督、五级公告公示制度、财政扶贫资金专项检查制度、扶贫开发统计监测体系。该条例第 8 章"法律责任"部分规定了违法条例的处罚规则，构成犯罪的，依法追究刑事责任的相应条款。

2018 年 8 月 1 日，《新疆维吾尔自治区农村扶贫开发条例》正式施行。该条例第 8—9 条规定扶贫工作的考核监督机制。第 6 章"监督与考核"规定了同级党委、人大监督责任制，扶贫项目及资金管理制度，建立扶贫开发统计监测体系，社会监督制度，第三方评估机制，扶贫开发档案资料管理工作，扶贫诚信体系建设，精准扶贫考核和追究制度。第 53 条规定要建立和完善独立、公正、科学、透明的扶贫开发成效第三方评估机制，委托具有资质的评估机构开展专项调查、抽样调查或者实地核查，对扶贫开发成效进行评估检查。第 54 条规定要加强扶贫开发档案资料管理工作，客观、准确记录精准识别和精准退出、扶贫开发任务推进、扶贫开发项目实施、扶贫开发资金使用等工作的过程及成效。第 55 条规定要加强扶贫诚信体系建设，建立和完善项目管理、资金使用等扶贫脱贫全过程诚信记录及违法信息归集、共享和公开机制，对申报、实施扶贫项目的单位或者组织实施扶贫项目的企业、个人以及贫困户建立信用档案，实行守信激励和失信惩戒。第 7 章"法律责任"特别规定了失信惩戒制。第 57 条规定隐瞒或者虚报相关信息，骗取扶贫开发政策待遇的，由有关部门列入失信惩戒名单，取消受助资格；获取经济利益的，依法追回；造成损失的，依法赔偿损失。对于其他违反条例行为的也规定了相应的追责机制，构成犯罪的，依法追究刑事责任。

（三）生态扶贫考核与监督制度的不足与改良

1. 生态扶贫考核与监督制度的不足

一是扶贫考核工作流于形式。在集权体制之下，上级组织分配给基层落实任务时，却没有赋予基层相应的权力与资源。基层工作人员处于事事上传，时刻需要使用"上报""汇报""总结"以及纸上制度化等运作方式完善上级组织的政治任务。在面对超压的政治任务，常规的治理模式实效只能采用碰运气的方式使用非常规手段，采取"变通"的方式应对考核。● 乡镇无法支撑各类庞杂繁重的考核任务，当其无法通过常规方式实现考核任务时，便只能以策略主义的逻辑进行超常规、非制度化运作。❷ 简言之，乡镇在运动式治理和官僚体制的双重规制下，面临一系列的执行约束。在约束下采用的非正式权力运作手段，常常导致政策的实际执行严重偏离政策的价值初衷。❸对基层的生态扶贫考核也同样如此。

传统的行政理论认为，权威式治理是在自上而下流动的金字塔结构中进行的。为了使组织成员有效率地完成工作，政府管理部门不仅要对组织成员进行培训和奖惩，还要对组织的目标和需要完成的工作任务进行明确而清晰的规

---

❶ 贺雪峰. 行政体制中的责权利层级不对称问题 [J]. 云南行政学院学报，2015，17 (4)：4 - 7.

❷ 周媛媛."指标考核"与"基层压力"：政府专项任务指标考核机制研究 [D]. 长春：吉林大学，2020.

❸ 周雪光. 基层政府间的"共谋现象"：一个政府行为的制度逻辑 [J]. 社会学研究，2008 (6)：40 - 55.

定。在扶贫领域，自上而下的制度设计取代了自下而上的政治动员，实现了扶贫实施过程的"去政治化"。基层组织行为逻辑从中央的指导意见，到地方的具体项目实施细则都有详细的规定和依据。这些规章制度要求基层组织及其成员在扶贫过程中必须遵循相关规定，并据此设定了具体的指标体系和考核标准。同时，明确根据考核结果予以相应奖惩，一旦出现违规行为，将会对相关主体予以追责。为了完成扶贫任务，各级组织投入了大量的人力资源。然而，乡镇在扶贫过程中可能衍生出的"精准填表"等大量的文书生产现象，面对日益沉重的内外部行政压力，加之以工具理性为主导的考核内容重点，乡镇扶贫干部不得不将注意力集中在表格制作、材料填报等形式合理化的工作之中，在这个过程中很容易造成真正的贫困治理缺失，陷入形式主义的扶贫困境。因此生态扶贫考核常常沦为纸上的"数字"考核。

二是违法追责程序不明确。极具效率的追责程序有利于生态扶贫开发工作的推进，形成对扶贫工作的有效监督。然而，在地方性立法之中，对扶贫工作追责程序的规定并不明确，存在一些问题。例如，《重庆市农村扶贫条例》（已废止）第 53 条规定："……逾期未改正的，依法处理"。《甘肃省农村扶贫开发条例》（2017 年修订）第 51 条规定："有关部门责令限期改正，并依照有关法律、法规给予处罚"；第 52 条规定："有关部门责令其改正、退还财物，没收非法所得，并依法追究相关人员的责任"。其均要求援引其他法律、法规，并且未明确规定违法人员承担何种"责任形式"，这两个条例对于法律责任的规定并不明确。此后，经过修订的地方性法规对法律责任的承担形式和追责方式进行了详细规定，但均采用大量篇幅对相关主体的行政责任和刑事责任进行规制，并未涉及对因不遵守法律规定、损害公共利益、损害贫困主体权益行为的规制，为介于行政责任和刑事责任之间的违法行为留下空白的法律追责。❶

2. 生态扶贫考核与监督制度改良

（1）转变生态扶贫的考核理念

戴维·奥斯本（David Osborne）提出，改变个体行为最有效的办法，就是

---

❶ 刘晓霞，周凯. 西部地区生态型反贫困法律制度研究 [M]. 北京：中国社会科学出版社，2016.

将个体置于含有崭新规则，以及责任与义务关系的全新的组织环境中。❶ 因为基层干部所面临的压力主要来源于脱离实际情况的指标考核，所以提高基层组织的积极性和效率有必要进行考核机制的优化。考核机制的有效运行需要考核系统内各个要素、环节之间的有机配合，促成积极的效果反馈，才能把系统从停止的状态解脱出来，取得连续性的变化。❷ 欲实现考核机制的改良，必须进行考核理念的重铸和升级，转变考核方式。打破对考核固有思维和路径依赖所形成的"理念误区"，是推进指标考核机制改良的重要前提。❸因此，就生态扶贫考核评价而言，除了常规的约束性扶贫考核指标，还应该转变单一扶贫任务目标的考核理念，以生态文明理念重塑考核指标体系，并强化生态扶贫的激励考核方式与手段。

（2）生态扶贫的激励型考核机制的完善

每个个体需要在生存中获得物质和精神上的满足，激励制度具有契合主体内生动力的特征，通过对心理状态的调节和控制，引导其产生相应的行为模式。问责制度建设的目的和重点是使行政部门能够不断学习，并通过学习改进公共服务的绩效。❹ 就本质而言，问责制度在于通过权力之间的考核，端正行政人员的工作态度和行为，促使行政人员提高效率，以便更好地实现公共服务。不与利益分配挂钩的考核是没有意义的，在考核的任务设计中，给个人和组织提供的内在或者外在奖励越多，这个机构便越有效。❺ 以利益分配为核心的激励型考核，通过与被考核人员的报酬、升迁和教育培训等激励手段相结合，才能发挥激励作用。建立组织成员的自我激励模式，提升内生动力非常关键。对于普通基层干部，要注重满足其现实需要，结合其合理诉求，把考核结

---

❶ 奥斯本. 再造政府：政府改革的五项战略 [M]. 谭功荣，译，北京：中国人民大学出版社，2014：33.

❷ 缪尔达尔. 亚洲的戏剧：南亚国家贫困问题研究 [M]. 方福前，译，北京：首都经济贸易大学出版社，2001：385.

❸ 周媛媛. "指标考核" 与 "基层压力"：政府专项任务指标考核机制研究 [D]. 长春：吉林大学，2020.

❹ AUCOIN P，HEINTZMAN R. The dialectics of accountability for performance in public management reform [J]. International Review of Administrative Sciences，2000 (1)：45 –55.

❺ 斯蒂尔曼二世. 公共行政学：概念与案例 [M]. 竺乾威，扶松茂，等，译，北京：中国人民大学出版社，2004：465.

果多与他们所期望的奖励挂钩。因此，不仅要丰富激励的内容和形式，而且要注重增强对基层干部的内在激励水平，提高他们对考核流程的参与度，强化对工作的自主性和责任担当。通过给予他们充分的肯定和信任，使其保持工作激情，全身心地投入工作中，最终实现被个人发展与组织绩效提升的"双赢"局面。❶ 申言之，应该将生态扶贫任务目标明确为具体清晰的指标及要求，并把对被考核者的需求和期望融入指标体系的设计中，运用多向度的激励手段对被考核对象进行引导和监督。

（3）明确生态扶贫监督主体之间的关系，强化法律责任

监督是扶贫工作得以顺利开展并实现脱贫目标的关键。生态扶贫考核规制必须厘清监督之间的关系，政府有关部门在扶贫工作中不能既是扶贫的主体，又是"裁判员"，应尝试增设独立、规范和多元的监督主体，明晰内部监督体制的同时引入外部监督，强化监督主体的职责和能力。❷

（4）制定脱贫攻坚工作督查实施办法，健全脱贫攻坚问责机制

例如，贵州省在全国率先开展"护民生、促脱贫"监督执纪问责专项行动，组成多个民生监督组对全省基层扶贫工作进行动态跟踪监督，及时纠偏处理。2017 年 1 月以来，贵州省各级纪检监察机关紧扣"大扶贫"行动，突出"护民生、促脱贫"主题，该行动深化、细化、强化民生监督工作，持续精准开展扶贫领域项目资金管理使用情况专项监察，着力发现和查处群众身边的不正之风和腐败问题。❸贵州省还在全国率先开通"扶贫专线"，安排专人 24 小时值守，公开接受社会各界的监督。

（5）强化考核监督的法律责任

关于生态扶贫追责标准不明，即反贫困主体什么样的行为以及行为到什么程度、该追究责任以及该追究什么样责任的问题。关于生态扶贫责任弱化问

---

❶ 周媛媛. "指标考核"与"基层压力"：政府专项任务指标考核机制研究［D］. 长春：吉林大学，2020.

❷ 张晓颖，王小林. 东西扶贫协作：贫困治理的上海模式和经验［J］. 甘肃社会科学，2021（1）：24－31.

❸ 贵州：专项监察聚焦扶贫领域项目资金精准发力［EB/OL］.（2017－11－07）［2021－11－08］. http：//www.ccdi.gov.cn/yaowen/201711/t20171106_150545.html.

题，具体来说就是行为主体的危害程度与其实际负担的责任相差悬殊，总体呈现处理过轻的弊端，这可能会纵容生态反贫困领域渎职等违法犯罪行为的发生。因此对法律责任标准进行统一和细化，增强责任判断的识别性与可操作性，同时强化法律的责难力度，加重扶贫工作违法成本。

（6）建立绿色发展监督制度

绿色发展监督是政府为了保证生态扶贫的有序运行，运用行政权力对生态市场的各类主体进行审核和监督。监督制度根据贫困地区的资源类型可分为两类：第一类是生态资源富集型贫困地区，实施严格的生态市场准入制度和产权保障制度；第二类是生态资源匮乏型贫困地区，建立严格的生态红线制度和生态审计制度。❶ 生态资源富集型贫困地区的生态植被保存得较为完好、生态资源较为丰富，务必要严格遵守"三线一单"管控制度，建立严格的市场准入制度，严格实施环境影响评价制度，践行保护优先、预防为主的原则，保证自然资源的合理开发与利用。同时，监管重心应从保护生态资源扩展到界定自然资源产权，对其用途和功能进行监管。严格遵循生态红线制度，建立和完善自然资源用途管制制度；严格遵循自然资源管制规定，不得随意变更用途，不得与生态主体功能区规定冲突。

第三节　西部生态扶贫法律制度的实现机制

推进西部生态扶贫法律制度建设，促进西部地区生态保护和经济发展的"双赢"，是一项复杂的任务。我国西部地区在生态扶贫法律制度的基础上，还构建了生态扶贫法治保障的实现机制，以确保在生态保护和经济发展之间找到最佳平衡点，并在法治的轨道上实现生态与经济的和谐共生。

一、多元主体参与生态扶贫的保障机制

2015 年 6 月，习近平指出："扶贫开发是全党全社会的共同责任，要动员

---

❶ 肖磊. 绿色发展理念下生态扶贫法治保障研究 [J]. 法学杂志, 2019, 40 (5): 39 - 47.

和凝聚全社会力量广泛参与。要坚持专项扶贫、行业扶贫、社会扶贫等多方力量、多种举措有机结合和互为支撑的'三位一体'大扶贫格局。"生态扶贫是一项复杂的系统工程，涉及政府、市场、企业和公众等多元主体的参与。为了保障生态扶贫的顺利推进，需要构建一套完善的保障机制，包括政府主导责任机制、市场激励机制、企业责任机制和公众参与机制。这套保障机制的核心在于实现生态扶贫过程中经济效益、社会效益和环境效益的协调发展。通过政府、市场、企业和公众的共同参与和努力，推动贫困地区生态、经济、社会的全面可持续发展。

（一）多元主体参与生态扶贫的法律激励机制

法律保障功能除了约束和惩罚，还有一个重要功能是激励。由于无论在国家层面还是地方层面，我国现有的社会主体参与扶贫的法规和政策都具有宏观倡导色彩，在引导和激励社会力量参与扶贫的标准、工具、方式和配套制度等方面还缺乏明确规定，使得社会参与扶贫法律法规激励功能极为有限。从实践层面来看，地方政府在激励社会力量参与扶贫方面具有极大的科层性和官僚性，表现为政府将有限的激励资源倾斜于具有官方背景的社会组织和企业，而诸多规模较小、实力较弱的民办组织和民营企业几乎享受不到政府的政策优惠，极大地损害了法律激励的公平价值和社会功能，也严重阻碍了有关协同推进的"大扶贫"格局的构建进程。❶ 在我国西部地区生态扶贫开发中，政府、市场（企业）和社会（公众）多元主体协同参与不足的问题症结也大抵如此。

因此，消除我国多主体参与生态反贫困治理的体制机制约束，重点在于调整贫困治理的主体结构，改变以往贫困治理领域政府一揽包办的角色地位，激励多主体参与，这需要法律给予保障：一是通过立法保障多主体参与，激励更多的社会力量特别是弱小的社会力量参与生态扶贫。例如，小型社会组织难以获得扶贫资金与政策优惠，更需要立法给予激励支持。二是推动各地方政府专门制定多主体参与生态扶贫的激励机制。国家层面制定了促进多主体参与的基

---

❶ 王怀勇，邓若翰. 后脱贫时代社会参与扶贫的法律激励机制［J］. 西北农林科技大学学报（社会科学版），2020，20（4）：1–10.

本规范，例如，2014 年 12 月，《关于进一步动员社会各方面力量参与扶贫开发的意见》出台；2017 年 6 月，《关于支持社会工作专业力量参与脱贫攻坚的指导意见》出台。但由于上述文件过于原则性、宏观性，落实到地方实践需要各地方政府因地制宜细化条例。细化具体激励规定才能真正激励多主体参与落到实处。三是政府购买社会力量服务参与生态扶贫法律制度建设。加大政府购买扶贫服务力度，支持社会力量参与扶贫项目，从而推动实现政府从扶贫行动者向扶贫项目管理者转变。这需要进一步细化激励措施，激励多主体参与。四是完善市场激励机制。这主要包含环境质量制度和绿色消费制度，旨在推进环境质量提升与绿色消费模式。环境质量制度是明确政府及其职能部门的环保义务，设定科学的环境质量目标，完善生态环境质量标准、环境决策、环境规划及生态扶贫业绩评估等制度，通过加大环境保护和治理力度，加强环境监管和执法力度，严格执行环保法规，推动生态环境质量持续改善。绿色消费是促进绿色生活方式形成的核心内容，涉及简约适度、绿色低碳的生活方式，需要通过加强宣传教育，提高公众环保意识，推动绿色消费成为全社会共识。同时，政府应加大绿色采购力度，优先采购节能环保产品，发挥示范带头作用。

（二）多元主体参与生态扶贫的责任机制

1. 政府主导的责任机制

政府主导责任机制主要包含绿色发展规划制度、绿色发展扶助制度和绿色发展评价制度三个核心方面。绿色发展规划制度是需要制定和完善具有前瞻性和可操作性的绿色发展规划，这些规划应基于深入的环境评估和资源调查，确保在保护生态环境的前提下，科学合理地规划产业布局和经济发展路径。同时，规划应明确各级政府和相关部门在生态扶贫中的职责和任务，确保责任到位、分工明确。绿色发展扶助制度是政府通过财税政策、财政补贴等手段扶助生态脆弱地区，激励绿色经济活动，主要是推动绿色扶贫产业技术创新，改进生产工艺，降低资源消耗和环境污染；扩大绿色采购范围，优先采购节能环保产品；严格监管生态扶贫资金，确保用于生态保护、补偿和修复。绿色发展评价制度主要是建立科学合理的绿色发展评价指标体系，为生态扶贫提供阶段性评判标准。评价对象包括政府、企业和社会公众等参与生态扶贫活动的主体。评价内容包括正向指标（如生态修复、补偿等行为的奖励）和反向指标（对不达标项目的退出、罚款等制裁措施）。

2. 企业的责任机制

生态扶贫的企业责任机制构建主要聚焦于绿色技术产权制度和生态扶贫企业社会责任制度两个方面，旨在通过法律制度的构建和完善，推动企业积极履行社会责任，促进贫困地区生态、经济、社会的全面可持续发展。绿色技术产权制度的目的是保障企业经济效益，同时维护社会和环境效益，是生态扶贫中扶贫产业开发的关键制度。绿色技术产权制度主要处理产权所有人与利益相关者的关系，明确法律权利与义务，激励企业运用绿色技术，平衡绿色产权的公益性和营利性，设立法定条件，推动绿色技术的公益化。生态扶贫企业社会责任制度是企业对贫困地区的环境保护、资源利用有重要影响，是可持续发展目标达成的关键。主要是发挥政府行政指导功能，引导企业树立生态扶贫的社会责任感，统一社会效益与环境效益。同时结合市场激励与法律规制，鼓励企业参与扶贫开发，采用高标准环境标准，并明确其生态环境保护义务，限制非理性行为。

3. 公众的参与机制

公众参与机制主要涉及生态扶贫公益诉讼制度和公众参与制度两个方面。一方面，随着精准脱贫和环境保护工作的深入，因环境污染或生态破坏导致的纠纷增多，这些纠纷容易与扶贫工作产生冲突。由于当时的生态扶贫机制在司法保障方面存在不足，我国西部地区构建了保障被扶贫主体权利的司法救济机制。而公益诉讼是平衡多元主体交错利益与矛盾、保障被扶贫主体程序性权利的重要途径。我国西部地区大力推进环境公益诉讼制度，使其成为公众化解重大环境纷争的有效途径。另一方面，政府、扶贫开发主体和公众之间在扶贫与环保问题上存在利益冲突和博弈。扶贫开发和生态环境保护都需要社会公众的参与，特别是贫困主体的参与对于平衡各方利益至关重要。在利益博弈中，公众参与能够促使生态扶贫决策体现利益衡平。强调公众参与，特别是贫困主体的参与，通过参与表达主张，促进生态扶贫决策的公正性和合理性。同时，从小群体到全国层次的力量动员，也充分发动人们的参与积极性。

综上，多元主体参与的保障机制充分调动了各主体参与西部生态扶贫开发的合力，实现了法律制度的社会效果和法律效果。我国乡村贫困主体所固有的经济能力较低、文化素质较差等弱势属性以及生态产业所固有的长期性、公益性和低回报性决定了生态扶贫必定是一个具有较强"正外部性"的事业，且这种"正外部性"很难通过市场自身的调节予以改变。对于扶贫开发中的正外部性问题，法律可以发挥其特有的激励功能，通过设置一定的诱因（激励因素），借助一定的激励方法，引导社会扶贫主体自发地、主动地实施法律所希望的行动。❶ 鉴于生态环境的整体性效益而需要系统治理、综合治理要求，构建政府、企业、个体、组织多方参与的生态扶贫治理格局，激励和约束各主体责任，发挥生态扶贫的社会合力，势在必行。由于政府在生态扶贫中扮演着重要的角色，因此强化顶层设计，集中政府力量专项推动，不断加大财政资金支持力度，可以建立完善的生态扶贫模式；贫困群众是生态扶贫的主体，广泛开展政策宣传，让贫困群众了解生态扶贫的重要意义、参与方式等，培养贫困群众参与生态扶贫的技能，切实使贫困群众广泛参与；企业是生态扶贫的重要力量，通过财政资金补贴、政策优惠、完善公共服务、强化贫困群众技能培训等多种途径，积极引导企业参与生态扶贫；环保公益团体、社会慈善组织、扶贫基金会等社会组织是生态扶贫的另一支重要的社会力量，这些组织可以依法成为生态环境保护和扶贫监督主体，通过开展公益诉讼、社会监督等多种手段实现生态扶贫利益损害的救济及保护。

二、自然资源资产收益扶持机制

（一）自然资源资产收益扶持及其制度依据

资产收益扶持作为精准扶贫的重要创新方式之一，旨在通过创新方式让贫

---

❶ 丰霏. 法律激励的理想形态［J］. 法制与社会发展，2011，17（11）：142 - 150.

困人口分享资产收益，从而改善其经济状况。自党的十八届五中全会首次提出探索资产收益扶持制度以来，国家出台了一系列政策文件来搭建和完善这一制度的顶层设计架构。《中华人民共和国国民经济和社会发展第十三个五年规划纲要》提出要"探索资产收益扶持制度，通过土地托管、扶持资金折股量化、农村土地经营权入股等方式，让贫困人口分享更多资产收益"，同时对贫困地区特别提出"对在贫困地区开发水电、矿产资源占用集体土地的，试行给当地居民集体股权方式进行补偿。完善资源开发收益分享机制，使贫困地区更多分享开发收益"。《"十三五"脱贫攻坚规划》提出，要在贫困地区选择一批项目开展资产收益扶贫改革试点，让贫困人口分享资源开发收益。2019年，中共中央办公厅、国务院办公厅印发《关于统筹推进自然资源资产产权制度改革的指导意见》。这些规范性文件为健全自然资源资产收益扶持机制提供了依据。

自然资源资产收益扶贫作为资产收益扶持制度的类型之一，是我国西部地区生态扶贫的创新机制之一。资产收益扶持制度涉及的资产类型多样，而自然资源资产收益扶持涉及的资产类型主要包括：一是由财政专项扶贫资金和其他涉农资金投入的自然资源项目（如设施农业、养殖、光伏、水电、乡村旅游等）形成的资产。二是水电矿产资源开发补偿资产，即对于贫困地区水电、矿产等资源开发，政策规定通过集体股权方式给予居民补偿，确保他们能从资源开发中分享收益。三是村集体资产产权改革资产，即村集体资产是资产收益扶持的重要资产类型，涉及土地等生产要素及其他经营性资产。四是新能源扶贫资产，即以光伏扶贫为代表的新能源扶贫项目，通过模块化、稳定性强的资产形式和配套政策措施，快速推动实践应用，是当前资产收益扶持运用较多的类型。五是林业碳汇收益扶持资产，即以林业碳汇和资产收益扶持的融合，财政扶贫资金和其他涉农资金投入林业企业、林业合作社等，实施主体和市场参与者通过造林、再造林、森林经营等发展林业碳汇，收益分配向贫困户倾斜。

2016年9月，国务院办公厅印发的《贫困地区水电矿产资源开发资产收益扶贫改革试点方案》提出水电矿产资源开发资产收益扶贫改革试点，2016—2019年，在集中连片特困地区县和国家扶贫开发工作重点县开展试点；在全国范围内选择不超过 20 个占用农村集体土地的水电、矿产资源开发项目，推动资产收益扶贫可持续发展。财政部、农业农村部、原国务院扶贫开发领导小组办公室等部门联合发文，强调资产收益扶贫是精准扶贫机制的重大创新，并要求做好财政支农资金支持资产收益扶贫工作。此外，中央及地方各级政府也出台了相关政策文件，例如财政部出台的《扶持村级集体经济发展试点的指导意见》，山东省青岛市西海岸新区出台的《关于扶贫专项资金购买商业资产的实施意见》等，探索不同形式的"资产收益型"扶贫模式，以期通过这一制度创新，有效推动贫困地区经济发展，帮助贫困人口脱贫致富。

（二）自然资源资产收益扶持制度的运行机理

关于资产收益扶持制度的内涵及作用，余佶认为，资产收益扶持制度，主要针对的是自主创收能力受限制的农村贫困人口，目的在于把细碎、分散、沉睡的各种资源要素转化为资产，整合到优势产业平台上，扩展贫困人口生产生存空间，让其享受到优质资源，实现脱贫致富。[1] 檀学文认为，资产收益扶贫是对精准扶贫精准脱贫基本的生动实践方式，应将'三变'改革作为资产收益扶贫的发动机。[2] 向延平等认为，资产收益扶贫是以旅游、农业、工业等相关产业作为农村基础发展平台，将自然资源、农民自有资源和扶贫资金作为农村专业合作社、股份公司等经济实体的股份和资产，参股入股，贫困农户分享股利收益，精准扶贫，从而达到贫困人口持久精准脱贫的目标。[3]

资产收益扶持制度发端于贵州省六盘水市的"三变"改革的扶贫实践。贵州省六盘水市曾是贫困地，贫困人口大多分散居住在深山区、石山区，脱贫致富难度大。2014 年，贵州省六盘水市创造性提出"三变"改革，即"资源变股权、资金变股金、农民变股民"的资产收益扶持制度有效整合各种资源要素，探索了一条通过股权化实现规模化、集约化、产业化的精准扶贫新路子。资产收益扶贫机制作为一种有效的扶贫策略，其核心就在于明晰化的资产

---

[1] 余佶. 资产收益扶持制度：精准扶贫新探索 [J]. 红旗文稿，2016（2）：19 - 21.

[2] 檀学文. 以"三变"改革推动资产收益扶贫与精准脱贫 [J]. 改革，2017（11）：47 - 49.

[3] 向延平，陈友莲. 我国农村精准扶贫最优选择：资产收益扶贫模式 [J]. 内蒙古农业大学学报（社会科学版），2016，18（6）：17 - 20.

产权、可持续性的资产收益和科学化的资产收益分配方法。

"产权明晰"是资产收益扶持制度的生命线。在应用资产收益扶持机制时，必须以产权明晰为先导，做好资产核算、折股量化、确权颁证等工作，保证确权到村到户，为制度良性运转提供坚实的产权基础。资产收益扶贫的首要任务是确定资产范围，这需要贫困地区对扶贫对象的现有资产和资源进行全面统计和合并。2019年中共中央办公厅、国务院办公厅印发《关于统筹推进自然资源资产产权制度改革的指导意见》，明确自然资源资产产权边界。可持续性的资产收益是资产收益扶贫的核心，它涉及直接收益和间接效益两个方面。直接收益通过相关企业利用扶贫政策和资金进行分配，包括固定收益和浮动收益。间接效益则通过扶贫资金投资当地生产、贸易等产业，提升产业收益并增加农民的就业收入。要实现可持续性的资产收益，需要注意选择合适的"合作伙伴"，筛选运营模式完备、经营市场良好、内部管理透明的企业或组织，确保扶贫资金的有效利用和扶贫项目的顺利实施；重视理化资产，通过投入固定、便于核查的生产资料，降低经营风险，保障扶贫资金的安全性；强化风险意识并制定风险应对方法，密切关注投资活动，提高警惕，及时规避风险，并通过购买保险、设立风险应对措施等方式降低实施主体的经营风险。

科学化的资产收益分配方法是资产收益扶贫工作成功的关键，通过精准把握分配原则、采用多样化的分配方式，并与企业建立良好合作关系，可以确保扶贫资源得到公平有效的利用，推动贫困地区的可持续发展。收益分配需要兼顾公平与效率，确保每一位扶贫对象都能获得应有的权益。在分配过程中，要精准把握平衡，既不能完全平均分配，也不能过度倾斜于贫困农户，以免引发矛盾。为实现集体产权收益和优惠分配的平衡，可以采用多种分配方式，例如根据贫困人口状况适当倾斜、以劳动指标进行比例分配等。这些方式能够激励劳动者积极性，提高扶贫资金的使用效率。同时，基层工作人员需要深入了解贫困个体情况，实行民主测评制度，确保分配过程公正透明。与企业建立良好合作关系，推广"最低保障收入＋分红"模式，让企业吸纳更多贫困地区劳动力，并为他们提供适宜的收入权或份额。在面临市场变动时，企业应确保贫困人口的基本收益。当企业无法提供劳动岗位或项目解散时，应优先结算贫困人口的劳动所得，保障他们的基本权益。

（三） 自然资源资产收益扶持机制完善的经验

1. 资产收益扶持的理念、价值及制度框架

资产收益扶持以新发展理念为价值诉求，指导资产收益扶贫基本原则、主要理论、基本体系的建设与实施。以安全价值为前提和基础，以实质公平为主导价值，在资产收益扶贫的不同环节建立符合实际的价值序列，即扶贫资源转化为扶贫资产应当坚持实质公平优先、经济效益为辅的价值序列，资产收益扶贫平台（项目）运行必须坚持经济效益优先，兼顾实质公平的价值序列，扶贫股的分配、扶贫收益分享应当坚持实质公平的主导价值。以多元价值及功能定位为指引，以资产收益扶贫的主要环节与关键方面为依据，从扶贫资源转化、扶贫股权利制度建设、扶贫资产收益公平分享、资产收益扶贫法律制度建构等方面搭建资产收益扶贫制度体系。

2. 资产收益扶持中扶贫股的权利属性与运行规制

一是资产收益扶贫股的法律定性与定量规制。资产收益扶贫中扶贫股的定性，即需要考虑扶贫股的来源，尤其是扶贫资源的属性与限制，从扶贫股的功能指向层面明确扶贫股的法律性质。扶贫股的定量，即以扶贫股作为资产收益扶贫权利的正式称谓，在实践中的集体扶贫股、个人扶贫股、扶贫优先股等仅是扶贫股的权利归属、权利内容的范畴。在此基础上，宜以扶贫股的优先性、保障性为着力点确定扶贫股的权利内容。二是资产收益扶贫股的权利主体及运行规制。鉴于扶贫股是由扶贫资源投入所形成，因而扶贫股需以对贫困人口的保障性为基点，坚持扶贫股的优先性。扶贫股的权利配置以贫困人员为主要主体，但所有权归集体；扶贫股配置还考虑集体的社会分配功能的实现，将一定比例的扶贫股配置给集体。扶贫股权利运行的重点在于明确扶贫股权利主体的权利内容和扶贫股退出制度，其制度设计须以扶贫股的有效、持续运行为前提。

3. 资产扶持收益公平分享与有效监管机制

资产扶持收益公平分享机制主要内容包括：①以基本生存权保障的实际需

求为核心依据，运用经济学、社会学等理论和方法，建立以实际需求为导向的有效划分贫困人口不同贫困程度的识别规则。②建立收益保底机制和股权分红制度，并以贫困人口不同贫困程度以及扶贫资产收益的实际能力为基础，构建倾斜性保护高度贫困人口的资产收益权益配置机制。③以扶贫股的赋权为主，充分发挥集体收入分配调节功能，建立包括政府、集体、个人、社会的多元减贫协作机制。④以扶贫资产收益实现平台、贫困人口、农村集体、基层政府为对象。⑤通过财政扶贫资金倾斜安排等多元举措，激励资产收益扶贫实施主体积极性。⑥以协同性为思路，建立财政、投资、金融、土地等政策支持措施和科学的社会保障、审核与登记、第三方评估等支持制度。

资产收益扶持的有效监管机制主要内容包括：①以协同监管、有效监管为指引，整合现行扶贫、环境、财政、市场、移民等相关部门职责，自上而下建立以党委或政府主要负责人为领导，相关部门为成员的资产收益扶贫委员会。②参考农民专业合作社及其股份权利登记管理规定，建立资产收益扶贫登记管理制度，尤其需要着重处理好个人扶贫股存在所有权与收益权能分离情况下的登记管理制度设计。围绕监管权配置、监管权内容、监管程序、评估指标及其实施体系、监管责任和配套制度等方面构建资产收益扶贫监管体系。③引入扶贫绩效的第三方评估机制，实施明确的扶贫绩效奖惩制度。

三、环保与扶贫的制度衔接与整合机制

制度的衔接与整合是社会整合（social integration）的主要内容。社会整合是一个含义丰富或者语焉不详的概念。有学者曾指出，社会整合概念的一般意义无法得出，但可将其分为文化整合、交流整合、功能性整合和规范性整合四个类型。❶ 实际上，社会整合的内容十分丰富，利益、组织、规范等都可以成为社会整合的基本内容。按照法国社会学家埃米尔·杜尔凯姆（Émile Durkheim）的理论，社会整合是一种以社会分工和异质为基础的有机团结。社

❶ LANDECKER W S. Types of integration and their measurement [J]. The American Journal of Sociology, 1951, 56 (4): 332 –340.

会整合是指社会不同的因素、部分结合为一个统一、协调整体的过程及结果。衔接是整合的前提，二者相互联系，密不可分。制度的衔接与整合是社会整合的重要表现形式，是各种制度有机联系、形成互动和谐关系使制度体系达到均衡的状态。

针对我国西部地区环境保护与扶贫制度衔接不畅、制度合力不足的生态扶贫困局，通过制度衔接与整合机制的构建和完善，至少有三个方面的效果：一是可以避免制度之间的冲突、失衡等明显缺陷，使制度结构不断健全；二是通过制度结合为一个统一、协调的整体，实现法律制度保障的体系化，发挥制度的整体功效和协同效力；三是实现利益关系的协调，进而实现社会公平。法律制度的构建过程也是社会利益再分配的过程，在此过程中使社会不同利益主体的需要得到一定的满足。尽管其根本利益是一致的，但特定主体也存在差别和矛盾，这些都需要利益关系的整合协调，而制度的衔接整合具有关键作用。因此，完善环保与扶贫的制度衔接与整合的措施主要是严守生态保护红线，完善生态补偿制度；加大财政支持力度，建立吸引社会资本投入生态环保的体制机制；创新生态扶贫考核机制，提高贫困地区生态产品供给能力；促进贫困地区产业结构调整，实现扶贫减贫与保护环境的"双赢"。

我国西部地区在推进扶贫开发时坚持把保护环境放在优先位置，进一步增强了做好生态扶贫工作的主动性；实施环保工作时要统筹考虑扶贫开发，坚持环境保护和扶贫开发并重，努力实现绿色发展。结合生态文明体制改革，在贫困地区探索推进有利于统筹推进环保和扶贫的体制机制；完善主体功能区制度，推进"多规合一"，建立乡村环境治理体制机制，编制自然资源资产负债表，开展反贫困效果中绿色资产核算等创新环保与扶贫制度衔接与整合的方法。在此之中，应先要完成生态扶贫管理机制和技术资源的优化和整合。

一是整合生态扶贫管理机制。生态扶贫实施中涉及生态保护和扶贫开发两大政策工具的整合，涉及不同的行业行政主管部门。在有关行政管理体制下，生态保护涉及生态环境、自然资源、农林、水利等部门，扶贫开发则涉及发展改革、扶贫主管等部门。分工监管是科层制架构下行政管理的基本特点，也符合现代行政分权运作的规律。但是，分工监管的同时需要部门之间的有效协作和配合，一些综合性较强的公共服务领域更是如此。为解决实践中出现的管理碎片化导致生态扶贫政策缺乏合力的问题，我国西部地区探索建立了统筹协调且高效的管理机制。一方面，各级人民政府加强领导，做好生态扶贫规划、工作方案等顶层设计，指导和支持各部门开展工作。另一方面，明确各部门在生态扶贫领域各自的职责，加强相互的协调沟通。负有职责的相关部门建立了有关联席会议制度，定期召开会议协调政策立场、研究问题，统筹安排部署和落实生态扶贫各项工作任务。推进纵向生态合作帮扶模式，实现贫困地区扶贫工作与生态保护工作"横向部门协调，纵向层级传导"的格局，以及层层传导责任和压力的生态扶贫责任体系，形成工作合力。

二是整合生态扶贫技术资源。各级政府有计划地组织各类技术专家深入贫困地区，对生态型企业、生态产业经营者、合作社开展技术指导。通过组织培训、对口帮扶、技术指导等措施，加强对贫困人口的智力扶贫、技术扶贫、能力扶贫，让更多的贫困人口参与生态产业链分工。同时，在贫困地区建立技术培训的长效机制，培养一批"乡土型"技术专家，从而带动和提升贫困人口的自我发展能力和市场风险防控能力，从根本上增强了贫困地区反贫困的内生能力。

四、贫困主体的法治素养提升机制

在生态扶贫中，贫困主体的法治素养中不仅涵盖了环境法治素养，也涵盖了生态保护意识等。造成贫困主体法治意识、法治思维、法治认知、法治信仰为主要内容之法治素养薄弱的原因是多方面的，是多种因素共同作用的结果，例如传统因素和现实因素。

法律必须被信仰，否则它将其形同虚设。提升贫困主体的生态意识和法治素养是推进生态扶贫法律制度建设的关键一环。我国西部地区通过强化教育、提升素养、促进参与和创新模式等多措并举，有效破解生态扶贫法律制度建设面临的困境，推动贫困地区走向绿色发展之路。一是应强化生态教育，针对贫困地区人口，开展多层次、多形式的生态教育活动，提升其生态认知水平和环保行为能力，形成人与自然和谐共生的价值观。二是提升法治素养，加强法治宣传教育，特别是针对贫困人口的法治教育，增强其法治意识和法治思维能力，使其能够运用法律手段维护自身权益，参与扶贫项目的决策和监督。三是推动文化与教育发展，加大对贫困地区教育资源的投入，提升整体教育水平，特别是环保和法治相关教育，为生态扶贫法律制度建设奠定坚实基础。四是促进公众参与，建立健全公众参与机制，确保贫困人口在生态扶贫项目中的知情权、参与权和监督权，增强其主人翁意识，推动生态扶贫项目的顺利实施和成效显现。五是创新扶贫模式，结合贫困地区实际，创新生态扶贫模式，如发展绿色产业、生态旅游等，实现经济效益与生态效益的"双赢"，同时激发贫困人口的内生动力，形成可持续发展的良好局面。

建立贫困主体的法治素养提升机制旨在通过一系列措施增强贫困人口对法律的了解、认同和遵守能力，从而助力他们更好地维护自身权益，推动社会的公平和正义。一是加快绿色经济模式发展，提高贫困地区经济的市场化程度，增加贫困人口参与经济生活的机会，进而提升法治认知和运用能力。经济发展将促使贫困人口思想观念转变，更加注重自我权益保护，提高法治素养。二是完善乡村自治制度，保障贫困人口的主体地位和合法权益，拓宽参与村务管理途径，提升参政热情。协调村规民约与正式制定法的关系，确保良性互动，使其成为制定法的有益补充。规范乡村贫困地区执法和司法程序，确保执法公正和司法独立，增强贫困人口对法律的信任感。加强基层执法和司法队伍建设，提升业务水平和法律职业道德素养。三是增强法治宣传教育的针对性和实效性。完善法治宣传教育工作，制定有针对性的宣传内容。注重生态、文明、民主等社会主义核心价值观教育，弘扬社会主义法治精神，建设社会主义法治文化。创新法治宣传教育方式，采用易于接受的方式和自媒体平台，拓宽法治宣传教育的广度和深度。培养宣传教育工作人员队伍，增强法治宣传教育的针对性和实效性。

五、生态扶贫的资金保障机制

坚持和践行"绿水青山就是金山银山"的理念，对于生态文明建设和生态扶贫工作都具有深远意义。这一理念的核心在于将自然生态财富转化为经济社会财富，并通过后者增值反哺于前者的保护和建设，实现自然资源资产财富的保值和增值，进而推动贫困地区实现生态脱贫。在"两山论"转化过程中，资金是不可或缺的驱动力。为了确保这一过程的顺利进行，我国西部地区探索建立了形式多样、行之有效的生态扶贫资金机制。这一机制旨在通过合理的资金配置和使用，实现生态效益、经济效益和社会效益的多赢。

（一）财政投入机制

财政资金是政府推进生态扶贫工作的重要抓手。各级政府通过不断加大对其重要生态功能区的财政投入，有效推动了生态扶贫的落实。财政投入方式主要是增强对贫困县的转移支付，保障重要生态产品供给，实施生态综合补偿。通过上述财政投入机制，不仅推动了生态扶贫工作的深入开展，也为贫困地区带来了实实在在的经济利益，实现了生态效益、经济效益和社会效益的共赢。

（二）绿色金融机制

该机制是通过政府引导，将金融政策融入区域生态环境保护和经济社会发展规划，为生态扶贫项目提供中长期融资方案，解决资金来源问题。持续创新绿色金融政策和产品，如光伏扶贫绿色信贷项目，为贫困地区引入清洁能源项目，增加农民收入。通过绿色金融推动生态产业的发展，实现产业生态化，促进贫困地区绿色发展。例如，贵州省贵安新区通过绿色金融综合服务平台，为新区内亚玛顿光电材料有限公司签约分布式光伏扶贫绿色信贷项目和毕节市大方县猕猴桃基地建设提供资金支持，实现了金融与产业的良性

互动。❶

（三）社会扶贫资金机制

该机制通过建立多种社会资本募集模式，解决生态扶贫资金来源问题，减轻政府财政压力。通过"龙头企业+平台公司+贫困村集体合作社"等模式，发展村集体产业，实现互利共赢，助力贫困群众脱贫。例如，中国绿化基金会于2007年启动了"幸福家园网络植树"生态扶贫公益项目，该项目于2008年落地甘肃省定西市通渭县，十多年来，该项目一直在动员社会公众广泛参与，开创了中国自然保护与扶贫开发相结合的可持续公益新模式。❷

（四）贫困地区造血功能机制

该机制通过培育和发展生态产业，如生态旅游、生态农业、环保产业等，提升贫困地区的自我发展能力，确保生态扶贫资金的持续投入。同时，结合贫困群体自身能力水平，进行职业技能培训，提供更多就业机会，帮助贫困群众实现脱贫致富。例如，贵州省黔西南布依族苗族自治州晴隆县，原为国家级贫困县。晴隆县从退耕还草，到创造集生态效益、社会效益和经济效益为一体的生态畜牧业，提升了自身脱贫的造血功能，主要通过"种草、养羊"完成产业生态化、生态产业化的路子，打造出生态扶贫的"晴隆模式"。其"西南草都"的山地品牌和"晴隆羊"的生态产业效应一直为农户增加年收入。❸

---

❶ 梁晋毅，黄华. 贵安新区发布绿色金融典型案例签约项目［EB/OL］. （2018－07－07）［2021－11－03］. https：//gz. cri. cn/20180707/eefda9d6－3ae7－552a－6eb8－cefdd3402264. html? from＝groupmessage.

❷ 吴兆喆，黄红. 创新网络植树 助力生态扶贫［N］. 中国绿色时报，2018－04－30（4）.

❸ 周燕玲. 贵州"晴隆模式"留住了水土 致富了乡民［EB/OL］. （2017－03－01）［2021－11－03］. http：//gy. focus. cn/zixun/e7adfd7c6f39cedc. html.

第六章
西部生态扶贫转向的逻辑理路

在全国人民的共同努力下，我国于 2020 年成功实现了现行标准下的农村贫困人口全部脱贫、贫困县全部摘帽的历史性成就，标志着绝对贫困问题得到了根本解决，脱贫攻坚战取得了决定性胜利，全面建成小康社会。党的十九届五中全会提出要"实现巩固拓展脱贫攻坚成果同乡村振兴有效衔接"，并于 2020 年 12 月 16 日出台了《中共中央　国务院关于实现巩固拓展脱贫攻坚成果同乡村振兴有效衔接的意见》。习近平在党的二十大报告中提出："中国共产党的使命任务就是团结带领全国各族人民全面建成社会主义现代化强国、实现第二个百年奋斗目标，以中国式现代化全面推进中华民族伟大复兴。"

中国式现代化的本质要求和鲜明特征就是实现全体人民共同富裕。在全国脱贫攻坚战中，西部地区书写了中国减贫奇迹的精彩篇章，创造了中国生态扶贫的西部模式、西部经验，为实现"百姓富、生态美"的西部大开发新格局夯实了基础。脱贫不是终点，而是新生活、新奋斗的起点。如今站在新的历史起点上，西部地区面临巩固拓展脱贫攻坚成果同乡村振兴的有效衔接，进而推动乡村振兴，最终实现共同富裕的重大任务。如何完成生态扶贫转向生态振兴、迈向生态富民，进而实现共同富裕目标，是西部地区在新发展阶段必须接续解决的重大议题。"良好生态环境是最公平的公共产品，是最普惠的民生福祉"[1]，而法治是凝聚社会共识的"最大公约数"。在共同富裕的目标导向下，西部地区在生态扶贫转向生态振兴、迈向生态富民的新征程中，都不能以牺牲

---

[1] 中共中央宣传部. 习近平总书记系列重要讲话读本 [M]. 北京：人民出版社，2014：123.

生态环境为代价，而是要进一步强化生态环境保护的法治力度，巩固和拓展生态脱贫的成果，实现生态环境法律制度与乡村振兴法律制度的有效衔接，践行"绿水青山就是金山银山"的理念，将生态资源优势转变为绿色发展动能，稳步推进乡村振兴发展与生态文明建设的"双赢"，进而以生态环境善治保障生态富民的体制机制顺畅。

第一节　生态扶贫转向生态振兴、生态富民的逻辑理路

共同富裕是社会主义的本质要求，是中国式现代化的重要特征。中国式现代化是全体人民共同富裕的现代化，是人与自然和谐共生的现代化。生态扶贫的目标是推动贫困地区扶贫开发与生态保护相协调、脱贫致富与可持续发展相促进的扶贫模式，最终实现脱贫攻坚与生态文明建设"双赢"。生态振兴是乡村振兴"五大振兴"之一，是乡村振兴战略和生态文明建设的重要结合点。良好的生态环境是农村的最大优势和宝贵财富。共同富裕是中国特色社会主义发展的根本目的，也是一个长期的历史过程。在最终实现共同富裕的发展目标下，在生态扶贫实现脱贫致富的过程中，生态脱贫成果为乡村生态振兴奠定了基础，生态振兴能够促进乡村的生态宜居、生活富裕和产业兴旺，并推动乡村的绿色发展，实现经济发展与生态环境保护是良性互动。在脱贫攻坚、乡村振兴和共同富裕的目标导向下，生态环境保护在与其深度融合、完美结合中分别产生了生态脱贫、生态振兴和生态共富的连锁效应。这也充分彰显了习近平生态文明思想对生态环境保护的重视。因此，厘清生态扶贫转向生态振兴，迈向生态富民，进而实现共同富裕的逻辑理路尤为必要。

一、生态扶贫的价值转向：共同富裕

从生态文明建设的角度来看，生态扶贫具有减生态之贫困，提升共同富裕之绿色维度的生态价值。从经济发展的角度来看，生态扶贫是更高层次的扶

贫，具有夯实生态文明物质基础的经济意义。因此，生态扶贫既是目标又是手段，它不仅是关注传统意义上的生态保护修复或经济发展，在"后扶贫时代"，生态扶贫更要依托绿色发展理念，把生态文明建设融入扶贫开发、经济发展的全过程和各方面，着眼于实现生态文明和共同富裕的互动共生，使"增绿"和"增收"得以同步实现。

　　生态扶贫既是生态文明建设的重要组成部分，也是扎实推进共同富裕的必然要求。生态富裕是新时代扎实推进共同富裕的重要体现，共同富裕本身就有生态文明蕴涵，良好生态环境作为自然生产力可以助推实现共同富裕。❶一方面，生态扶贫是实现共同富裕的有效路径。生态扶贫为实现共同富裕夯实物质基础，是迈向共同富裕的重要方式，在生态扶贫的过程中可以通过利用生态资源这一公共产品发展绿色低碳产业和生产生态产品来释放生态红利，深化"绿水青山就是金山银山"的内涵，为实现共同富裕赋能。另一方面，共同富裕是生态扶贫的价值指向。实现共同富裕是生态扶贫的目的所在。在"后扶贫时代"，生态扶贫旨在解决"后富"问题以及"生态与物质共富"问题，共同富裕提倡"先富带后富"和"全面富裕"，通过生态扶贫促进贫困地区生态振兴的高质量发展是实现共同富裕的先决条件。共同富裕目标下的生态扶贫工作既要考虑"富口袋"，也要考虑"富生态"，这一注重经济与生态均衡发展的扶贫模式是助推实现共同富裕的必然要求，也必将为实现共同富裕做出更大的贡献。生态扶贫始终坚持以良好的生态环境促进贫困地区经济增长，致力于缩小区域与人口贫富差距，推动社会公共服务均等化，实现发展成果让全体人民共享。

二、生态扶贫转向生态振兴、生态富民的逻辑

　　生态扶贫是我国打赢脱贫攻坚战的重要方式之一，实施乡村生态振兴是巩固生态扶贫成效的后续举措，实现二者的有机衔接是新时代"三农"工作的

---

❶　沈满洪. 生态文明视角下的共同富裕观［J］. 治理研究，2021，37（5）：5－13.

重要任务。生态扶贫是实现乡村生态振兴的前提条件和基础保障，是打赢脱贫攻坚战的短期目标；乡村生态振兴是生态扶贫的未来指引和内涵提升，是乡村生态环境保护的升级版，是乡村振兴战略的长期动力和潜力。消除绝对贫困是乡村振兴的前提，生态脱贫是生态振兴的基础。"后扶贫时代"，生态扶贫工作要往纵深方向发展，就要努力构建生态扶贫与生态振兴相衔接的机制，以巩固和拓展生态扶贫效果，推动乡村绿色发展，实现乡村"生态宜居"和农民"生活富裕"。

共同富裕是包括生态富裕在内的富裕，从生态文明建设的角度来看，生态扶贫坚持绿色发展理念，摒弃了以往发展经济就要破坏生态的开发式、漫灌式扶贫模式，既要保护"绿水青山"，又要砌起"金山银山"。生态扶贫模式树立起了大资源观，坚持"绿水青山就是金山银山"，在不破坏的前提下充分发掘贫困地区可以利用的生态资源，发展绿色经济，提高生态脆弱地区的可持续发展能力，在发展中保护和修复，在保护和修复中发展，帮助贫困地区改善生态环境，实现"增绿"目标。不仅为乡村生态振兴夯实了基础，而且推动了乡村绿色发展的基础，实现乡村振兴"生态宜居"的目标，有利于助推实现生态共同富裕，提升共同富裕的绿色维度。生态扶贫转向生态振兴，推动乡村绿色发展，把"绿色青山"转化为"金山银山"，以生态富民助推全体人民共同富裕的中国式现代化建设。

生态富民的核心内涵是"环境好、生态优"与"经济强、百姓富"相统一。生态富民不仅要解决人民的相对贫困问题，也要努力实现全体人民的共同富裕。从必然性的角度看，随着消除绝对贫困历史使命的完成，我国从生态扶贫跃迁到生态富民，生态文明建设的全面推进和乡村振兴战略的全面实施，农民生产行为的调整，乡村治理能力的提升，生态文明制度体系的健全，为生态扶贫迈向生态富民提供了可能性。❶

---

❶ 李周. 中国的生态扶贫评估和生态富民展望 [J]. 求索，2021（5）：14-24.

第二节　生态扶贫与生态振兴的制度衔接

一、生态振兴的内涵解读

生态振兴作为生态文明建设的重要内容和乡村振兴五大目标之一，旨在通过保护和改善生态环境，促进乡村的可持续发展。2018 年 1 月 2 日出台的中央一号文件《中共中央　国务院关于实施乡村振兴战略的意见》明确了"产业兴旺、生态宜居、乡风文明、治理有效、生活富裕"的乡村振兴总要求，并指出"乡村振兴，生态宜居是关键。良好生态环境是农村最大优势和宝贵财富。必须尊重自然、顺应自然、保护自然，推动乡村自然资本加快增值，实现百姓富、生态美的统一"。2018 年 9 月，中共中央、国务院印发《乡村振兴战略规划（2018—2022 年)》，指出"农业是生态产品的重要供给者，乡村是生态涵养的主体区，生态是乡村最大的发展优势。乡村振兴，生态宜居是关键。实施乡村振兴战略，统筹山水林田湖草系统治理，加快推行乡村绿色发展方式，加强农村人居环境整治，有利于构建人与自然和谐共生的乡村发展新格局，实现百姓富、生态美的统一"。2020 年 12 月 16 日出台的《中共中央　国务院关于实现巩固拓展脱贫攻坚成果同乡村振兴有效衔接的意见》中明确提出"加快推进脱贫地区乡村产业、人才、文化、生态、组织等全面振兴"。2021 年 2 月 21 日发布的《中共中央　国务院关于全面推进乡村振兴加快农业农村现代化的意见》提出"把乡村建设摆在社会主义现代化建设的重要位置，全面推进乡村产业、人才、文化、生态、组织振兴，充分发挥农业产品供给、生态屏障、文化传承等功能，走中国特色社会主义乡村振兴道路"。2022 年 10 月 16 日，习近平在党的二十大报告中提出要"加快建设农业强国，扎实推动乡村产业、人才、文化、生态、组织振兴"。

生态宜居是生态振兴的关键内容，它要求乡村在生态环境和居住条件上达到和谐统一，即遵循人与自然和谐发展规律，从生态环境建设入手，通过提升乡村环境质量，带动乡村其他领域的共同发展，实现农业农村现代化。绿色发展是生态振兴的必由之路，它代表着一种新型的发展模式，旨在实现经济、社会和环境的可持续发展，要求将环境资源作为社会经济发展的内在要素，以绿色低碳循环为主要原则，推动经济活动的"绿色化"和"生态化"。这种发展模式以人与自然和谐为价值取向，以生态文明建设为基本抓手，是生态振兴的必然选择。

正是看到生态振兴的重要性和在乡村振兴中发挥着不可替代的作用，2020年6月，生态环境部、农业农村部、原国务院扶贫开发领导小组办公室联合发布了《关于以生态振兴巩固脱贫攻坚成果进一步推进乡村振兴的指导意见（2020—2022年）》，要求坚持生态优先、绿色发展，统筹兼顾、协同推进，改革创新、示范引领，因地制宜、精准施策的基本原则，进一步发挥生态环境保护和生态振兴在脱贫攻坚和乡村振兴中的作用，切实践行"绿水青山就是金山银山"理念，以美丽乡村建设为导向提升生态宜居水平，以产业生态化和生态产业化为重点促进产业兴旺，以生态文化培育为基础增进乡风文明，以生态环境共建共治共享为目标推动取得治理实效，更好满足人民群众日益增长的美好生活需要。这标志着生态振兴在巩固脱贫攻坚成果，进一步推进乡村振兴工作中被摆在了更加重要的位置。

二、生态扶贫转向生态振兴的现实基础

生态振兴不仅顺应了生态文明建设在新时代的转型趋势，更与马克思物质变换逻辑相契合，同时也满足了新时代下解决社会主要矛盾的客观需求。生态振兴作为连接脱贫攻坚与乡村振兴的桥梁，不仅促进了贫困地区生态环境的改善，还推动了绿色产业的发展，为当地经济注入了新的活力。这一过程中，贫困地区的居民逐渐从生态的破坏者转变为守护者，积极参与生态文明建设，实现了生态与经济的双赢。在生态文明建设的新时代背景下，生态振兴成为推动我国西部地区绿色发展的必然选择。我国西部通过实施生态补偿制度、创新生态公益性岗位等措施，能够有效激发群众保护生态环境的积极性，促进生态资

源的合理利用和有效保护。同时，农村集体产权制度改革的推进，将进一步推动资源要素的合理流动和保值增值，为生态振兴提供坚实的制度保障。马克思的物质变换逻辑强调人与自然之间的和谐共生关系，生态振兴正是这一逻辑在现实中的生动体现。通过尊重自然、顺应自然、保护自然，西部地区能够实现人与自然的和谐共生，进而获得可持续发展。此外，生态振兴也是解决新时代下社会主要矛盾的客观要求。随着人民生活水平的提高，人们对美好生态环境的需求日益增长。生态振兴不仅能够满足这一需求，还能够促进经济社会的全面发展，为实现中华民族伟大复兴的中国梦贡献力量。

我国西部地区已经具备了实施生态振兴的坚实基础，正迎来迈向全面生态振兴的历史性机遇。首先是绿色发展理念的普及，不仅唤醒了西部地区居民对自然环境的珍视与爱护，也激发了他们通过绿色产业实现可持续发展的热情。其次是基础设施的完善，使得西部地区不再受限于交通不便、能源短缺等问题，为绿色产业的发展提供了有力保障。基层治理能力的提升，则使得这些地区能够更好地规划和管理生态资源，实现生态保护与经济发展的和谐共生。更为关键的是，生态文明制度体系的逐步健全，为贫困地区生态振兴提供了坚实的制度保障。通过实施生态补偿制度、创新生态公益性岗位等措施，不仅激发了贫困人口保护生态环境的积极性，也为他们提供了参与生态保护、共享生态红利的途径。同时，农村集体产权制度改革的推进，将进一步促进我国西部地区资源要素的合理流动和保值增值，为生态振兴注入新的活力。

三、生态扶贫转向生态振兴的政策取向

推动生态扶贫转向生态振兴，应紧紧围绕生态保护与乡村振兴，加强顶层设计，精准优化政策措施。

首先，要推动"生态优先"与"以人为本"理念。必须不断深化对"生态优先"和"以人为本"发展理念的理解与实践。这一理念不仅体现了政府对生态环境与经济关系的深刻洞察，也揭示了如何正确处理"保护"与"发展"的关系。"绿水青山就是金山银山"理念，不仅是对经济发展与生态环境

保护关系的生动诠释，更是对人与自然和谐共生理念的深刻体现。因此，保护生态环境不仅是保护人们共同的家园，更是保护和发展生产力的基础。改善生态环境，就是增强我国西部地区的发展潜力和后劲。在推进"生态优先"的发展过程中，必须明确这并不意味着要牺牲人民的发展权利。相反，要在坚持"以人为本"的基础上，实现生态良好与生态富裕的共赢。在执行政策时，政府要避免执行政策中的偏差，确保在保护生态环境的同时，也能让人民群众享受到更多的发展成果；要在保护中寻求发展，在发展中实现脱贫致富，进而让"绿水青山"持续发挥生态效益和经济社会效益，让人民群众在优美的生态环境中过上更加幸福美好的生活。

其次，因地制宜多元化拓展生态振兴的政策措施。为实现生态振兴的宏伟目标，因地制宜地寻找并创新政策设计是关键。需要激励贫困人口采纳环境友好的生产生活方式，从而推动生态产品价值的实现和自然资源的保值增值。在已有基础上，各个地区必须坚决落实生态补偿政策，例如重点生态功能区转移支付、退耕还林还草、森林生态效益补偿基金、草原生态保护补助奖励机制等，确保这些政策能够发挥实效。在野生动物与人类活动的冲突日益凸显时，针对"人兽冲突"，还要更广泛地探索市场化、多元化的生态补偿机制，构建和完善相应的生态补偿制度，为受影响的贫困人口提供合理的补偿。同时，要充分利用公益性岗位，为当地贫困人口提供更多就近就地的就业机会。除了生态护林员，还可以开发乡村环境保洁员、河道管理地质监测员、巡边护边员等公益性岗位，并为这些岗位提供充足的财政支持。更重要的是，各地要深入挖掘并发挥自身的生态资源禀赋优势，将闲置的自然资源转化为具有市场竞争力的生态特色产业。这不仅能有效保护生态环境，还能为当地经济注入新的活力，实现资源优势向产业优势、经济优势的转化。

最后，优化生态振兴机制设计，推动生态扶贫与生态振兴的协同发展。在推动生态振兴的实践中，必须持续优化相关的机制设计，确保生态工程建设、生态补偿政策、生态公益性岗位、生态特色产业以及易地生态搬迁等政策措施能够更有效地协同发展，以实现生态保护和减贫目标的双赢。在生态工程建设领域，针对新组建的生态扶贫专业合作社面临的专业技术力量薄弱问题，政府应强化技术培训和指导，提升合作社社员的操作技能和专业知识，确保生态工程建设的规范性和高效性。在生态补偿政策方面，政府需要优化机制设计，以适应全国各地复杂多样的实际情况，包括更精准的区域和对象瞄准，准确识别保护行为，制定差别化的补偿标准，并加强监督管理和完善配套政策措施，确保生态补偿政策能够真正落地生效。在生态公益性岗位的设置上，应充分考虑贫困人口布局和管护范围的匹配度。根据管护面积合理配置护林员数量，对于管护面积较大的地区，可适当吸纳边缘贫困户和非贫困户参与生态管护，提供更多就近就业机会。发展生态特色产业时，需妥善处理生态旅游、接待能力与生态保护之间的新型矛盾。科学规划旅游开发，确保适度开发，同时促进生态特色产业与贫困农牧户增收相结合，通过建立紧密的利益联结机制，如入股分红、订单帮扶、合作经营、劳动就业等形式，实现生态与经济的双赢。对于易地生态搬迁，搬迁仅仅是第一步。政府还应加大后续扶持力度，确保搬迁人口能够稳定就业、逐步致富，从而真正实现生态振兴和减贫的目标。

四、生态扶贫与生态振兴有效衔接的法治保障

民族要复兴，乡村必振兴。就我国西部地区而言，巩固拓展生态脱贫攻坚成果同乡村振兴有效衔接，是推进西部"美丽乡村"建设和乡村生态振兴的题中之义，更是实现共同富裕的必然要求。"有效衔接"是一个多层次、多领域、多视角的综合性概念，立足西部生态环境与乡村振兴发展的实际，无论选择哪一种衔接模式，都离不开对生态环境的关切，都需要法治保障其衔接的有效性和正当性。

（一）坚持生态优先、绿色发展的原则

牢固树立保护生态环境就是保护生产力、改善生态环境就是发展生产力理念，把生态保护放在优先位置，在推进脱贫攻坚与乡村振兴有效衔接的过程中要充分考虑生态环境因素，通过绿色发展推动农业升级、促进农村进步、实现农民富裕。

以山水林田湖草系统思维，统筹推进乡村经济、政治、文化、社会和生态文明建设，以生态振兴促进产业振兴和文化振兴，建设生活环境整洁优美、生态系统健康稳定、人与自然和谐共生的生态宜居美丽乡村。

践行"绿水青山就是金山银山"理念，以美丽乡村建设为导向提升生态宜居水平，以产业生态化和生态产业化为重点促进产业兴旺，以生态文化培育为基础增进乡风文明，以生态环境共建共治共享为目标推动取得治理实效，更好地满足人民群众日益增长的美好生活需要。

（二）完善支撑生态振兴的环境保护制度体系

要以生态宜居美丽乡村建设为导向，以乡村人居环境整治为契机，破解贫困地区乡村生态环境突出问题，接续提升乡村生态环境和资源优势，发展乡村生态经济。在此过程中，需要加强对贫困地区"三线一单"（生态保护红线、环境质量底线、资源利用上线和生态环境准入清单）的管控，健全对规划环评、项目环评的指导和约束机制，全面开展区域空间生态环境评价，对符合生态环境保护要求的建设项目加快审批。推进农村生态环境系统治理与修复，统筹推进退耕还林还草、湿地保护与恢复、水生态治理等生态工程建设。拓展生态护林员等公益性岗位作用和范围，例如增设乡村保洁员、河道巡视员和防火员等。完善乡村生态经济发展法律促进机制，引领、促进和保障乡村生态产业化和产业生态化的有序推进。

通过挖掘乡村生态文化底蕴，培育公民生态道德，把生态文化培育作为文明乡村创建的重要内容，推动生态文明成为全民共识；打造以文化传承为主题的乡村生态文化品牌，利用"世界地球日""六五环境日""植树节"等主题活动宣传生态文明理念，进一步弘扬乡村生态文化。通过引导落实《公民生态环境行为规范十条》，将绿色消费、垃圾分类、污染治理等内容纳入村规民约等多种方式，推动乡村践行绿色生活方式。

着力从乡村污染治理、乡村环境监督执法和提升生态环境监管能力等方面，健全乡村生态环境监管体系，推进乡村环境治理能力现代化。加强乡村生活污水、垃圾处理设施建设，加快提标改造和补齐配套设施，提升农村环境综合整治水平。加强乡村生态环境监管队伍建设，进一步完善乡村生态环境监测执法机构、人员和装备，引导群众积极参与乡村生态环境监督。

（三）完善生态扶贫同生态振兴有效衔接的保障机制

构建生态扶贫与生态振兴相衔接的平稳过渡机制，巩固与提升扶贫效果。一方面，加快建设主体转换，打造共治共享机制。在扶贫时代，政府主导、资源统一是扶贫工作的重要特征。如今，要想实现生态扶贫向生态振兴的顺利转变，不仅要坚持政府主导，也要构建多元主体参与的工作机制，转变角色定位，坚持法治、德治与群众自治协同发力，实现生态振兴共治共享。另一方面，推动机制体制转换，加强生态与扶贫部门的协调配合。在"后扶贫时代"，要避免各部门单打独斗，构建部门间良好的沟通协调机制，发挥部门合力是确保脱贫致富工作平稳开展的重要保障。同时，要充分发挥组织模式的优势，健全考核评价机制，努力创设发展条件，促进产业提质增效，加快打造生态扶贫与生态振兴相衔接的机制。

要依据乡村振兴战略中"产业兴旺、生态宜居、乡风文明、治理有效、生活富裕"的总要求，在脱贫攻坚成果同乡村振兴有效衔接的法治框架中，精准构建乡村的绿色产业发展法治保障机制，完善乡村的生态环境保护法律机制，建立乡村的"三治"（法治、自治、德治）融合促进机制、健全乡村的多元化纠纷解决机制、优化乡村的"三生"（生产、生活、生态）空间布局协调机制。

建立防止返贫监测和帮扶机制。通过拓展"扶贫云""生态云"等大数据平台的功能，真正实现大数据、"大扶贫"与"大生态"的深度耦合，及时建立返贫监测和预警机制。对已脱贫的人口和农村专业合作社等进行动态监测，及时了解其生产生活情况，对出现可能返贫的情况要及时预警，对出现暂时性困难状况的，要求地方政府协同合力，通过救助或其他多种途径，及时采取有效的帮扶措施。

健全生态产品价值实现机制的制度规范。生态脱贫需要根据贫困发生的具体原因，针对性施策，综合性治理，其核心在于建设生态文明体制机制，立足贫困地区生态环境，以生态项目建设为扶贫载体，以资源产权与有偿使用制度建设为扶贫核心，以生态资源的持续多层次利用为基础，不断发展生态产业，培育生态服务市场，促进生态产品价值转化，实现生态环境保护、资源可持续利用和脱贫紧密结合，促进贫困地区人民步入"生态环境建设—摆脱贫困—生态系统功能提升—走向富裕"的良性循环❶。而生态产品价值实现机制的实质就是如何将生态资源转化为生态资产、将生态价值体现为经济价值，多管齐下打通"绿水青山"转化为"金山银山"的通道，构建高质量、可持续发展的产业链、生态链和价值链。

第三节　生态振兴与生态富民的制度因应

党的二十大报告强调："中国式现代化是致力于全体人民共同富裕的现代化"。这一理念既体现了马克思主义理论的核心追求，也契合了中华民族对美好生活的共同憧憬。共同富裕的核心在于"全面富裕"，它涵盖了物质富裕、精神富足和生态美丽，追求人与自然和谐共生、社会和谐和睦，以及人的全面发展。在推动共同富裕的征途上，我国西部地区作为关键一环，承载着丰富的生态资源和巨大的发展潜能。然而，现实中存在的资源碎片化、产权分散化等问题，导致了资源的闲置、抛荒和低效利用，使得生态资源难以转化为经济效益，而生态富民策略无疑能够并应当在此过程中发挥重要作用。生态富民强调在保护生态环境的同时，实现经济社会的可持续发展，让人民群众在享受优美生态环境的同时，也能分享发展的红利。随着乡村振兴战略的深入推进，实现生态振兴迈向生态富民成为必然选择。

一、生态富民的内涵解读

生态富民揭示了自然资源、生态资源与社会财富、经济财富之间的密切关

---

❶ 肖文海，邵慧琳. 建立健全生态产品价值实现机制［EB/OL］.（2018－06－04）［2021－06－20］. http：//stwm. jxufe. cn/news－show－813. html.

联，并强调了"绿水青山"本身所蕴含的巨大经济价值。❶ 自党的十八大以来，我国一些地方政府积极响应"两山论"，深入贯彻这一绿色发展理念，并创新性地提出了"生态富民"的理念。在这一理念的引领下，各地纷纷开展了初步的实践探索，旨在实现生态与经济的和谐共生，为人民群众创造更为富裕且可持续的生活。正如理论来源于实践，实践也是理论形成和发展的不竭源泉和坚实基础。随着各地"生态富民"实践的深入开展，这一理念不仅得到了有效验证，而且逐渐展现出其强大的生命力和广阔的应用前景。在这一过程中，"生态富民"理念也逐渐引起了我国学者的广泛关注，并开始了系统的初步研究。这些研究不仅深入探讨了"生态富民"理念的内涵和外延，还结合具体实践案例，分析了其在实际操作中的成效与挑战。同时，学者们还积极探索了如何将"生态富民"理念更好地融入国家发展之中，以推动经济社会的可持续发展。这一理念的提出和实践，不仅为我国经济社会的可持续发展提供了新的思路和方法，也为全球绿色发展贡献了"中国智慧"和"中国方案"。

"生态富民"理念强调通过绿色发展方式，在生态资源丰富的地区实现经济、社会与生态的和谐共生。其核心思想包括两方面：一是实施与当地生态环境和自然禀赋相契合的可持续型、环境友好型富民工程，确保在推动地区发展的同时不损害自然环境。二是将生态环境视为一种可持续的富民资源，通过发展特色生态产业，实现经济发展、生活水平提升与生态环境保护的和谐统一。"生态富民"理念的实践旨在转变经济发展方式，使当地人民享受良好生态环境带来的双重福利——环境福利和经济红利，从而构建一个经济家园、精神家园、生态家园三位一体的富民家园。"生态富民"理念旨在推动自然界、人类社会以及个人的全面协同发展，其核心理念在于坚持生态保护、生态建设与人民富裕、社会可持续发展的和谐统一。它不仅追求当地人民的富裕，更强调在保护生态环境的基础上实现可持续发展，从而为更广泛的社会群体和后代留下福祉。这种发展模式不仅有利于当前，更有利于未来，是实现人与自然和谐共生的必由之路。

---

❶ 王一冰. 基层政府在生态富民中的职责研究：以江苏省东台市政府为例 [D]. 南京：南京师范大学，2019.

二、生态振兴与生态富民的关系

生态振兴与生态富民两者在目标和实施阶段上展现出显著的差异性。生态振兴主要聚焦于乡村地区，其核心是在保护生态的前提下，将生态资源转化为脱贫振兴资源，致力于解决相对贫困问题。而生态富民则是在生态振兴取得显著成效的基础上，进一步将生态资源转化为致富资源，不仅满足于人民的基本生存需求，更追求实现人民的共同富裕和生态系统的持续优化。但生态振兴与生态富民之间也存在必然性联系。生态振兴是生态富民的前提和基础，而生态富民则是生态振兴的目标和方向。消除相对贫困是实现人民共同富裕的首要步骤，只有在此基础上，人们才能进一步探讨如何实现社会的全面富裕。在全面打赢脱贫攻坚战、消除相对贫困的背景下，生态富民理念为我国西部贫困地区指明了前进的方向，即在保护生态环境的同时，追求人民的共同富裕，实现人与自然的和谐共生。

三、生态振兴迈向生态富民的挑战

生态扶贫完成转向生态振兴之后，在生态振兴迈向生态富民过程，还面临多重挑战，以林业生态振兴发展为例，其主要体现在以下三个方面。

第一，生态产业发展尚不充分，生态资源利用存在短板。尽管生态产业特别是林业产业发展在不少区域有收入，但生态资源的开发利用仍显不足，缺乏具有特色和竞争优势的产业以及品牌建设。生态产品的附加值低，市场竞争力相对较弱。尽管农村电商发展迅速，但林产品的专业化运营和规模化供应水平仍然较低，销售渠道主要依赖个人，未能充分打开市场。在生态资源开发利用中突出的问题是生态资源的"碎片化"和"单一化"，主要表现在山林、土地、湿地、河湖等自然资源的分散化，以及古村落、可开发景点等文旅资源空间分布的碎片化。这使得生态资源的整合、增值、交易和转化变得困难重重，生态资源无法有效转化为经济效益。

第二，自主参与产业发展机制不完善，科技支撑力量不充足。由于自下而上、村民自治、农民参与的机制尚不完善，导致农民在生态移民和封山育林后，面临林地管护和经营的困难。年轻人更倾向于在城市就业，不愿参与林地经营管理，使得生态环境美化、乡村绿化和森林乡村建设等工作主要依赖政府推动。由于劳动力外流，留守农民缺乏科学管理意识和相关栽培、育种技术，生产技能提升缓慢。特色经济林的种植缺乏后期科学管理，导致良种率低、产量波动大、病虫害频发等问题。科研成果转化周期长，技术推广不足，乡村本土的林草科技人才和新型职业农民队伍建设滞后。

第三，生态产业发展资金困难，金融市场发展滞后。由于集体林中的公益林比重较高，产权不清晰和森林资源资产难以盘活，导致贷款、变现和收储困难，产业发展缺乏资金支持。林业政策性保险仅承保森林火灾险，不覆盖雨雪、洪涝、病虫害等自然风险。保险优惠政策不完善，使得保险公司难以承担众多林业风险，金融部门投资顾虑重重，不利于林权抵押贷款的推进。

四、生态振兴迈向生态富民的实现基础

实现从"生态振兴"到"生态富民"的跨越，不仅需要精准把握一系列关键策略与路径，还要做好以下基础性的工作。

第一，确立并坚守"绿色标尺"，确保山水林田湖草沙等自然资源的可持续利用。强化国土空间规划和管理，确保生态、生产、生活空间的和谐共生。通过严格的空间管控和立法保障，提升国土空间治理能力，实现生态资源的可持续利用。深入贯彻落实习近平生态文明思想，认真践行"绿水青山就是金山银山"理念。将生态文明建设融入经济社会发展全过程，牢固生态文明意识，坚持"生态优先，绿色发展"原则，将生态环境保护作为区域发展的基本前提和刚性约束，确保各项经济活动不损害生态环境，划清自然资源保护与利用的法制边界，切实贯彻"共抓大保护、不搞大开发"要求，加强对自然资源开发利用活动的监管力度，严厉打击破坏生态环境的行为，落实负面清单，严守生态保护红线。制定和完善山水林田湖草沙等自然资源保护方面的法

律法规，统筹考虑自然资源的整体性、系统性和关联性，实施综合治理、系统治理、源头治理和生态修复工程，恢复和提升生态系统的自我恢复能力，精准提升山水林田湖草沙等自然资源的质量，保护生物多样性。通过综合治理和市场化运作，提升生态资产价值，增强生态产品供给能力。建立健全生态保护补偿机制，鼓励社会多元参与，引导各类生产要素特别是社会资本、金融资本自由流向生态资源、投向生态资源，广泛带动各主体参与到乡村治理、环境保护、生态产业发展中来，共同守护"绿水青山"。

第二，全面摸清"生态家底"，明确"绿水青山"等要素的生态产品价值。建立生态账册，全面评估生态功能区在生态服务方面的贡献，并通过创新机制，将生态优势转化为经济优势，实现"绿水青山资本化"和"生态产业实体化"。结合产业生态化与生态产业化，设计有针对性的激励机制，推进生态运营，特别是产业融合与产业链延伸，提升绿色生态产业附加值。注重生态产品的精深加工，打造完备的生态产业体系。依托自然资源优势，发展绿色农业、林业、旅游业等生态产业，推动技术创新和品牌打造，提高生态产品的附加值和市场竞争力。建立科学合理的生态产品价值核算评估体系，有效打通生态产品价值转化的制度、市场、交易和产业通道。

第三，因地制宜探索生态富民模式。综合考虑地域特色、资源禀赋等因素，因地制宜探索或创新"生态+"富民模式。可以实施的模式为："生态+修复"模式，即在生态环境基础较差或生态环境脆弱的地区，通过实施生态保护修复与生态建设工程，采取生态增绿、补绿等举措，推动生态资产、绿色资本的持续增值、累积和变现，实现生态与经济的双赢。"生态+旅游"模式，即在生态环境优良、特色旅游资源丰富的地区，可采取生态友好的方式，开展生态体验、生态教育和生态认知活动，创新打造生态旅游新模式，打造生态旅游品牌，带动当地民众富裕。"生态+工业"模式，即在生态环境容量较小、开发强度较高或山水林田湖草等特色资源占比较大的地区，在改善生态环境质量的基础上推动扩容提质、转型发展，致力于做大、做精、做细特色生态工业，培育生态工业集群和区域生态品牌，吸引产业、资本、人才、技术等要素集聚，通过推动产业转型促进生态工业发展，不断优化产业发展方向，以绿色产业带动民众富裕。"生态 + 复合产业"模式，即在生态资源禀赋好、产业基础扎实、创新要素集聚的地区，通过纵向延伸产业链条，促进生态复合产业的融合发展，培育"生态 +"复合产业融合发展新业态、新模式，推动三产融合，不断延展"生态 +"效益。比如在林区山区发展农林复合、林下套种（养）产业，打造天然、健康的绿色产品，同时探索采摘、游憩、森林康养等融合业态，提升林地效益产出。"生态 + 金融"模式，即在生态环境优良、经济发达的地区，通过创新绿色金融产品和金融手段，构建生态资源融资担保体系，让绿色生态成为源源不断的"钱袋子"。比如地方政府通过加强政、银、担合作，推动"林业产业化 + 金融信贷"协同发展。"生态 + 互联网"模式，即在电商平台发展优势明显地区，通过培育本地化电子综合服务商，搭建电商平台线上销售渠道，创新应用"直播带货""拼团""众筹"等多元化互联网营销模式，打通生态产品走进城市的上行通道，使优质产品能够找到好的销路、卖出好价钱，从而促进群众增收致富。

五、陕西省商洛市生态富民的实践探索及启示

（一）实践和做法❶

商洛市位于陕西省东南部，是我国南水北调中线工程重要水源涵养区和重要生态功能区，森林覆盖率高，自然资源富集，生态环境优美、生态资源富集。但商洛市社会经济整体水平相对较低，农业产业化与服务业处于起步阶段。可以说商洛市最大的优势是"生态优美"，最大的短板是"产业薄弱"。

商洛市坚持"绿水青山就是金山银山"理念，坚持保护优先，合理利用；政府主导，市场运作；用者付费，供者受益；鼓励创新，规范有序的原则，紧

---

❶ 赵璟. 陕西商洛探索"两山"转化新路径 [EB/OL]. (2024 - 05 - 28) [2024 - 06 - 20]. https://baijiahao. baidu. com/s？id=1800267125177775035&wfr=spider&for=pc；张宏. 商洛：生态产品价值实现机制试点呈现五大亮点 [N]. 陕西科技报，2023 - 11 - 04 (3)；王佳伟. 商洛生态产品价值实现机制试点成效显著 [N]. 陕西日报，2023 - 11 - 21 (5)；商洛市发展和改革委员会. 商洛市以体系化市场化为引导 推动生态产品价值实现工作迈上新台阶 [N]. 陕西日报，2024 - 03 - 27 (10).

紧围绕提供更多优质生态产品以满足人民群众日益增长的优美生态环境需要主线，以构建生态产品价值核算体系、绿色发展奖补机制、市场交易体系、产业实现路径、质量认证体系与支撑体系为重点，积极探索政府主导、企业与社会各界参与、市场化运作的生态产品价值实现路径，创新生态产品价值实现机制，推进生态产业化和产业生态化，把生态"高颜值"变为经济"高价值"，探索出了一条生态富民的实现路径。商洛市的实践和做法如下。

一是强化制度建设，做实生态产品价值保障机制。生态产品价值实现是一项探索性创新性非常强的工作，在实践过程中，商洛市坚持系统谋划，依靠强有力的制度稳步推进，激励引导全社会形成共同推动生态产品价值实现的良好氛围。商洛市在构建生态产品价值实现机制的过程中，建立了以市委书记任组长的工作专班、由市级领导牵头的11个专项小组高位推动试点工作的"1+11"协调推进机制，出台了《生态产品价值实现机制试点方案》《年度重点任务清单》等多维度明确推进举措，设立商洛市生态产品价值实现机制试点专项支持资金，探索建立绿色发展财政奖补机制，推行地区生产总值、生态系统生产总值（GEP）双考核、双评价，并将生态产品总值指标纳入高质量发展综合绩效评价体系，系统推进生态产品价值实现工作。健全自然资源确权登记制度规范，建立自然资源资产全面调查、动态监测、统一评价制度，清晰界定水流、森林、湿地等自然资源资产产权主体及权利，划清所有权和使用权边界，丰富自然资源资产使用权类型，合理界定出让、转让、出租、抵押、入股等权责归属，同时利用遥感与地面监测数据，结合网格化监测手段，开展生态产品基础信息调查，摸清生态产品数量、质量等底数，明确物质产品、调节服务产品、文化服务产品，形成生态产品目录清单。建立生态产品动态监测制度，及时跟踪掌握生态产品数量分布、质量等级、功能特点、权益归属、保护和开发利用情况等信息。建立生态修复产权激励机制，以"谁治理、谁受益"思路，通过生态修复项目建设权、运营权、收益权等打包确定实施主体，引导社会资本参与生态修复。探索差异化生态补偿机制，基于公益林区位特征、保护成效、生态产品价值等，探索公益林分类补偿和分级管理机制，提高生态公益林补偿标准，提升生态公益林效益。

二是坚持产业支撑，实现生态产品价值增值。商洛市通过发展特色农业、绿色工业和康养产业，推动生态产品价值的提质。在特色农业方面，聚力打造特色农业强市，大力发展"菌果药畜茶酒"土特产，构建农特产品从产地到餐桌全链条监管、可追溯的质量追溯体系，完善统一的农特产品标准体系，培育特色鲜明、竞争力强、美誉度高的农特产品区域公用品牌，实现以生态溢价提升农产品市场竞争力和附加值。其中，"商洛核桃"获欧盟、俄罗斯商标认证，"丹凤葡萄酒"入选中华老字号，商洛市荣膺全国首个"名特优新农产品高质量发展样板市"。在康养产业方面，放大生态优势，构建"医、养、游、体、药、食"康养产业体系，打造中国康养之都，通过举办康养产业信息发布会、康养产业发展大会等，宣传推介康养产业优势特色，唱响"22℃商洛·中国康养之都"品牌，实现全域旅游示范区全覆盖。其中，七县区获评"美丽中国·深呼吸小城"，秦岭康养清凉之旅等线路入选全国乡村旅游精品线路，商洛获评全国森林康养建设试点市，丹凤留仙坪村被评为"中国美丽休闲乡村"，柞水朱家湾村被联合国授予"世界最佳旅游乡村"。在绿色工业方面，打造市级循环工业园，发展尾矿资源利用企业和新能源产业。

三是着力破解难点，创新生态价值变现路径。破解"核算难"，建立 GEP 核算评估机制，编制生态产品价值核算方法，与中国科学院地理科学与资源研究所合作建立全国首个生态产品价值与碳汇评估平台，形成全市生态产品"一个库"数据管理，实现生态产品价值一个度量标准、一个信息库、一个展示平台、一键自动核算。破解"交易难"，设立生态资产运营管理公司，建立生态产品价值实现重点项目库，促进生态产品供给与需求、资源与资本精准对接，探索推进碳汇、排污权、用能权、用水权等环境权属指标市场化交易，积极对接碳排放权、排污权、用能权等有购买需求的企业推动实现交易。破解"抵押难"，积极探索具有地方特色的绿色金融发展新路径，引导金融机构开展绿色信贷，创新绿色金融产品服务，促进优势生态资源向生态资本转化。例如，镇安、商南等县成立生态产品价值转化中心、生态 e 站，开发"核桃贷、茶农贷、木耳贷、两山贷"等绿色金融产品，发放"生态贷"。

四是典型示范引领，促进生态产品价值增效。商洛市推动形成"保护者受益、使用者付费、破坏者赔偿"的利益导向，通过总结形成可复制、可推广的典型案例，为全国提供了生态产品价值实现的示范样本。在生态物质供给产品、生态调节服务产品、生态文化服务产品以及体制机制创新方面，形成了具有代表性的案例。其中，在生态物质供给产品方面，形成了"秦岭山水催生小木耳大产业""生态茶＋文旅康养"等案例；在生态调节服务产品方面，形成了"洛河湿地重现'一行白鹭上青天'盛景""'美丽中国·深呼吸小城'创建让丹凤更美"等案例；在生态文化服务产品方面，形成了"蟒岭绿道'两山转化'的幸福大道"等案例；在体制机制创新方面，形成了"实现GEP 自动核算，着力破解度量难""四三机制破难题，助力青山变金山"制度建设等案例，为厚植生态优势、创新供给模式、提升产品价值、推进实现机制探索，提供了示范样本。

（二）经验和启示

商洛市在构建生态富民实现机制方面的实践，充分展示了生态文明建设与经济社会发展的良性互动。通过一系列的创新举措，商洛市不仅保护了生态环境，还实现了生态资源的经济价值，为当地居民带来了实实在在的福祉。这一实践证明了"绿水青山"确实可以转化为"金山银山"，为其他地区的生态富民实践提供了宝贵经验和启示。

第一，坚守绿色发展理念，实现生态效益与经济效益双赢。商洛市始终坚持绿色发展理念，将生态保护与经济发展紧密结合。因此，生态富民必须坚守绿色发展理念，注重生态环境的保护与修复，同时积极探索生态产品价值实现机制，将生态优势转化为经济优势，实现生态效益与经济效益的双赢。

第二，创新生态产品价值实现机制，破解生态富民难题。商洛市在构建生态富民实现机制的过程中，注重创新生态产品价值实现机制。通过制定评估指南、核算指南等措施，商洛市破解了生态产品价值度量难、交易难、变现难等问题。因此，要推动生态富民，必须创新生态产品价值实现机制，为生态产品价值的评估、交易和变现提供科学依据和有效路径。

第三，依托生态资源，发展特色优势产业。商洛市依托丰富的生态资源，大力发展特色生态农业和康养旅游产业。因此，在推动生态富民的过程中，应充分利用当地生态资源，发展具有地方特色的优势产业，提高农民收入和生活水平，实现生态与经济的协调发展。

第四，强化金融支持，助力绿色产业发展。商洛市注重金融对绿色产业的支持作用，创新绿色金融产品服务。因此，要推动绿色产业的发展，必须强化金融支持，创新金融产品和服务方式，引导金融资本向绿色产业倾斜，为绿色产业的发展提供有力的资金保障。

第五，加强区域合作与交流，共筑生态文明之基。商洛市在构建生态富民实现机制的过程中，注重加强区域合作与交流。因此，推动生态文明建设需要广泛的合作与交流，应与其他地区分享经验和成果，共同探索生态文明建设的有效途径和方法，为构建美丽中国贡献力量。

六、生态富民的法律制度保障体系构想

探索生态富民模式，需要践行"绿水青山就是金山银山的"理念，以习近平法治思想、习近平生态文明思想为指导，以生态保护优先、绿色发展为原则，构建和完善生态富民的法律制度保障体系。

第一，构建生态富民的法律制度体系。生态产品得以有效发挥富民效应，必须建立相应的生态产品价值评估体系、生态产品生产体系、生态产品销售体系、生态产品分配体系、生态产品消费体系、生态产品科技人才支撑体系、生态产品价值实现监督体系、生态产品价值实现责任体系等。

第二，构建生态富民的法律保障机制。以法律保障促进生态财富的公平分配，加强生态富民的组织领导、精准施策、保障资金投入、广泛动员群众参与等程序规范，确保生态富民工作在法治的轨道上运行。通过政策引导和法律机制协调，打破地区、行业、所有制的界限，吸收各类资金投入生态建设、环境保护和生态产品的生态富民，最终形成政府投资与社会投资相结合的多元参与投融资格局。要想方设法提供更多的优质生态产品，以实现绿色富民效应，满足人民对美好生活的需要。

第三，构建生态富民的共建共享共治机制。规范生态资源的开发秩序，厘清生态产品价格形成机制，构建合理的跨区（流）域生态补偿机制和利益分享机制，制定出台生态产业扶持机制，实现"市场有需求、产品有供给、组织有行动"。培育绿色生态文化，强化生态管理，加大职业教育和技能培训力度，推广生态农业技术和现代化经营理念。创新生态价值实现机制，如电子商务和直播营销等，助力生态脆弱区人们的认知改变与收入跃迁。

第四，建立生态富民的多元化矛盾纠纷解决机制。乡村生态振兴、农村环境综合整治和乡村文明建设都涉及生产方式、生活方式、思维方式和价值观念的全局性变革，必将带来利益格局的重大调整。以生态富民驱动的共同富裕，涉及多主体、多层次、多环节的利益调整，社会关系非常复杂，既需要法律建立完善的利益协调机制，也需要建立顺畅的法律执行机制，更需要建立多元化的矛盾纠纷化解机制。

参考文献

［1］ 杨云鹏，杨临宏. 关于扶贫工作法治化思考［J］. 学术探索，2000（4）：47－49.

［2］ 孟庆瑜. 反贫困法律问题［J］. 法律科学·西北政法学院学报，2003（1）：24－32.

［3］ 张永亮. 论扶贫开发的法制建设［J］. 湖南社会科学，2013（5）：117－120.

［4］ CAI D X, ZHA Y, BUBB P J, et al. 中国生态扶贫战略研究［M］. 北京：科学出版社，2015.

［5］ 黄锡生，何江. 论生态文明建设与西部地区扶贫开发的制度对接：以生态补偿为"接口"的考察［J］. 学术论坛，2017，40（1）：105－110.

［6］ 森. 贫困与饥荒：论权利与剥夺［M］. 王宇，王文玉，译. 北京：商务印书馆，2009.

［7］ 刘燕华，李秀彬. 脆弱生态环境与可持续发展［M］. 北京：商务印书馆，2007.

［8］ 皮尔斯，沃福德. 世界末日：经济学·环境与可持续发展［M］. 张世秋，译. 北京：中国财政经济出版社，1996.

［9］ 何运鸿. 消除生态贫困的有效途径：以黔东南州积极实施生态工程的几点思考［J］. 农村经济与技术，2001（2）：33－34.

［10］ 杜明义，余忠淑. 生态资本视角下的生态脆弱区生态贫困治理：以四川藏区为例［J］. 理论月刊，2013（2）：176－179.

［11］ 龙先琼. 关于生态贫困问题的几点理论思考［J］. 吉首大学学报（社会科学版），2019（3）：108－113.

［12］ 李玉田. 论石山区的生态反贫困［J］. 广西民族研究，1999（2）：108－109.

［13］ 王映雪. 云南生态型反贫困实证分析［J］. 管理观察，2009（2）：21－23.

［14］ 刘艳梅. 西部地区生态贫困与生态型反贫困战略［J］. 哈尔滨工业大学学报（社会科学版），2005（6）：97－101.

［15］ 于存海. 论内蒙古农牧区生态安全、生态贫困与生态型反贫困特区建设：兼论社会政策在农牧区反贫困中的作用［J］. 内蒙古财经学院学报，2006（5）：26－30.

[16] 王晓毅. 绿色减贫：理论、政策与实践 [J]. 兰州大学学报（社会科学版），2018，46（4）：28 – 35.

[17] 莫光辉. 绿色减贫：脱贫攻坚战的生态扶贫价值取向与实现路径——精准扶贫绩效提升机制系列研究之二 [J]. 现代经济探讨，2016（11）：11 – 15.

[18] 查燕，王惠荣，蔡典雄，等. 宁夏生态扶贫现状与发展战略研究 [J]. 中国农业资源与划，2012（1）：79 – 83.

[19] 刘慧，叶尔肯·吾扎提. 中国西部地区生态扶贫策略研究 [J]. 中国人口·资源与环境，2013（10）：52 – 58.

[20] 沈茂英，杨萍. 生态扶贫内涵及其运行模式研究 [J]. 农村经济，2016（7）：5 – 10.

[21] 黄金梓. 精准生态扶贫刍论 [J]. 湖南农业科学，2016（4）：110 – 114，118.

[22] 雷明. 绿色发展下生态扶贫 [J]. 中国农业大学学报（社会科学版），2017，34（5）：88 – 95.

[23] 史玉成. 生态扶贫：精准扶贫与生态保护的结合路径 [J]. 甘肃社会科学，2018（6）175 – 182.

[24] 习近平. 之江新语 [M]. 杭州：浙江人民出版社，2007.

[25] 颜红霞，韩星焕. 中国特色社会主义生态扶贫内涵及贵州实践启示 [J]. 贵州社会科学，2017（4）：144 – 150.

[26] 史玉成. 生态利益衡平：原理、进路与展开 [J]. 政法论坛，2014，32（2）：28 – 37.

[27] 李俊杰. 集中连片特困地区反贫困研究：以乌蒙山区为例 [M]. 北京：科学出版社，2014.

[28] 宁德煌. 云南旅游扶贫问题的思考 [J]. 云南师范大学学报，2000（6）：15.

[29] 卢云亭. 生态旅游与可持续发展 [J]. 经济地理，1996（3）：107.

[30] 袁书琪. 试论生态旅游资源的特征、类型和评价体系 [J]. 生态学杂志，2004（2）：109 – 113.

[31] 张建萍. 生态旅游理论与实践 [M]. 北京：中国旅游出版社，2001.

[32] 黄宗华. 生态旅游扶贫是践行绿色发展理念的创新实践 [J]. 中国党政干部论坛，2019（6）：87 – 89.

[33] 吴大华，王志鑫. 贵州扶贫生态移民权益保护研究 [J]. 贵州师范大学学报（社会科学版），2014（2）：56 – 61.

[34] 段钢. 论政策与法律的关系 [J]. 云南行政学院学报，2000（5）：51 – 54.

[35] 邢会强. 政策增长与法律空洞化：以经济法为例的观察 [J]. 法制与社会发展，2012，18（3）：117 – 132.

[36] 章亮明，万长威. 当前扶贫攻坚中维护稳定的法律建构 [J]. 江西社会科学，2017，37（4）：199 – 205.

[37] 丰霏. 法律激励的理想形态 [J]. 法制与社会发展，2011，17（11）：142 – 150.

[38] 陈海嵩. 绿色发展法治化的基本构想 [J]. 河南财经政法大学学报，2018，33（6）：20 – 26.

[39] 徐祥民，姜渊. 绿色发展理念下的绿色发展法 [J]. 法学，2017（6）：199 – 205.

[40] 庞德. 通过法律的社会控制 [M]. 沈宗灵，译. 北京：商务印书馆，1984.

[41] 韦伯. 社会学的基本概念·经济行动与社会团体 [M]. 顾忠华，译. 桂林：广西师范大学出版社，2011.

[42] 石佑启，杨治坤. 中国政府治理的法治路径 [J]. 中国社会科学，2018（1）：66 – 89.

[43] 世界环境与发展委员会. 我们共同的未来 [M]. 王之佳，柯金良，等，译. 长春：吉林人民出版社，1997.

[44] 李小云，左停，靳乐山. 环境与贫困：中国实践与国际经验 [M]. 北京：社会科学文献出版社，2005.

[45] 吕忠梅，刘超. 资源分配悲剧性选择中的环境权：从环境资源分配角度看环境权的利益属性 [J]. 河北法学，2009，27（1）：70 – 76.

[46] 季卫东. 法律程序的意义：对中国法制建设的另一种思考 [J]. 中国社会科学，1993（1）：83 – 103.

[47] 李挚萍. 论政府环境法律责任：以政府对环境质量负责为基点 [J]. 中国地质大学学报（社会科学版），2008（2）：37 – 41.

[48] 徐祥民. 环境质量目标主义：关于环境法直接规制目标的思考 [J]. 中国法学，2015（6）：116.

[49] 华忆昕. 企业社会责任的责任性质与立法选择 [J]. 南京师大学报（社会科学版），2018（6）：111 – 119.

[50] 杨力. 企业社会责任的制度化 [J]. 法学研究，2014，36（5）：131 – 158.

[51] 肖建国. 利益交错中的环境公益诉讼原理 [J]. 中国人民大学学报，2016，30（2）：14 – 22.

[52] 杨立新. 民事行政诉讼检查监督与司法公正 [J]. 法学研究，2000（4）：45 – 71.

[53] 别涛. 环境公益诉讼立法的新起点：《民诉法》修改之评析与《环境保护法》修改之建议 [J]. 法学评论，2013，31（1）：101 – 106.

[54] 森. 以自由看待发展 [M]. 任赜，于真，译. 北京：中国人民大学出版社，2002.

[55] 马克思, 恩格斯. 马克思恩格斯选集: 第 3 卷 [M]. 北京: 人民出版社, 1972.

[56] 邓琼, 龚廷泰. 法治氛围的概念分析 [J]. 江海学刊, 2016 (2): 207 – 212.

[57] 程多威. 环境法利益衡平的基本原则初探 [J]. 中国政法大学学报, 2015 (6): 56 – 63.

[58] 吴大华, 李胜. 贵州脱贫攻坚 70 年: 上篇 [M]. 贵阳: 贵州人民出版社, 2019.

[59] 吴大华, 李胜. 贵州脱贫攻坚 70 年: 下篇 [M]. 贵阳: 贵州人民出版社, 2019.

[60] 王怀勇, 邓若翰. 精准扶贫长效机制的法治路径研究 [M]. 重庆大学学报 (社会科学版), 2019 (3): 134 – 146.

[61] 胡振通, 王亚华. 中国生态扶贫的理论创新和实现机制 [J]. 清华大学学报 (哲学社会科学版), 2021, 36 (1): 168 – 180.

[62] 蒋永穆, 王丽萍. 西藏生态扶贫的生成逻辑、实践成效及路径优化 [J]. 西藏大学学报 (社会科学版), 2020, 35 (4): 155 – 162.

[63] 温铁军, 王茜, 罗加铃. 脱贫攻坚的历史经验与生态化转型 [J]. 开放时代, 2021 (1): 8 – 9, 169 – 184.

[64] 张宜红, 薛华. 生态补偿扶贫的作用机理、现实困境与政策选择 [J]. 江西社会科学, 2020, 40 (10): 78 – 87.

[65] 杨达, 康宁. 大扶贫、大数据、大生态: "一带一路" 绿色治理的中国经验 [J]. 江西社会科学, 2020, 40 (9): 194 – 203, 256.

[66] 雷明, 姚昕言, 袁旋宇. 地方生态扶贫内在循环机制的优化: 基于贵州省扶贫实践的研究 [J]. 南京农业大学学报 (社会科学版), 2020, 20 (4): 152 – 162.

[67] 刘杨. 农村产业扶贫的实践机制与优化路径: 政策生态的视角 [J]. 人文杂志, 2020 (10): 109 – 117.

[68] 孔凡斌, 许正松, 陈胜东. 建立中国生态扶贫共建共享机制: 理论渊源与创新方向 [J]. 现代经济探讨, 2019 (4): 23 – 28.

[69] 雷明, 邹培. 共享发展理念下扶贫生态系统构建 [J]. 南京农业大学学报 (社会科学版), 2019, 19 (6): 9 – 19.

[70] 郭苏豫. 生态扶贫与生态振兴有机衔接的实践基础及现实路径 [J]. 生态经济, 2021, 37 (3): 217 – 222.

[71] 班纳吉, 迪弗洛. 贫穷的本质: 我们为什么摆脱不了贫穷 [M]. 景芳, 译. 北京: 中信出版社, 2013.

[72] 库特, 谢弗. 所罗门之结: 法律能为战胜贫困做什么? [M]. 张巍, 许可, 译. 北京: 北京大学出版社, 2014.

[73] 杨宜勇，吴香雪. 政策法律化视角下农村扶贫开发问题研究 [J]. 中共中央党校学报，2016，20（12）：87 – 95.

[74] 姚文. "后扶贫时代"的贫困问题及治理 [J]. 湖南行政学院学报，2021，23（2）：49 – 56.

[75] 郭永园. "后扶贫时代"生态减贫现代化的路径探析 [J]. 经济社会体制比较，2023（1）：126 – 132.

[76] 黄金梓，李燕凌. "后扶贫时代"生态型贫困治理的"内卷化"风险及其防范对策 [J]. 河海大学学报（哲学社会科学版），2020，22（6）：90 – 98.

[77] 兰定松. 乡村振兴背景下农村返贫困防治探讨：基于政府和农民的视角 [J]. 贵州财经大学学报，2020（1）：87 – 93.

[78] 冉秋霞. "后扶贫时代"防返贫的机制构建与路径选择 [J]. 甘肃社会科学，2021（5）：222 – 228.

[79] 孟庆武. "后扶贫时代"精准生态扶贫的实现机制 [J]. 人民论坛，2019，24：158 – 159.

[80] 孙雪，刘晓莉. "后扶贫时代"民族地区生态补偿扶贫的现实困境与未来出路 [J]. 新疆社会科学，2021（4）：149 – 157.

[81] 周伍阳. 生态振兴：民族地区巩固拓展脱贫攻坚成果的绿色路径 [J]. 云南民族大学学报（哲学社会科学版），2021，38（5）：72 – 77.

[82] 杨发庭，张亦瑄. 生态扶贫的内在逻辑及实现路径 [J]. 世界社会主义研究，2021，6（1）：35 – 47，103.

[83] 肖磊. 绿色发展理念下生态扶贫法治保障研究 [J]. 法学杂志，2019，40（5）：39 – 47.

[84] 黄承伟. 共同富裕进程中的中国特色减贫道路 [J]. 中国农业大学学报（社会科学版），2020，37（6）：5 – 11.

[85] 王禹澔. 共同富裕与中国特色反贫困理论对西方减贫理论的超越 [J]. 中共中央党校（国家行政学院）学报，2022，26（2）：109 – 118.

[86] 张占斌. 中国特色脱贫攻坚制度体系：历史逻辑、实践特征和贡献影响 [J]. 理论视野，2021（7）：91 – 98.

[87] 解志勇. 基于中国式扶贫实践的给付行政法治创新 [J]. 法学研究，2022，44（6）：20 – 38.

[88] 肖融. 法治化视角下的生态扶贫：概念生成、价值理念与机制构造 [J]. 甘肃政法

大学学报, 2021 (4): 126 – 136.

[89] 古瑞华. "两山论"下民族地区生态扶贫的法治保障 [J]. 贵州民族研究, 2017, 38 (3): 29 – 33.

[90] 周强, 胡光志. 精准扶贫的法治化及其实现机制探析 [J]. 福建论坛 (人文社会科学版), 2017 (1): 118 – 125.

[91] BRYANT R L. Beyond the impasse: the power of political ecology in Third World [J]. Environmental Research Area, 1997, 29 (1): 5 – 19.

[92] World Bank. World development report 1992 in development and the environment [M]. New York: Oxford University Press, 1992.

[93] DAVID R. Poverty and the environment: can unsustainable development survive globalization? [J]. Natural Resources Forum, 2002, 26 (3): 176 – 184.

[94] SCANDRETT E. Poverty and the environment: environmental justice [M]. Glasgow: CPAG, 2011.

[95] DTI. Our Energy Future: creating a low carbon economy [R]. London: The Stationary Office, 2003.

[96] STEPHEN J. Mobilizing for marine wind energy in the United Kingdom [J]. Energy policy, 2011 (7): 4125 – 4133.

[97] PAPIS K, POLESZCZUK O, ELZBIETA W – C, et al. Melatonin effect on bovine embryo development in vitro in relation to oxygen concentration [J]. Journal of Pineal Research, 2010, 43 (4): 321 – 326.

[98] SHAN H, YANG J. Sustainability of photovoltaic poverty alleviation in China: an evolutionary game between stakeholders [J]. Energy (Oxford), 2019, 181: 264 – 280.

[99] LIU Y, LIU J, ZHOU Y. Spatio – temporal patterns of rural poverty in China and targeted poverty alleviation strategies [J]. Journal of Rural Studies, 2017, 52: 66 – 75.

[100] FISHER J A, PATENAUDE G, GIRI K, et al. Understanding the relationships between ecosystem services and poverty alleviation: a conceptual framework [J]. Ecosystem Services, 2014, 7: 34 – 45.

[101] BERBES – BLAZQUEZ M, GONZALEZ J A, PASCUAL U. Towards an ecosystem services approach that addresses social power relations [J]. CurrentOpinion in Environmental Sustainability, 2016, 19: 134 – 143.

附　录
生态扶贫工作方案

为贯彻落实《中共中央　国务院关于打赢脱贫攻坚战的决定》国务院《"十三五"脱贫攻坚规划》精神，充分发挥生态保护在精准扶贫、精准脱贫中的作用，切实做好生态扶贫工作，按照国务院扶贫开发领导小组统一部署，国家发展改革委、国家林业局、财政部、水利部、农业部、国务院扶贫办❶共同制定本工作方案。

一、准确把握生态扶贫工作总体要求

（一）指导思想

深入学习和全面贯彻党的十九大精神，深刻领会和认真落实习近平总书记关于脱贫攻坚的重要指示精神，坚决执行党中央、国务院的决策部署，牢固树立和践行绿水青山就是金山银山的理念，把精准扶贫、精准脱贫作为基本方略，坚持扶贫开发与生态保护并重，采取超常规举措，通过实施重大生态工程建设、加大生态补偿力度、大力发展生态产业、创新生态扶贫方式等，切实加大对贫困地区、贫困人口的支持力度，推动贫困地区扶贫开发与生态保护相协

---

❶ 《生态扶贫工作法案》于 2018 年 1 月 18 日发布。2018 年 3 月，根据第十三届全国人民代表大会第一次会议批准的《国务院机构改革方案》规定，"国家林业局"更名为"国家林业和草原局"，"农业部"更名为"农业农村部"。此外，"国务院扶贫办"全称为"国务院扶贫开发领导小组办公室"，于 2021 年摘牌，下同。——编辑注

调、脱贫致富与可持续发展相促进，使贫困人口从生态保护与修复中得到更多实惠，实现脱贫攻坚与生态文明建设"双赢"。

（二）基本原则

坚持中央统筹、地方负责。实行中央统筹、省负总责、市县抓落实的工作机制。中央有关部门负责制定政策，明确工作部署，强化考核监督。省级政府有关部门负责完善政策措施，加强协调配合。市县级政府有关部门负责做好本行政区域内的生态扶贫各项工作，确保政策措施落到实处。

坚持政府引导、主体多元。创新体制机制，广泛动员各方面力量共同参与生态扶贫工作，拓宽社会力量扶贫渠道，形成社会合力。充分调动贫困地区广大群众保护修复家乡生态环境的积极性、主动性、创造性，发扬自强自立、艰苦奋斗精神，依靠自身努力改变贫困落后面貌。

坚持因地制宜、科学发展。协调好扶贫开发与生态保护的关系，把尊重自然、顺应自然、保护自然融入生态扶贫工作全过程。进一步处理好短期扶贫与长期发展的关系，着眼长远，立足当前，综合考虑自然资源禀赋、承载能力、地方特色、区域经济社会发展水平等因素，合理确定生态扶贫工作思路，统筹推进脱贫攻坚与绿色发展。

坚持精准施策、提高实效。精确瞄准 14 个集中连片特困地区的片区县、片区外国家扶贫开发工作重点县和建档立卡贫困户，突出深度贫困地区，坚持问题导向和目标导向，聚焦贫困人口脱贫，加强脱贫政策衔接，有针对性地制定和实施生态扶贫政策措施，确保生态扶贫工作取得实效。

二、生态扶贫工作目标

到 2020 年，贫困人口通过参与生态保护、生态修复工程建设和发展生态产业，收入水平明显提升，生产生活条件明显改善。贫困地区生态环境有效改善，生态产品供给能力增强，生态保护补偿水平与经济社会发展状况相适应，可持续发展能力进一步提升。力争组建 1.2 万个生态建设扶贫专业合作社〔其中造林合作社（队）1 万个、草牧业合作社 2000 个〕，吸纳 10 万贫困人口参与生态工程建设；新增生态管护员岗位 40 万个（其中生态护林员 30 万个、草原管护员 10 万个）；通过大力发展生态产业，带动约 1500 万贫困人口增收。

三、通过多种途径助力贫困人口脱贫

（一）通过参与工程建设获取劳务报酬

推广扶贫攻坚造林专业合作社、村民自建等模式，采取以工代赈等方式，组织贫困人口参与生态工程建设，提高贫困人口参与度。政府投资实施的重大生态工程，必须吸纳一定比例具有劳动能力的贫困人口参与工程建设，支付贫困人口合理的劳务报酬，增加贫困人口收入。

（二）通过生态公益性岗位得到稳定的工资性收入

支持在贫困县设立生态管护员工作岗位，以森林、草原、湿地、沙化土地管护为重点，让能胜任岗位要求的贫困人口参加生态管护工作，实现家门口脱贫。在贫困县域内的国家公园、自然保护区、森林公园和湿地公园等，优先安排有劳动能力的贫困人口参与服务和管理。在加强贫困地区生态保护的同时，精准带动贫困人口稳定增收脱贫。

（三）通过生态产业发展增加经营性收入和财产性收入

在加强保护的前提下，充分利用贫困地区生态资源优势，结合现有工程，大力发展生态旅游、特色林产业、特色种养业等生态产业，通过土地流转、入股分红、合作经营、劳动就业、自主创业等方式，建立利益联结机制，完善收益分配制度，增加资产收益，拓宽贫困人口增收渠道。在同等质量标准条件下，优先采购建档立卡贫困户的林草种子、种苗，增加贫困户经营性收入。

（四）通过生态保护补偿等政策增加转移性收入

在安排退耕还林还草补助、草原生态保护等补助资金时，优先支持有需求、符合条件的贫困人口，使贫困人口获得补助收入。

四、全力推进各项任务实施

（一）加强重大生态工程建设

加强贫困地区生态保护与修复，在各类重大生态工程项目和资金安排上进一步向贫困地区倾斜。组织动员贫困人口参与重大生态工程建设，提高贫困人口受益程度。

1. 退耕还林还草工程

调整贫困地区25度以上陡坡耕地基本农田保有指标，加大贫困地区新一轮退耕还林还草力度。将新增退耕还林还草任务向中西部22个省（区、市）倾斜，省（区、市）要优先支持有需求的贫困县，特别是深度贫困地区。各贫困县要优先安排给符合条件的贫困人口。在树种、草种选择上，指导贫困户发展具有较好经济效益且适应当地种植条件的经济林种、草种，促使贫困户得到长期稳定收益，巩固脱贫成果。确保2020年底前，贫困县符合现行退耕政策且有退耕意愿的耕地全部完成退耕还林还草。

2. 退牧还草工程

在内蒙古、陕西、宁夏、新疆、甘肃、四川、云南、青海、西藏、贵州等省区及新疆生产建设兵团符合条件的贫困县实施退牧还草工程，根据退牧还草工程区贫困农牧民需求，在具备条件的县适当增加舍饲棚圈和人工饲草地年度任务规模。

3. 青海三江源生态保护和建设二期工程

深入推进三江源地区森林、草原、荒漠、湿地与湖泊生态系统保护和建设，加大黑土滩等退化草地治理，完成黑土滩治理面积220万亩，有效提高草地生产力。为从事畜牧业生产的牧户配套建设牲畜暖棚和贮草棚，改善生产条件。通过发展高原生态有机畜牧业，促进牧民增收。

4. 京津风沙源治理工程

推进工程范围内 53 个贫困县（旗）的林草植被保护修复和重点区域沙化土地治理，提高现有植被质量和覆盖率，遏制局部区域流沙侵蚀，安排营造林 315 万亩、工程固沙 6 万亩，吸纳贫困人口参与工程建设。

5. 天然林资源保护工程

以长江上游、黄河上中游为重点，加大对贫困地区天然林资源保护工程建设支持力度。支持依法通过购买服务开展公益林管护，为贫困人口创造更多的就业机会。

6. 三北等防护林体系建设工程

优先安排三北、长江、珠江、沿海、太行山等防护林体系建设工程范围内 226 个贫困县的建设任务，加大森林经营力度，推进退化林修复，完成营造林 1000 万亩。加强国家储备林建设，积极利用金融等社会资本，重点在南方光热水土条件较好、森林资源较为丰富、集中连片贫困区域，发展 1000 万亩国家储备林。

7. 水土保持重点工程

加大长江和黄河上中游、西南岩溶区、东北黑土区等重点区域水土流失治理力度，对纳入相关规划的水土流失严重贫困县，加大政策和项目倾斜力度，加快推进坡耕地、侵蚀沟治理和小流域综合治理。在综合治理水土流失的同时，培育经济林果和特色产业，实施生态修复，促进项目区生态经济良性循环，改善项目区农业生产生活条件。

8. 石漠化综合治理工程

坚持"治石与治贫"相结合，重点支持滇桂黔石漠化区、滇西边境山区、乌蒙山区和武陵山区等贫困地区 146 个重点县的石漠化治理工程，采取封山育林育草、人工造林、森林抚育、小流域综合治理等多种措施，完成岩溶治理面积 1.8 万平方公里。

9. 沙化土地封禁保护区建设工程

在内蒙古、西藏、陕西、甘肃、青海、宁夏、新疆等省（区）及新疆生产建设兵团的贫困地区推进沙化土地封禁保护区建设，优先将贫困县 498 万亩适宜沙地纳入工程范围，实行严格的封禁保护。加大深度贫困地区全国防沙治沙综合示范区建设，提升贫困地区防风固沙能力。

10. 湿地保护与恢复工程

在贫困地区的国际重要湿地、国家级湿地自然保护区，实施一批湿地保护修复重大工程，提升贫困地区涵养水源、蓄洪防涝、净化水质的能力。支持贫困县实施湿地保护与恢复、湿地生态效益补偿、退耕还湿试点等项目，完善湿地保护体系。

11. 农牧交错带已垦草原综合治理工程

统筹推进农牧交错带已垦草原治理工程，加大向贫困地区倾斜力度，通过发展人工种草，提高治理区植被覆盖率，建设旱作优质饲草基地，结合饲草播种、加工机械的农机购置补贴，引导和支持贫困地区发展草食畜牧业，在实现草原生态恢复的同时，促进畜牧业提质增效。

（二）加大生态保护补偿力度

不断完善转移支付制度，探索建立多元化生态保护补偿机制，逐步扩大贫困地区和贫困人口生态补偿受益程度。

1. 增加重点生态功能区转移支付

中央财政加大对国家重点生态功能区中的贫困县，特别是"三区三州"等深度贫困地区的转移支付力度，扩大政策实施范围，完善补助办法，逐步加大对重点生态功能区生态保护与恢复的支持力度。

2. 不断完善森林生态效益补偿补助机制

健全各级财政森林生态效益补偿补助标准动态调整机制，调动森林保护相关利益主体的积极性，完善森林生态效益补偿补助政策，推动补偿标准更加科学合理。抓好森林生态效益补偿资金监管，保障贫困群众的切身利益。

3. 实施新一轮草原生态保护补助奖励政策

在内蒙古、西藏、新疆、青海、四川、甘肃、云南、宁夏、黑龙江、吉林、辽宁、河北、山西和新疆生产建设兵团的牧区半牧区县实施草原生态保护补助奖励政策，及时足额向牧民发放禁牧补助和草畜平衡奖励资金。

4. 开展生态综合补偿试点

以国家重点生态功能区中的贫困县为主体，整合转移支付、横向补偿和市场化补偿等渠道资金，结合当地实际建立生态综合补偿制度，健全有效的监测评估考核体系，把生态补偿资金支付与生态保护成效紧密结合起来，让贫困地区农牧民在参与生态保护中获得应有的补偿。

（三）大力发展生态产业

依托和发挥贫困地区生态资源禀赋优势，选择与生态保护紧密结合、市场相对稳定的特色产业，将资源优势有效转化为产业优势、经济优势。支持贫困地区创建特色农产品优势区，在国家级特优区评定时，对脱贫攻坚任务重、带动农民增收效果突出的贫困地区适当倾斜。引导贫困县拓宽投融资渠道，落实资金整合政策，强化金融保险服务，着力提高特色产业抗风险能力。培育壮大生态产业，促进一、二、三产业融合发展，通过入股分红、订单帮扶、合作经营、劳动就业等多种形式，建立产业化龙头企业、新型经营主体与贫困人口的紧密利益联结机制，拓宽贫困人口增收渠道。

1. 发展生态旅游业

健全生态旅游开发与生态资源保护衔接机制，加大生态旅游扶贫的指导和扶持力度，依法加强自然保护区、森林公园、湿地公园、沙漠公园、草原等旅游配套设施建设，完善生态旅游行业标准，建立健全消防安全、环境保护等监管规范。积极打造多元化的生态旅游产品，推进生态与旅游、教育、文化、康养等产业深度融合，大力发展生态旅游体验、生态科考、生态康养等，倡导智慧旅游、低碳旅游。引导贫困人口由分散的个体经营向规模化经营发展，为贫困人口兴办森林（草原）人家、从事土特产销售和运输提供便利服务。扩大与旅游相关的种植业、养殖业和手工业发展，促进贫困人口脱贫增收。在贫困地区打造具有较高知名度的 50 处精品森林旅游地、20 条精品森林旅游线路、30 个森林特色小镇、10 处全国森林体验和森林养生试点基地等，依托森林旅游实现增收的贫困人口数量达到 65 万户、200 万人。

2. 发展特色林产业

在保证生态效益的前提下，积极发展适合在贫困地区种植、市场需求旺盛、经济价值较高的木本油料、特色林果、速丰林、竹藤、花卉等产业。建设林特产品标准化生产基地，推广标准化生产技术，促进特色林产业提质增效，因地制宜发展贫困地区区域特色林产业，做大产业规模，加强专业化经营管理。以发展具有地方和民族特点的林特产品初加工和精深加工为重点，延长产业链，完善仓储物流设施，提升综合效益。充分发挥品牌引领作用，支持龙头企业发展企业品牌，提高特色品牌的知名度和美誉度，扩大消费市场容量。为深度贫困地区特色林产品搭建展销平台，充分利用电商平台、线上线下融合、"互联网＋"等各种新兴手段，加大林特产品市场推介力度。

3. 发展特色种养业

立足资源环境承载力，充分发挥贫困地区湖泊水库、森林、草原等生态资源优势，积极发展林下经济，推进农林复合经营。大力发展林下中药材、特色经济作物、野生动植物繁（培）育利用、林下养殖、高产饲草种植、草食畜牧业、特色水产养殖业等产业，积极推进种养结合，促进循环发展。加快发展农林产品加工业，积极发展农产品电子商务，打造一批各具特色的种养业示范基地，形成"龙头企业＋专业合作组织＋基地＋贫困户"的生产经营格局，积极引导贫困人口参与特色种养业发展。

（四）创新对贫困地区的支持方式

1. 开展生态搬迁试点

结合建立国家公园体制，多渠道筹措资金，对居住在生态核心区的居民实施生态搬迁，恢复迁出区原始生态环境，帮助贫困群众稳定脱贫。按照"先行试点、逐步推开"的原则，在祁连山国家公园体制试点（甘肃片区）核心保护区先行开展生态搬迁试点，支持搬迁群众安置住房建设（购买）、后续产业发展和转移就业安排、迁出区生态保护修复等。在及时总结可复制可推广经验做法基础上，采取"一事一议"的办法稳步推开。

2. 创新资源利用方式

推进森林资源有序流转，推广经济林木所有权、林地经营权等新型林权抵押贷款改革，拓宽贫困人口增收渠道。地方可自主探索通过赎买、置换等方式，将国家级和省级自然保护区、国家森林公园等重点生态区范围内禁采伐的非国有商品林调整为公益林，实现社会得绿，贫困人口得利。推进贫困地区农村集体产权制度改革，保障农民财产权益，将贫困地区符合条件的农村土地资源、集体所有森林资源，通过多种方式转变为企业、合作社或其他经济组织的股权，推动贫困村资产股份化、土地使用权股权化，盘活农村资源资产资金。

3. 推广生态脱贫成功样板

积极探索通过生态保护、生态修复、生态搬迁、生态产业发展、生态乡村建设带动贫困人口精准脱贫增收的模式，研究深度贫困地区生态脱贫组织形式、利益联结机制、多业增收等措施和政策，及时总结提炼好的经验模式，打造深度贫困地区生态脱贫样板，积极推广好经验、好做法，在脱贫攻坚中更好地保护生态环境，帮助贫困群众实现稳定脱贫。

4. 规范管理生态管护岗位

研究制定生态管护员制度，规范生态管护员的选聘程序、管护范围、工作职责、权利义务等，加强队伍建设，提升生态资源管护能力。加强生态管护员上岗培训，提升业务水平和安全意识。逐步加大贫困人口生态管护员选聘规模，重点向深度贫困地区、重点生态功能区及大江大河源头倾斜。坚持强化"县建、乡管、村用"的管理机制，对贫困程度较深、少数民族、退伍军人家庭优先考虑。

5. 探索碳交易补偿方式

结合全国碳排放权交易市场建设，积极推动清洁发展机制和温室气体自愿减排交易机制改革，研究支持林业碳汇项目获取碳减排补偿，加大对贫困地区的支持力度。

五、制定切实可行的保障措施

（一）层层落实责任

国家发展改革委、国家林业局、财政部、农业部、水利部、国务院扶贫办等部门按照职责分工，加强指导和支持，强化沟通协作，统筹推进生态扶贫各项工作，形成共商共促生态扶贫工作合力。地方政府有关部门要细化落实生态扶贫工作方案，将生态扶贫作为重点工作纳入年度工作计划，制定出台年度工作要点，对各项任务进行项目化、责任化分解，逐项明确责任单位、责任人、时间进度。要把生态扶贫工作作为重点工作进行部署安排，一级抓一级，层层传导责任和压力，形成生态扶贫责任体系。

（二）加大投入力度

各类涉及民生的专项转移支付资金、中央预算内投资要进一步向贫困地区和贫困人口倾斜。以生态扶贫为主要脱贫攻坚措施的地方要积极调整和优化财政支出结构，统筹整合各渠道资金，切实把生态扶贫作为优先保障重点。创新政府性资金投入方式，规范运用政府与社会资本合作等模式，撬动更多资源投向生态扶贫。优先安排深度贫困地区的生态扶贫任务，在新增资金、新增项目、新增举措、惠民项目、涉农资金整合、财政转移支付、金融投入、资本市场、保险机构、建设用地指标等方面加大对深度贫困地区的支持力度。

（三）加强技术培训

积极组织技术专家深入贫困地区开展精准帮扶活动，加大对生态产业经营大户、合作社和企业的技术指导，在贫困地区培养一批活跃在贫困人口身边的"看得见、问得着、留得住"的乡土专家和技术能手。加大对基层生态扶贫工作人员和贫困户的培训力度，提高基层生态扶贫工作人员的能耐，提升贫困人口自我发展能力、市场意识和风险防控能力。

（四）强化监督管理

建立生态扶贫工作动态管理和监督制度，统筹做好组织实施、日常调度、跟踪检查工作，对年度重点工作实行台账管理、定期调度，将工作情况作为对各地脱贫攻坚成效考核的参考依据。对落实不力、进度滞后的进行挂牌督办，对真抓实干、成效明显的给予表扬激励，确保工作方案顺利推进。对生态扶贫资金监管实行"零容忍"，完善使用管理办法，加大审计、检查、约谈力度，发现问题要严肃查处、严厉问责，确保资金在阳光下运行，切实保障贫困群众利益。

后 记

本书系司法部国家法治与法学理论研究一般项目"西部生态扶贫法律制度研究"（项目编号：17SFB2049）的研究成果。但因种种难以言说的缘由，本书在此研究成果的基础上有诸多的变动和补充。"丑媳妇总得要见公婆"，时间跨度虽有点长，但本书的确可以算是鄙人近年来对这一问题接续研究的集大成。

2017年，是我国发展具有里程碑意义的一年。这一年，党的十九大胜利召开，确立了习近平新时代中国特色社会主义思想的指导地位，开启了决胜全面建成小康社会、全面建设社会主义现代化国家的新征程。2017年，也是我个人科研项目收获的一个幸运年：2017年6月，获得2017年度云南省哲学社会规划一般项目"脱贫攻坚背景下云南生态扶贫的法治问题研究"（项目编号：YB2017034）立项；2017年12月，贵州省2017年度哲学社会规划课题和司法部国家法治与法学理论研究课题相继公布了立项结果，司法部国家法治与法学理论研究一般项目"西部生态扶贫法律制度研究"（项目编号：17SFB2049）和贵州省2017年度哲学社会科学规划课题"贵州生态扶贫法律制度建设研究"（课题编号：17GZYB02）都获得一般项目立项。课题能否立项抑或是幸运的加持，就我而论的确如此。2017年这一年内连续获得的三个项目，绝不是同一问题的简单或重复论证，而是由点及面地对我国西部生态扶贫法律问题的不断深入研究恰好契合了时代的主题需求，也回应了西部开发格局下"既要百姓富，又要生态美"的目标。

然而，课题项目的立项喜悦往往也是短暂的，因为后续的结项未必都是一帆风顺的。2018年1月18日，《生态扶贫工作方案》的出台让上述三个课题原设计中的部分研究变得似乎没有必要。在这些窘态之下，尽管相继完成了课题研究的结项,但对研究成果我一直觉得差强人意,仍需要进一步好好"打磨"。通过中国国家图书馆文津搜索引擎发现,已出版聚焦我国西部地区生态反贫困法律问题研究的法学专著,以 2016 年 12 月由中国社会科学出版社出版的《西部地区生态型反贫困法律保障研究》一书研究较为深入,作者是刘晓霞和周凯。该著作也是刘晓霞老师于 2013 年主持教育部人文社会科学研究规划基金项目的研究成果。我在拜读刘晓霞老师的著作后受到了许多启发,也消减了不少是否继续研究关于我国西部地区生态扶贫法律制度等一系列问题的"忧愁"。

"法律能为战胜贫困做什么?"申言之,生态扶贫法律制度建设的本质就是促进生态环境保护与贫困治理协调发展,其功能是通过一系列制度安排,赋予贫困者更多的权利与机会,切断贫困与生态环境问题之间的恶性循环,从而实现贫困治理与生态环境保护之间的良性互动,并通过矫正失衡的利益分配制度,实现生态环境利益的公平分享,以及增进包括贫困者自身利益在内的社会整体利益。本书除了遵循法学研究的一般理路,还以生态扶贫及相关概念厘定为逻辑起点,论证生态扶贫实施的理论根基和法治化的正当性与可行性,并立足于我国西部生态扶贫开发的历史维度、实践维度和法治维度,检视生态扶贫法律制度建设成效与现实困境,提出了西部生态扶贫法律制度的完善进路,着力总结了西部一些地区在创新生态扶贫方式中的实践模式及典型经验,归纳出中国生态扶贫的"西部模式""西部经验",这有利于讲好中国故事并坚定制度自信。

本书还有两个研究内容值得一提:一是论证了我国在 2020 年脱贫攻坚战取得胜利之后,进入"后扶贫时代"下如何精准识别生态脱贫的返贫风险类型及其选择相应的制度防控措施问题;二是论证了西部生态扶贫转向生态振兴、迈向生态富民的逻辑理路及其法治需求的前瞻问题。因为,脱贫不是终点,而是新生活、新奋斗的起点。站在新的历史起点上,西部地区接续面临着巩固拓展脱贫攻坚成果同乡村振兴有效衔接,进而推动乡村振兴,最终实现共同富裕的重大任务。在生态扶贫转向生态振兴、迈向生态富民,进而实现共同富裕的重大议题中,以生态环境善治保障"生态富民"的体制机制顺畅尤为必要。

若从司法部国家法治与法学理论研究一般项目"西部生态扶贫法律制度"这一课题研究立项的时间为起点计算，本书历经了近六年的时光才终于完成。非常感谢课题评审专家的认可和司法部的支持才有这一际遇完成此拙作！还要感谢知识产权出版社和书稿三审三校中各位编辑们的鼎力相助！她们的热情率真、细致认真和善解人意着实令我敬佩和感动！限于本人的能力和水平，书中还存在的缺点和不足之处，应当由我自己负责，也请方家和读者诸君不吝批评指教！当然，感谢也远不止于此！

刘宏钊于花溪陋室

2024 年 8 月 22 日